팬데믹 이후 중국의 길을 묻다

팬데믹 이후 중국의 길을 묻다

대안적 문명과 거버넌스

백영서 엮음

책과함께

차례

책을 펴내며

코로나19 팬데믹으로 세계가 은폐해온 갖가지 문제가 모두 분출했다. 게다가 이런 팬데믹은 이번으로 끝날 것 같지 않다는 불안감도 번지고 있다. 이는 지금이 확실히 새로운 시대로 향하는 역사적 시간임을 말해 준다.

기후위기가 (그에 취약한 사회적 약자들을 돌보는) 기후정의의 문제며 체제전환을 요하는 문제라는 의식이 강화되는 것과 같은 맥락에서 기후변화와 긴밀히 연관된 팬데믹 사태도 인권이냐 방역이냐의 양자택일의 문제가 아니라 정치 체제와 방역 성패의 연관을 따져 묻는 일, 달리 말해 민주적 공공성을 담보하는 나라 다스리기의 새로운 틀의 구축이 절박함을 일깨운다. 나아가 이 사태는 가치관과 생활방식의 전환, 곧 생태친화적이고 좀 더 인간다운 삶을 보장하는 문명에 대한 관심을 촉구한다.

아직 코로나 위기가 끝나지 않았지만, 이미 이전의 '정상'으로 돌아갈 수 없다는 인식이 높아지면서 '새로운 정상'을 만드는 경쟁의 장이 펼쳐지고 있다. 그 역동적인 경쟁의 장에서 중국의 방역 방식이 그 성패를 둘러싸고 논란을 야기함에 따라 이미 세계사적 문제가 된 중국이란 존재가 한층 더 열띤 쟁점으로 부각된다.

오래 기간 한반도와 긴밀한 관계를 가져온 중국은 우리에게 '운명적 존재'이다. 그러니 중국의 방역 방식으로 쟁점화된 거버넌스와 문명 담론에 다른 누구보다 민감할 수밖에 없다. 단순히 반중정서에 휘둘리지 않고, 깊이 있게 접근할 때 비로소 우리는 중국의 현실을 실사구시적으로 파악할 수 있을 것이다. 그뿐만 아니라 우리의 역사적·현실적 경험에 비춰 중국에서 이뤄지는 논의에 비평적으로 개입할 수 있는 공간을 열어준다. 바로 이것이 엮은이가 중국은 우리에게 무엇인가라는 자주 듣는 질문을 바꿔, 중국에 우리가 무엇인가를 물어야 한다고 제의해온 이유이고, 비대칭적 양자관계에 변화를 가져올 근거이다.

팬데믹 시대에 국가의 역할과 문명의 의미가 어디서나 뜨거운 쟁점이 된 국면에 대응해, 이 책에서는 가급적 다양한 스펙트럼의 시각을 보여주는 중국 안과 밖 필자의 글 12편을 거두었다. 충분하지는 않더라도 발신자의 육성을 통해 사유의 지형도를 직접 보여주는 사례들을 고르려고 노력한 결과이다. 대개 이미 (서로 다른 시기에) 발표된 글을 수정하거나 번역해 싣다보니 아직도 진행 중인 코로나19 사태에 대한 세부 정보에서 시차가 있을 수도 있지만 기본 관점의 유효성은 변함이 없다. 이 점을 감안하면서 단행본에 게재하는 데 선뜻 동의해준 국내외 필자 여러분에게 감사드린다. 엮은이와 '꽌시(關係)'가 없는 일부 해외 필자의 게재 허락을 얻도록 도와주고 책의 구성에 의견을 준 중국 벗들에게도 고마움을 전한다.

외국어 번역이라는 번거로운 작업에 참여한 옮긴이들에게도 감사드린다. 특히 공동편자나 다름없이 중문 번역문 전체를 검토하는 작업에 큰 도움을 준 송가배 박사에게 특별한 고마움을 표한다.

이 책은 성숙한 한중관계 발전에 기여하기 위한 아모레퍼시픽재단 AP포럼의 프로젝트 가운데 하나이다. 재단의 지원과 AP포럼 운영위원들의 격려를 소중히 기억한다. 그러나 책의 구성에 대한 책임은 전적으로 엮은이의 몫이다.

출간 후 한국사회에서 다소간의 반향을 일으켜 AP포럼과 '책과함께'의 여러분에게 아무쪼록 누가 되질 않길 바란다.

2021년 봄

백영서

총론

거버넌스의 새 틀과 대안문명의 길

백영서

1. 지금 왜 이 책을?

> 세계사의 운명의 결정적인 매듭의 한 알맹이가 풀리고 얽히는 분기과정이 진행되고 있다.[1]

일제강점기 문학평론가 임화의 중국에 대한 논평이다. 중국이 일본과의 전면전에 시달리던 1938년에도 중국 문제가 세계사적 문제라는 시각이 있었다. 그러니 대국으로 굴기한 지금은 두말할 필요도 없을 것이다.

전 세계인이 힘겹게 감당하는 고난과 혼란의 팬데믹 시기에 중국은 새삼 세계적 주목을 끌고 있다. 코로나19 증상이 처음 보고된 장소가 중국의 '2급 도시'인 우한(武漢)이라서만은 아니다. 중국식 방역 방식이 논란을 불러일으키고 있기 때문이다. 권위주의적 정치 체제가 방역에 도움이 되는 것인지를 둘러싼 것이다.

이 쟁점은 세계적으로 반중감정이 확산되는 가운데 불거져 한층 더 논란을 부채질했다. 그리고 중국 문제는 각국의 발전전략과 연관된 것이기에 (적든 크든) 내부 정치 논쟁의 쏘시개로 작용한다. 유럽 여러 나라에서도 점점 더 '분열적 쟁점'으로 작용을 하고 있다는 보고도 있거니와[2] 우리 사회도 예외가 아님을 실감하고 있지 않은가. 이런 현실에서 중국의 방역 방식을 깊이 있게 이해하자고 제안하는 것이 이 책을 펴내는 취지이다. 이에 비춰 우리 사회 또한 편견 없는 시각으로 분석할 수 있을 것으로 기대한다.

보기에 따라 아직 팬데믹 사태가 진행 중인 지금 중국의 방역 방식을 논의하는 일 자체가 시기상조라고 여길 수도 있겠다. 그러나 팬데믹과의 싸움은 단순히 방역 문제에 그치지 않고 그로 인해 적나라하게 드러난 기존 세계의 병폐를 키운 국가나 문명의 '민낯'에 대한 근본적인 질문으로 이어진다. 그런 만큼 단순히 확진자와 사망자 수에 대한 국제비교표로 방역 방식의 우열을 따지는 수준에 머물러서는 안 된다. 되돌아갈 길이 막힌 이전의 '정상'이 과연 정상에 값하는 것이었는지 묻는 지금, '새로운 정상'으로 향하는 길을 만들어가기 위한 근본적인 성찰과 의지가 요구되는 때이다. 다양한 방역 방식을 비교하면서 각각의 역사적 맥락과 장소의 감각에 맞는 방역 방식의 바탕이 되는 더 좋은 민주주의와 대안적 문명을 상상하고 실천할 능력을 키우는 일이 절실하다.

이 과제를 감당하는 방편으로 이 책에서는 현재 진행 중인 중국 방역을 구미식 방역과의 대비라는 이분법적 시각에 얽매이지 않고 역사화 내지 상대화하는 자세로 분석하는 방식을 밟을 것이다. 그러기 위해 중국의 안과 밖을 가로지르며 양쪽의 소리(의 차이)에 귀 기울여 보려고 한다.

2. 중국의 대응을 보는 외부 시각

중국을 보는 중국 밖의 시선에 영향이 큰 사유의 틀로서 먼저 동·서 문명 이분법(과 그 밑바탕에 있는 문화주의)이 크게 들린다. 오래된 이 프레임이 팬데믹 국면에서 여전히, 아니 더 노골적으로 작동하고 있다.

구미인들에게 자신들이 '근대적이고 민주적인 사회'이고, 동아시아는 '집단적이고 유교적인 권위주의의 사회'라는 패러다임의 위력은 여전하다. 이 패러다임은 특히 코로나19로 인한 위기의 국면에서 동아시아인을 차별과 혐오의 대상으로 삼는 데 일조했다. 동아시아인을 '코로나 바이러스'라고 부르는 언어적 폭력을 넘어 물리적 폭력조차 종종 묵인되는 상황이다.•

한편, 바이러스가 구미 대응책의 허점을 폭로하여 세계가 충격을 받은 것에 대비되어 중국과 한국을 비롯한 일부 아시아 국가의 대응이 긍정적으로 평가되면서 선진국 신화가 깨지고 있다. 이 현상은 2020년에 갑자기 돌출된 것은 아니다. 이미 '서양다움의 상실(westlessness)'이 2020년 뮌헨안보회의의 주요 의제가 될 정도로 그간 누적된 세계 변화의 일부이다.•• 팬데믹 사태는 그 추세를 극적으로 보여준 셈이다. 그 결

• 독일의 경우 위기관리를 위한 소통전략으로 이 패러다임이 적용되다보니 독일의 공론장에서 동아시아의 타자화를 부추기는 사태가 빚어졌다. 이은정, 〈코로나19와 아시아의 타자화: 독일의 공론장에서 드러난 자국중심적 서사〉, 황정아 외, 《코로나 팬데믹과 한국의 길》, 창비, 2021, 229-230쪽. 아시아계 미국인에 가해진 팬데믹과 관련된 폭행이 2021년 초 현재에도 계속되는 미국의 현상은 흑백인종의 갈등에 끼여 덜 알려진 오래된 중층적 인종주의의 소산이다. Anne Anlin Cheng, "What This Wave of Anti-Asian Violence Reveals About America," *New York Times*, 2021. 2. 21.

•• '서양다움의 상실'은 세계가 비서양화되는 것만이 아니라 서양 자체도 점점 더 덜 서양화되고 있음을 의미한다. 여기서 서양다움의 세 특징으로 자유민주주의와 인권, 시장기

과 '근시안적 동양 대 서양의 이분법적 사고(myopic east-west thinking)'가 힘을 잃고 있다(이 책 124쪽 참조).

그러나 동아시아의 대응이 초래할 수 있는 개인권 침해나 국가통제 방식의 문제점도 지적되면서 이것이 유교문화(의 집단주의나 질서중시)에 기인한 것으로 설명되는 문화주의적 해석도 여전히 영향을 미치고 있다. 팬데믹 상황이 드러낸 동아시아의 '성공적 정치'를 긍정하면서도 그 공통점을 '유교적 정치 유산'에서 찾는 시각이 그런 특징을 잘 보여준다.••• 유럽의 실패에 대비되는 동아시아의 성공에 주목하면서도, 중국과 한국 등 아시아가 코로나 바이러스는 더 잘 막았을지 몰라도 '디지털 바이러스', 즉 디지털기술을 활용한 감시와 통제에 극히 취약하다는 점을 부각하는 주장이 주목을 끈다. 권위주의적 의식과 순응성, 그리고 개인주의 부족과 디지털 감시에 대한 비판의식 부재가 결합하여 "유럽인의 시각에서 보면 이미 실현된 디스토피아"와 같은 '디지털 생명정치'를 허용한다는 것이다.•••• 이런 문화주의적 해석은—구미에서만 아니라 중국을 비롯한 동아시아에서도 영향력이 있음은 뒤에 보게 될 터인데—"방역

반의 경제 및 국제기구·제도에서의 협력이 거론된다. "Munich Security Report 2020: Westlessness," http://www.securityconference.org/en/publications/munich-security-report(검색일: 2021. 1. 10), p. 6.

••• 동아시아에서 재출현한 유교적 사고방식의 특징으로 전문가에 대한 신뢰, 그리고 통치의 정당성이 (선거의 승리나 주식시장 가치가 아니라) 질서의 보존, 곧 무질서의 위협에 대한 초민감성에서 확보된다는 의식을 드는 해석이 그 예가 된다. R. Taggart Murphy, "East and West: Geocultures and the Coronavirus," *New Left Review* 122, 2020, pp. 60-61.

•••• 우리 논단에도 꽤 알려진 재독 철학자 한병철의 주장이다. Byung-Chul Han, "The Viral Emergenc(e/y) and the World of Tomorrow," https://pianolaconalbedrio.wordpress.com/2020/03/29/the-viral-emergence-y-and-the-world-of-tomorrow-byun-chul-han(검색일: 2020. 9. 5).

조치들의 조건과 맥락을 구체적으로 살피지 않은 채 문화적 습성"으로 규정될 법한 한계가 역력하다.•

또 하나의 사유의 틀은 코로나19 사태를 지구화(globalism), 곧 지구적 규모의 자본주의의 현상으로 봐야 한다는 관점이다. 지금과 비교적 가까운 시기인 제1차 세계대전 기간에 휩쓴 팬데믹인 스페인 독감은 코로나19와 공통점이 많다. 둘 다 바이러스가 원인이고, 국가를 가리지 않고 전파되며, 많은 인구의 이동으로 숱한 사람들이 집단 감염되어 죽은 지구적 현상이다. 그러나 지금의 상황은 전쟁으로 병사와 노동자의 이동이 많던 그때보다 인구 이동이 (관광 등으로) 훨씬 더 활발하다.[3] 그 동력은 다름 아닌 지구화이다.

바로 이 특징을 명료하게 짚어낸 것이 이 책에 실린 앤드루 류(Andrew Liu)의 글(4장)이다. 그는 코로나 바이러스 전파 경로와 세계 상업중심지의 분포가 일치하는 사실에 주의를 환기시킨다. 특히 그 발상지인 우한이 중국근대사에서 교통의 허브('九省通衢')로 명성을 누릴 정도였는데, 지금은 전지구적 자본주의의 연결망(global market)이 집중된 곳임을 알려준다. 그러니 실제는 '우한 바이러스'가 아니라 '글로벌 바이러스(또는 Market Virus)'라 불러야 옳다고 하며, 그 지구적 특성(globality)을 강조한다. 다시 활성화하는 국민국가(와 코비드 민족주의)의 강한 도전에 직면해 그 속도나 기능이 조정될 것이나 지구화 자체가 종식되지는 않을 테니 지구화라는 사유의 틀은 여전히 중요하다. 팬데믹 사태로 글로컬(glocal)

• 한병철의 견해에 대해 황정아는 "중국적인 디지털 치안 체제가 서구까지 도래할 것"을 무엇보다 우려하는 그의 논의는 아시아에 대한 오랜 관념의 다른 버전일 뿐 아니라 '냉전적 정치 유산'의 재출현일 소지도 엿보인다고 꼬집는다. 황정아, 〈팬데믹 시대의 민주주의와 '한국모델'〉, 황정아 외, 앞의 책, 22-23쪽.

한 관점이 새삼 주목되는 것은 그 증거이다.

그 밖에 팬데믹 국면에서 특히 부각된 권위주의(중국식 용어로 '집권주의')도 위력이 큰 사유의 틀이다. 중국 밖에서 중국의 방역을 평가할 때, '최초 방역 실패와 최종 통제 성공'이라는 도식이 곧잘 활용되는데, 이 바탕에 바로 권위주의라는 틀이 자리한다.

우한에서 초기 방역의 실패와 그로 인한 희생의 진상을 생생하게 전달하는 박우(2장)는 역병의 최종 통제가 권위주의의 덕이라고 한다면 역병의 초기 확산 또한 권위주의의 산물임을 잊어서는 안 된다고 강조한다. 중국은 현재 내치와 외교의 어려움을 극복하기 위해 권위주의의 강화(또는 복귀)라는 가장 익숙한 방식을 채택하고 있는데, 이 선택이 어떤 또 다른 문제를 파생할지, 정권에 과연 효과적인 방법이 될지는 아무도 모른다고 비관적인 전망을 내놓는다. 그리고 이미 2017년부터 급격하게 악화된 한국 내의 중국에 대한 여론이 코로나19 팬더믹 이래 공격적으로 변한 양상도 보여준다.

그가 상대적으로 초기 단계에 초점을 둔 데 비해 좀 더 긴 시간대를 관찰한 하남석(1장)은 코로나 사태 발발 이후 당국이 방역에 일차적으로 실패하면서 민심이 크게 악화되었지만 3월 이후로는 안정세를 찾았음에 주목한다. 구미 국가들이 위기에 빠지면서 중국 체제에 대한 비판의 태도는 약해지고 자신감이 오히려 회복했다는 것이다. 그러나 이런 방역과 경제 부문에서의 (상대적인) 성공의 뒷면을 간과하지 않는다. 코로나 이후 악화된 실업 문제나 지역적인 차별 문제 등에 대응해 어떻게 경제를 회복하고 민심을 회복할지를 중요한 과제로 주시한다. 언론자유의 문제는 물론이고, 방역의 민주적 토대나 사회적 지속가능성의 문제, 그리고 방역 과정에서 노동과 보건에 대한 평등하고도 보편적인 접근이 이뤄지고 있는지 따져보는 일을 숙제로 지적한다. 그러니 중국 방역모델이 바람직한 것인가, 혹은 향후 지속가능한 것인가에 대해 의문을 갖는 것은 자연스럽다. 그는 다른 나라들이 중국의 방역모델을 따라할 수 없는데 그 이유는 국가 능력이 부족해서가 아니라 그 방식을 쉽게 자기 사회에 강요할 수 없기 때문이라고 본다.

조영남(3장)은 '최초 방역 실패와 최종 통제 성공'의 실상으로 한 걸음 더 들어간다. 중국 중앙정부는 2020년 1월 20일 코로나19에 대한 전면적인 대응을 결정한 이후 불과 2개월 만인 3월 20일 무렵 확진자 수를 안정적으로 통제하는 데 성공했다. 이것이 가능했던 것은 국가 위기 상황에 직면하여 중국의 정치 체제가 갖고 있는 장점이 잘 발휘된 덕이다. 물자와 인원을 집중적으로 동원할 수 있는 효율적이고 효과적인 권위주의 체제, 수차례의 위기를 겪으면서 점차로 형성되어온 위기 대응 능력과 체계, 2002년 사스 통제의 성공적인 경험이 중첩되어 작동했다.

그렇지만 중국의 '최종 통제 성공'을 과장해서 그 방역 방식이 세계적인 성공 모델이고, 다른 나라가 참고할 만한 가치가 있는 경험이라고 확대 해석해서는 안 된다고 경계한다. 중국이 그를 위해 얼마나 많은 인적·물적 대가를 지불했는지가 아직 잘 알려져 있지 않기 때문이다. 그러니 '최종 통제 성공'에 대한 평가에 신중할 수밖에 없다. 단순히 확진자와 사망자 숫자만을 놓고 본다면, 미국 등과 비교해서 중국의 대가는 적다. 그러나 이는 정치 체제의 차이, 그에 따른 정책의 차이에서 빚어진 결과인 만큼 단순 비교는 적절치 않다. 게다가 '사후적 정당화'나 '결과론적 평가'만으로는 봉쇄 지역 주민들의 고통과 상처가 치유될 수 없다는 것이 강조된다.

3. 중국의 대응을 보는 내부 시각

이제는 중국 내부의 목소리에 귀 기울여볼 차례이다. 중국에도 (크든 작든) 여러 가지 목소리가 있지만, 무엇보다 크게 들리는 것은 인민전쟁이란 사유의 틀이다.

인민전쟁을 강조하는 한 논객은 "서방의 다수 논평자들은 중국 방역 과정을 '집권주의'의 공로로 돌릴 뿐 국가동원 체제하의 '인민전쟁'의 역량을 알아볼 길이 없다"고 비판한다.[4] 그가 말하는 인민전쟁이란 무엇인가. 이를 이해하기 위해서는 우리가 익히 알고 있는 총력전(total war)이라는 개념과 비교하는 것이 도움이 되지 싶다. 총력전은 제한전과 달리 완전한 승리를 얻기 위해 인명과 그 밖의 자원 등 어떠한 희생도 서슴지 않는 전에 없던 양상의 전쟁을 의미하며, 제1, 2차 세계대전이 그 전형이다. 인민전쟁도 총력전과 마찬가지로 전쟁의 성질을 개괄하는 것이나, 총력전이 국가체제와 국가능력을 전면 동원하는 전쟁이라면, 인민전쟁은 집단방어(群防)·집단통제(群控)의 양상을 띠고, 중국의 개인이나 가정 또는 지역 기초단위부터 각급의 정부에 걸쳐 상하관통하는 것을 의미한다. 인민전쟁은 20세기 전반기 중국공산당이 제국주의와 전쟁하던 시기에 발동된 바 있는데, 21세기에 방역으로 전면적 국가동원이 요청되자 또다시 그 역사기억을 되살려낸 것이다. 그에 호소하면서 "새로운 형태의 상하관통, 수평적 지원방식의 사회동원"을 추구한다. 이를 통해 국가체계가 관료주의와 형식주의의 누습에 빠질 위험을 극복할 것으로 기대된다.[5]

그러나 중국 밖에서는 중국이 방역 과정에서 공산당 조직과 당원, 인민해방군, (공산당이 관리하는) 인민단체를 총동원하면서도 일반 사회단체나 시민사회의 방역 참여는 제한한 결과, "코로나19와의 '인민전쟁'에서 '일반 인민'은 없고 '당(黨)·정(政)·군(軍)'만 있었다"고 지적하는 소리도 나온다. "'일반 인민'이 없는 '인민전쟁'은 '전투(방역)'에서는 승리할 수 있을지 모르지만 '전쟁(정치)'에서는 승리할 수 없다"고 전망되는 이유이다(이 책 99쪽 참조).

그렇다면 만만치 않아 보이는 이 과제를 중국에서는 어떻게 감당하겠다는 것인가. 그들의 주장을 좀 더 세심히 들어보자.

셰마오쑹(謝茂松, 5장)은 인민전쟁 프레임을 '신형 거국체제'로 규정하며, 중국과 서방의 방역을 비교정치학적 시각에서 분석하여 그 정당성을 설명하고, 더 나아가 그 문명론적 기반을 제공하고자 한다. 그에 따르면, 중국은 장기 혁명을 겪은 풍부한 경험의 경로에 의존해 '신형 거국체제'를 수립해 방역에 성공했다고 자부한다. 이는 중국문명이 변화해온 세 단계에 대응하는 거국체제라는 역사적 궤적의 소산이다. 즉, 전통 시대의 농업문명에 대응하는 전(前) 거국체제, 그리고 건국 이래의 공업문명에 대응하는 거국체제에 이어 지금의 디지털문명에 대응하는 것이 바로 신형 거국체제이다. 거국체제의 연속이자 창신인 신형 거국체제의 특징은 시장경제와의 고도의 결합, 지구화와의 긴밀한 연계, 디지털문명과의 고도의 결합에 있다. 이에 힘입어 서방의 '적자생존'형 방역과 다른 '일시동인(一視同仁: 모두에게 동등하게 대우하다)'형 방역을 추진할 수 있었다. 일시동인 논리의 문명 기반은 유학의 예(禮)이고, 장기 이익과 전체 이익을 중시하는 역사적 사명감[곧 우환의식(憂患意識)]이다. 여기에는 대승불교가 중국에 들어온 이래의 진정한 평등심도 용해되어 있다는 것이다.

셰마오쑹처럼 중국의 방역 방식을 정당화하지만 좀 더 유연하면서도 성찰적인 견해를 펴는 야오양(姚洋, 6장)은 먼저 탈중국('去中國') 조류가 팬데믹 사태를 맞아 전 세계적으로 확산되는 현상에 주목한다. 그리고 이에 대해 중국 내부에서도 활발한 논의가 일어날 정도로 우려가 커지고 있다고 털어놓는다. 그렇지만 과연 세계가 탈중국, 곧 중국과 분리될 수 있는가에 대해서는 부정적이다. 경제 영역에서 가치사슬(value chain)이 전지구적 규모로 긴밀히 작동하는 상황에서 중국의존도를 다소간 줄일 수는 있을지 몰라도 원천적 분리가 불가능하다고 보기 때문이다. 그러나 경제 영역에 비해 신냉전의 개시라고까지 일컬어지는 이념·가치 차원에서의 대립, 곧 (냉전기와 같은 체제·이념 대립이 아니라) 민주주의와 권위주의의 대립이라는 문명관 내지 가치관의 대립을 심각하게 염려한다. 중국을 혐오하는 정서가 특히 코로나 사태 이후 지구적으로 확산되면서 중국의 동맹세력이 크게 줄어든 것은 심각한 문제이다. 이 사태에 대해 중국이 다각도의 대응을 모색 중이라고 전한 그는 단기적 조처도 취해야겠지만, 중·장기적으로 중국 정치 체제의 변화 가능성을 열어둬야 한다고 주장한다. 그리고 새로운 이념으로 자유주의를 완전히 배척하지 않을뿐더러 민주적 타협과도 통하는 유교정치에 입각해 중국 정치를 새롭게 설명하는 방식을 적극 제안한다.

이들과 달리 중국의 방역모델에 비판적인 목소리도 작지만 또렷이 들린다. 쉬지린(許紀霖, 7장)은 국가별 방역모델을 중국형, 영국형, 동아시아형으로 나누고, 중국형과 동아시아형은 성공적인 것으로 평가하되, 중국형은 단기 쇼크요법으로는 효과가 크지만 지속적일 수 없다고 본다. 그러면서 한국·타이완·홍콩 등 동아시아모델을 높이 평가하고 특히 한국이 중국과 달리 사회생활이나 기업생산을 멈추게 하지 않고 통제한 가장 성공적 사례라고 평가한다. 한국이 그렇게 된 배경으로 정보전달의 투명함 같은 이성적 선택 및 유교문화의 특징(엘리트주의 전통과 전문가 존중)을 든다. 아시아를 한 덩어리로 파악하지 않고 한국을 중국모델과 구분하면서 '투명함'과 전문가 존중을 강조한 데서 그의 비판의식을 엿볼 수 있지만, 유교문화를 양국 공통의 성공 요인으로 보는 문화주의적 접근에 기댄 것은 아쉽다.

쉬지린과 함께 자유주의 계열에 속하는 친후이(秦暉, 8장)는 방역대책을 '전시상태'나 '인민전쟁'으로 설명하는 주류적인 조류에 대해 한층 더 직접적으로 비판한다. 지금이 긴급 상황인 것은 맞으나, 이를 전쟁으로 비유하는 사유가 초래하는 위험에 대해 경고한다. 방역을 평가하는 유일한 표준은 '대가', 곧 인명 손실의 정도인데, 일체의 대가를 무릅쓰고서도 방역 '전쟁'에서 이겨야 한다는 논법은 인명을 대가로 삼을 위험이 있는 황당한 논법이라는 것이다.•

그는 방역모델의 경쟁을 넘어 제도 경쟁을 제창한다. 중국은 강력한 통제를 시행하기에 매우 편리한 체제이다. 그런데 코로나19 사태 초기 중국이 통제한 것은 바이러스가 아니라 '내부고발자'였다. 그러니 그와 연루된 개인(들)의 책임은 물어야 한다. 또한 코로나 사태 종식 후 '전제'로부터 벗어나 인권을 존중하기 위해 노력해야 한다. 반면 서구는 정당 간 경쟁 속에서 개인의 책임 소지를 다투는 데 몰두하고 있는데, 그보다는 현행 민주제도가 긴급사태에 취약한 부분을 반성하고 바로잡아야

• 페미니즘의 시각에서도 군사적이고 남성기질이 농후한 전쟁이란 비유를 쓰는 방역의 주류서사가 갖는 문제점이 날카롭게 비판된다. 蔡一平, 〈應對新冠疫情的話語敘事建構: 婦女的經驗和視角〉, '一帶一路與婦女發展: 理論與經驗' 學術研討會專家觀點集錦(一), 2020年 12月 28日, 《澎湃新聞》 澎湃號, 2021年 1月 21日, https://www.thepaper.cn/newsDetail_forward_10899925(검색일: 2021. 2. 25).

한다는 것이다.

그는 중국 지식인 가운데 드물게도 바로 초기 대응에서 실수하여 대유행을 초래한 것에 대한 일정한 도의적 책임이 있음을 인정하는 편이다. 바이러스가 어디에서 기원했는지에 관계없이 전염병 사태는 중국에서 시작되었기 때문이다. 그리고 중국 밖에서 중국의 초기 실책을 비판하든 혹은 후반부에 보여준 성공을 칭찬하든 그것은 모두 그들의 권리이고, 성공 경험을 선택적으로 학습하더라도 그것 역시 그들의 권리라고 본다. 결국 문제의 관건은 제도 경쟁에 있다는 것이 그의 논지의 핵심이다.

이상과 같은 인민전쟁 담론과 그에 대한 비판 소리를 뚫고 대안문명을 사유하고 실험하자는 또 다른 사유의 틀도 들려온다. 원톄쥔(溫鐵軍, 9장)은 이번 팬데믹이 중국에 거버넌스(治理) 능력의 커다란 시험일뿐만 아니라 중국의 발전모델과 문명에 대한 시험이라고 평가한다. 그에게 코로나19 위기가 의미하는 바는 문명사적으로 현대화에 대한 일종의 비평문을 작성케 한 것이다.

향촌건설운동을 이끄는 그의 방역 구상의 핵심은 "바이러스가 농촌에서 멈춰 선다"는 표현에 압축되어 있다. 중국에는 아직 50%가 넘는 사람들이 농촌에 사는데, 그곳에는 의사도 병원도 없지만, 그들은 마을을 폐쇄해 스스로 고립시킴으로써 중국 전체가 이 심각한 바이러스를 다스릴 수 있게 했다는 사실을 강조하면서, 이로부터 새로운 생태시스템을 꾸리는 과제를 이끌어낸다. 중국이 이번 팬데믹 기회를 잡아 국가 차원에서 생태문명으로의 전환을 추진하고 향촌을 발전시킴으로써 내수 발전을 동력 삼아 위기를 해소할 수 있다면 '중국방안'의 길이 열린다고 역설한다. 또한 앞으로 위기에 처한 지구화 대신에 지구지역화

(glocalization), 곧 세계를 이끄는 나라들이 지역별로 생산체계를 통합하여 세계 경제의 축을 이루는 '지역중심 세계화'가 새로운 트랜드가 될 것으로 예상한다.• 이것은 (위에서 본 야오양처럼) 유학을 불러내는 문명담론과는 결이 다르다.

이처럼 중국 방역 방식을 지구화의 과정과 연관시켜 파악하는 시각은 중국 밖에서 활동하면서 중국 대륙의 논의에 개입하는, 말하자면 중국의 안과 밖을 넘나드는 중국계 학자들에서 한층 더 두드러진다.

타이완의 주윈한(朱雲漢, 10장)은 세계경제가 지구화를 벗어날 수는 없으므로 약간의 조정이 이뤄질 터이니 가치사슬이 근거리 중심으로 재편되어 미국권, 유럽권, 동아시아권(아시아를 배후지로 삼은 한·중·일이 그 중심)으로 삼분될 것으로 전망한다. 특히 중국이 제조업 경쟁력과 산업 공급체계를 가장 잘 갖추었기 때문에 여전히 지구화의 공급사슬에서 최대의 위치를 유지할 것으로 본다. 코로나19 이후의 미래는 서방 중심의 세계질서가 쇠퇴하고 중국을 대표로 한 비서방세계가 전면으로 굴기하여 인류역사는 탈서방 중심의 시대로 들어가고, 신흥경제체가 국제사회의 규칙과 표준을 제정하는 데 전면 참여할 것으로 예상한다.

싱가포르에서 활동하다 홍콩으로 최근 근거지를 옮긴 정융녠(鄭永年, 11장)은 지구화의 확산이 조성한 경제와 사회의 분리(dis-embeded)로 인해 서방의 복지기능이 약화되고, 국제적 노동분업으로 서방의 의료물자

• 한국인으로 현지 향촌건설운동에 참여한 김유익은 그 실험의 의미를 긍정하면서도, 막대한 정부 자금이 투자될 향촌건설정책 등은 과연 중앙정부의 선전처럼 전정한 생태문명 건설의 초석이 될지, 아니면 지역토호세력들의 또 다른 나눠먹기식 혹은 보여주기식 토건/금융프로젝트로 변질될지 예단하기 힘든 실정이라고 조심스럽게 전망한다. 모시는 사람들 기획, 《개벽의 징후》, 모시는 사람들, 2020, 113쪽.

가 결핍되는 결과가 발생했음에 주목한다. 본래 1인1표로 상징되는 서방의 선거제가 한 국가의 정치와 사회를 결합시켰으나, 지구화로 정부가 자본을 제약할 수 없게 되어버렸다. 이처럼 국가의 경제와 사회가 계속 분리된다면 대규모 생명의 위기가 또다시 발생하더라도 제대로 손쓸 수 없는 사태가 벌어질 것을 그는 우려한다. 이에 대비해, 팬데믹 위기 상황에서 권위주의 체제의 장점을 발휘하여 중국정부가 통제에 성공한 것에 주목한다. 결국 그의 주장은 지구화의 변화하는 맥락을 중시하면서 권위주의 모델로 기우는 듯싶다.

끝으로, 중국 안에서 사회적 소수자의 시각, 특히 양성평등의 관점을 견지하는 성찰적 노력도 간간히 들린다. 쉬주주(徐玖玖, 12장)는 팬데믹 기간 젠더의 시각이 결여되어 초래한 여성의 피해와 역할을 방역·가정·지역주민코뮤니티·직업·개인·여론 영역에 걸쳐 개관하는 동시에 다층적 차원에서 제도와 정책을 비판적으로 보는 양성평등의 시각이 관철되는 새로운 거버넌스를 요구한다. 이같은 사회적 소수자를 중시하는 흐름이 대체로 국가 기구의 관련된 지시나 정책의 분석을 이용하는 논술방식을 택해 그 시행의 실상과 반응이 더 궁금해지는 갈증이 있다.• 그러나 돌봄과 생태적 소양의 가치가 어디서나 중시되는 지금, 중국 논

• 한다위안(韓大元)은 포스트 코로나19 시대에 공정한 사회를 다시 만드는 문제에 대해서 논의한다. 韓大元, 〈後疫情時代: 重塑社會公正〉, 《中國法律評論》, 2020年 第5期. 또한 리잉타오(李英桃)는 사회적 소수자와 여성의 문제를 지구적 차원에서 비교하고, 특히 양성평등이 '농촌 활성화'를 포함한 중국 내수 발전을 추진하는 데 도움이 될 뿐만 아니라 지속가능한 발전의 중요한 목표로서 대외적인 효과도 낼 수 있다고 전망한다. 李英桃, 〈新冠肺炎疫情全球大流行中的'脆弱性'與'脆弱群體'問題探析〉, 《國際政治研究》, 2020年 第3期. 리잉타오는 성공회대학교 동아시아연구소 HK+주최, 2021 해외석학 초청 웨비나 시리즈 II(2021. 2. 24)에서 "젠더와 소수자의 시각으로 본 중국 코로나"란 주제로 발표했다. 그녀의 발표와 김미란의 토론내용은 곧 단행본으로 간행될 예정이라고 한다.

단의 틈새에서 들리는 이런 소리가 대안적 문명과 거버넌스의 필수요건을 일깨우는 소중한 자원임이 분명하므로 세심하게 귀 기울여야 할 것이다.

4. 지금이야말로 상호 학습과 상호 성찰의 때

팬데믹 시대에 국가의 역할과 문명의 의미는 세계 곳곳에서 뜨거운 쟁점이다. 중국에서 코로나19가 전파된 초기, 특히 우한에서 "국가는 어디에 있었나?"라는 절박한 물음이 터져 나온 것은 그 점을 상징한다. 중국만이 아니라 한국을 포함한 여러 나라에서 방역과 재난보상에 국가가 적극 나서라고 요구한다. 그러나 이와 동시에 국가의 개입에 대해 불만과 불안을 느끼는 분위기도 만만치 않다. 이런 상호 모순된 태도에 직면해, "국가는 어디에 있었나?"를 넘어 국가란 무엇인가를 깊이 묻지 않을 수 없다. 필자는 지금이야말로 개인과 국가를 대립시키는 이분법에 사로잡혀 국가 비판이라는 상투적 담론을 고수하며 진보적인 입장을 지키려 하거나 국가의 개입에 대해 아무런 비판의식도 갖지 않은 채 협력하려 드는 것이 아니라, 국가 개입을 수용 내지 촉구하면서도 그에 정치적으로 개입함으로써 민주적이고 대중적인 통제를 가능하게 하는 새로운 상상과 실천이 절실한 시점이라고 생각한다.[6] 이 관점에서 위에서 정리한 (단일한 소리가 아닌) 중국의 거버넌스와 문명담론을 좀 더 깊이 따져 묻자.

중국도 코로나19 사태를 겪으며 다른 나라들과 마찬가지로 이전의 '정상'적인 체제가 지닌 강점과 약점을 모두 보여주고 있다. 비상사태인지라 인민전쟁이나 '신형 거국체제'가 거론되나 그 밑바탕에는 2013년 공산당 18기 3중전회에서 제기된 이래 줄곧 중시되어온 '국가 거버넌스 체계와 거버넌스 능력의 현대화'라는 과제가 깔려 있다. 한마디로 중국 정부는 '효율성' 곧 정부의 통치능력에서는 뛰어나지만, '제한성' 곧 권력의 견제에서는 부족한 현실을 인정하면서 그 현대화를 추구하려고 했다. 여기서 (통치능력뿐만 아니라) '법에 의한 통치'와 '민주적 책임성'이 국가 거버넌스 현대화의 주요 목표가 된다.[7]

중국에서는 본래 '통치'보다 '처리(處理)'나 '관리'를 의미하는 '치리(治理)'가 거버넌스의 번역어로 쓰인다. 이 어휘가 2000년대에 들어와 국가의 사회관리·공공관리를 위한 핵심 단어로 등장했다.• 그것이 사회 영역에서 '협동 거버넌스'로 정의되든, 사회의 자치를 추구하는 것이든, 아니면 정부의 통제를 강조하는 것이든 모두 방임주의가 아니라 국가의 일정한 역할을 전제한다. 영어의 'governance'와 'government'가 원래 '다스림(政)'을 뜻하는 동의어라는 사정과도 통한다. 후자가 공권력을 갖고 다스리는 '정부'라는 뜻으로 자주 쓰임에 따라, 더 넓은 의미의 여러 가지 다스림을 가리킬 때 '거버넌스'란 어휘가 선택되기도 하는 것이다.••

신자유주의적 지구화의 위세 속에 경제와 사회가 분리된 결과가 초

• 중국에서의 거버넌스 논의에서는 "치리를 좀 더 많이 통치를 좀 더 적게"라는 입장과 공공관리의 시장화·사유화에 반대하며 정부의 치리가 필요하다는 입장이 갈린다. 王紹光, 〈治理研究: 正本淸源〉, 《開放時代》 總第278期, 2018年 第2期.

•• 백낙청, 〈거버넌스에 관하여〉, 《창비주간논평》, 2008. 12. 30. 정부가 일방적으로 통치하지 않고 시민사회의 여러 세력과 협동하고 합의해서 나라를 다스리는 정치행태를 거버넌스라 칭하면서 우리 사회에서 '협치(協治)'로 옮기기도 한다. 그러나 협치는 거버넌스의 특정 용법에 대한 해석일 뿐이다.

래한 국가의 문제가 팬데믹 상황에서 국가의 '위기'로 전면에 드러난 지금 상대적으로 중국의 국가 거버넌스의 효율성이 도드라져 보일 수 있다. 그러나 중국인 자신들도 권력의 견제를 현대화의 목표로 삼고 있음을 간과해서는 안 된다. 디지털문명에 발 빠르게 대응해 방역에서 효율성을 높인 이른바 '디지털법가'•라 불릴 수 있는 중국모델의 강점과 약점을 모두 시야에 넣어야 하는 것도 같은 맥락이다.

그런데 권력의 견제는 '법에 의한 통치'와 '민주적 책임성'이라는 제도 차원의 개혁만으로는 불충분하다. 이 지점에서 문명의 시각이 요청된다. 중국에서 활발한 문명담론이 현실 국가권력의 정당화의 도구로—중국 혁명에 문명적 설명을 덧붙이는 '신혁명사' 또는 (국민국가가 아닌) 문명국가론이라는 학술 차원 그리고 중국 어디서나 눈에 띄는 표어인 '사회주의 핵심가치' 같은 통속 차원 등 다양한 영역에 걸쳐—이용되거나, 아니면 사회관리 비용을 낮추는 높은 수준의 정책으로 주목되는 경향이 있다.[8] 그러나 본디 문명은 세상을 인간다운 삶으로 가꾸는 것(곧 인문화)을 의미한다. 성장제일주의와 이를 추동하는 (자본주의 세계경제의 정치적 구성물인) 국가간체제(inter-state system)의 일원인 중국이라는 국가의 역할에 대한 비판적 안목은 필요요건이다. 그리고 이는 '민간중국'이

• 하남석, 〈중국의 AI 자본주의는 디지털법가의 꿈을 꾸는가?〉, 《문화과학》, 2021년 봄호. 그는 법가라는 전통에 디지털기술의 투명성과 효율성을 결합시켰다는 의미로 '디지털법가'란 개념을 제시한다. 그런데 첨단 기술을 통한 효율성과 투명성의 강화 이외에 인민들의 동의와 통치정당성을 지속적으로 확보하지 못하면, 중국이 위기를 극복하고 새로운 도약을 이루기 힘들 것으로 전망한다. 한편 중국을 '행복한 감시국가'로 규정하는 시각도 있다. 현대사회에서 테크놀로지의 발달로 출현한 감시사회는 편리성·안전성과 개인의 프라이버시(인권)과의 교환에서 전자를 한층 더 앞세우는 공리주의적 태도로 말미암은 것인데, 이 점에서 중국과 서방 선진국가들 사이에 명확한 선을 그을 수 없다고 본다. 梶谷懷·高口康太, 《幸福な監視國家·中國》, NHK出版新書, 2019.

라는 밑으로부터의 시각과• 결합될 때만 피부감각으로 일상생활에서 공감될 수 있다.

봉쇄된 우한의 실상을 전한 작가들은 이 점을 간명하게 제시한다. 봉쇄가 야기한 비정규 노동, 가정폭력, 돌봄노동 등의 심각성을 생생하게 접할 수 있다. 그러나 우한은 '무간지옥'은 아니었다. 봉쇄 기간 중 많은 사람들이 함께 네트워크를 만들었고, 다양한 취약계층에 관심을 기울였으며, 각종 대중매체와 소셜네트워크 등을 활용해 대규모 자원봉사 활동에 나섰다.[9] 이처럼 "최선을 다해 일상에 집중하고 있는" 사람들의 인내력에 감탄한 팡팡(方方)이 간파한 한 나라의 문명의 수준은 "바로 약자들에 대한 국가의 태도"에 달려 있다. 국가가 어떤 대가도 감수할 수 있다고 할 때, '당신'이 '대가'일 뿐이라면,[10] '국가 거버넌스의 현대화'나 대안문명도 설득력을 갖기 어려울 터이다.

여기서 정치(政治)와 덕치(德治)와 도치(道治)라는 세 가지 치교(治教)의 결합을 강조한 견해가 우리의 시야를 열어준다. 정치와 덕치를 함께 시행할 필요성을 인식하는 것은 유가의 현실주의에 잘 드러나 있다. 그러나 유교의 예치는 결국 군주 또는 목민자의 덕치를 통해 구현되는 것이기에 민주적 대등관계의 개념과 거리가 있는 것도 분명하다. 낯선 개념일 터인 도치란 민중 개개인 각자가 도인의 경지에 이름으로써 원만한 세상을 이룬다는 새 개념이다. 아직껏 국가 단위로 시행된 바 없다고 봐야 할 도치는 물론이고 정치와 덕치도 현대세계에서는 세 가지 치교

• 당과 국가의 힘이 워낙 강하다 보니 '중국'을 '중국 국가'와 등치시키는 습관이 평범한 중국인은 물론이고 중국 밖에서도 익숙하다. 그런 익숙함을 깨기 위해, 민이 일상생활에서 어떤 국가를 만나고 어떻게 만나는가를 묻는 작업의 성과로 조문영 엮음, 《민간중국: 21세기 중국인의 조각보》, 책과함께, 2020, 특히 11쪽 참조.

의 결합 없이는 성립하기 힘들다. 우리가 모색 중인 대안적 문명이 일상생활에서 보편적 문명론으로 자리 잡기 위해서는 '세 가지 도'의 원만한 동시수행을 추구하면서 각 사회의 역사적 맥락에 맞는 구체적인 방도를 찾아가는 모험을 감당해야 한다.[11]

필자는 중국의 지난 100년의 변혁의 역사를 '민(民)의 결집과 자치의 경험'이란 주선율로 파악해본 바 있다.[12] 중국인들이 이 경험을 계승한 거버넌스의 개편, 곧 사회적 소수자(특히 여성과 소수민족 등)를 포함한 인민 참여를 획기적으로 늘리는 '나라 다스리기'의 새 틀과 대안적 문명담론을 만들어낼 수 있을까. 그들이 자신들의 역사로부터 (그리고 방역 과정에서 겪은 현실 경험으로부터) 무엇을 학습하며 혁신해갈지는 그들의 몫이지만,• 중국을 단순히 혐오·멸시 감정에 휘둘려 보지 않고 그들이 변화하는 역사 속에 있음을 제대로 인식하며, 그에 비춰 우리를 성찰하는 것은 우리의 과제이다.

코로나19 사태의 성격상 완전한 성공이란 아직 중국을 포함해서 어디에도 없고, 나라들 사이의 상대평가만이 가능하다. 그런 기준에서 보면, 한국의 방역상황(이른바 'K-방역')이나 타이완의 방역은 성적이 양호한 편이다. 혁명 경험의 경로에 의존하면서 서방(의 혼란)과의 이분법적 대비를 통해 정당화하는 중국과 달리, 이런 성과를 가능케 한 한국과 타이완의 조건과 맥락이 무엇인지 (문화주의적 설명이 아니라) 민주주의와 관련해 묻는 일이 관건이다.••

• 리잉타오는 팬데믹 위기에서 불거진 양성평등의 문제가 중국 거버넌스와 지구적 거버넌스를 연계시켜 중국이 적극적으로 국제협력 및 지구적 거버넌스를 이끌어가는 기회를 제공해 줄 수도 있을 것으로 기대한다(26쪽의 각주 참조).

•• 타이완의 쩡진옌(曾金燕)는 (위에서 검토한) 한병철이 문화 영역의 분석에 치우치고 제도

결국, 팬데믹 시대에 중요한 건 국가의 개입에 개입하는 민주주의적 집단 주체성의 메커니즘이다. 달리 말하면 '더 좋은' 민주주의의 길로 나아가기 위해 민주적 집단의 주체성과 연대의 기제를 표현할 좀 더 새로운 발상이 필요하다. 그러기 위해 중국과 한국 모두 서로가 터득한 경험을 존중하고 그 가치를 따져 묻는 비평적 태도를 견지해야 한다. 이 책을 엮은 목표는 바로 이 상호 학습과 성찰을 요청하기 위해서이다.

영역을 무시하는 바람에 타이완과 한국의 민주제도가 방역에 작동한 역할을 간과한다고 비판하면서, 한국과 타이완의 사례를 중국과 다른 모델로 제시한다. 曾金燕, 〈小東亞與全球抗疫: 對韓炳哲數位化生命政治的誤解與補充〉, 《思想》, 41號, 2020, 313頁. 그리고 한국 방역의 '성공'을 촛불혁명의 기운 발동과 연관시키면서 한국사회라는 장소의 감각에 충실한 분석은 황정아, 〈팬데믹 시대의 민주주의와 '한국모델'〉, 황정아 외, 앞의 책 참조.

미주

1 임화, 〈대지의 세계성〉, 최원식 · 백영서 엮음, 《동아시아인의 '동양' 인식》(개정판), 창비, 2010, 217쪽.

2 "Munich Security Report 2020: Westlessness," www.securityconferencd.org/en(검색일: 2021. 1. 10). 이것은 외교안보 의사결정권자들의 글로벌 안보포럼인 뮌헨안보회의(MSC)의 연례보고서이다.

3 藤原辰史, 〈2020-パンデミックを生きる指針: 歴史研究のアプローチ〉, https://www.iwanamishinsho80.com/post/pandemic(검색일: 2021. 1. 20).

4 汪暉, 〈革命者人格與勝利的哲學: 紀念列寧誕辰150週年〉, 《文化縱橫》, 2020年 第3期. 대표적 신좌파 지식인인 그는 인민전쟁을 순수한 군사 개념이 아닌 정치 범주로 규정하고, 당과 인민이 결합된 군사, 정치, 경제, 문화 과정으로 해석한다.

5 위의 글.

6 황정아, 〈팬데믹 시대의 민주주의와 '한국모델'〉, 황정아 외, 앞의 책, 27, 30쪽.

7 옌지룽 편저, 《중국 현대 국가 거버넌스》, 성균중국연구소 옮김, 책과함께, 2021.

8 장웨이웨이, 《중국은 문명형 국가다》, 성균중국연구소 옮김, 지식공작소, 2018, 236쪽.

9 궈징, 《우리는 밤마다 수다를 떨었고, 나는 매일 일기를 썼다》, 우디 옮김, 원더박스, 2020, 25쪽.

10 팡팡, 《우한일기》, 조유리 옮김, 문학동네, 2020, 62, 95, 157, 209, 227쪽.

11 이상은 · 백낙청, 《서양의 개벽사상가 D. H. 로런스》, 창비, 2020, 484~485쪽. 이 글은 원불교 2대 종법사 정산(鼎山) 송규(宋奎, 1900~1962)가 제시한 세 가지 치교에 대한 새로운 조명이다.

12 백영서, 《중국현대사를 만든 세 가지 사건: 1919 · 1949 · 1989》, 창비, 2021.

1부

어떻게 평가할 것인가?

밖에서 본 중국

1장

중국의 코로나19 대응과 정치사회적 함의

하남석

1. 중국의 체르노빌 모먼트?

2019년은 중국에 많은 고난을 가져다준 해였다. 중국인민들에게는 "9를 만나면 반드시 어지럽다(逢九必亂)"라는 말이 회자되어왔는데, 이는 중화인민공화국 건국 이후 9로 끝나는 해에는 항상 나라에 큰 어려움이 있어왔다는 뜻이다. 2019년도 예외는 아니었다. 미중 무역 분쟁이 심화되는 가운데 홍콩에서는 '범죄인인도조례 반대(反送中)' 시위가 확산되었고, 12월에는 후베이성 우한시에서 처음으로 급성 호흡기 질환이 발생했다는 소식이 알려졌다. 처음에는 이 바이러스 질환이 인간 사이에는 전염이 되지 않는다고 알려졌지만 이는 잘못된 정보였고, 이후 급속히 우한을 중심으로 확산되며 중국에 큰 충격을 안겨주었다.

시진핑 집권 이후 중국은 홍콩의 대규모 시위나 신장위구르 문제 등

체제의 심각한 위기로 간주될 만한 굵직한 사건들이 여럿 있었지만, 중국 내 강한 애국주의와 민족주의로 인해 오히려 대륙에서는 내부 결속력이 커지며 커다란 위기로 보기 힘들었던 것이 사실이다. 하지만 코로나19의 경우는 조금 달랐다. 사태 초기로 돌아가 보면 초반의 방역 실패, 우한과 후베이 지역 의료체계 붕괴, 방역 봉쇄에 대한 인민들의 불만, 이후 발생한 수많은 사망자 등 코로나 사태가 체제 위기로 발전될 조짐을 보인 것 또한 사실이다. 코로나 발생 이후 중국인민들의 민심도 21세기 들어 중국이 겪었던 여러 재난과 안전 문제들인 원촨(汶川) 대지진이나 멜라민 분유 사건, 사스(SARS) 당시와 비교해서도 더 안 좋은 상황으로, 우한발 사상 초유의 전염병 사태는 시진핑 집권 이후 최대의 리스크로 여겨졌다. 특히 초반에 감염병에 대한 정보 통제와 검열이 있었다는 것이 알려지면서, 이는 소련이 체르노빌 사태 때 정보를 통제하여 민간과 주변국에 더 심한 피해를 안겨주면서 이후 체제의 붕괴로 이어진 것처럼 중국에서도 코로나19 사태가 체제 위기의 시발점이 되는 체르노빌 모먼트(Chernobyl moment)가 될 수 있다는 예측으로 이어졌다.

물론 2020년 12월 현재 상황에서 돌이켜보면 코로나19 바이러스 사태는 중국에서 체제의 체르노빌 모먼트가 아니라 도리어 체제의 자신감을 가지게 되는 애국주의의 추동력이 되어버렸다.[1] 중국은 강력한 봉쇄조치로 초기의 어려움을 딛고 이미 6월부터 전국적으로 일상을 회복했고 차츰 경제도 회복되는 중이다. 하지만 미국과 유럽 등 서구 선진국들은 계속해서 방역에 실패하며 바이러스에 속수무책으로 무너졌고 언제이 난국을 극복할지 요원한 상황이다. 이 상황을 비교해보면 상대적으로 코로나19 바이러스가 중국에 준 충격은 작았다고 할 수 있을지 모른다. 하지만 이것은 지금 상황에서 결과론적인 이야기이며, 코로나19 대응 초기에 중국이 실패했고 당시 제기되었던 정보의 은폐와 사회적 혼란은 여전히 전혀 해결되지 않았다는 점에서 다시 당시로 돌아가서 중국의 대응을 면밀히 살펴볼 필요가 있다.

2. 역병에 대처하는 중국의 전통과 당-국가 체제의 유산

코로나19와 같은 전염병이 체제의 심각한 위기로 여겨지는 이유 중 하나는 역병을 보는 동아시아적 전통과도 관련이 있다. 〈그림 1-1〉에서 보이듯이 코로나 발생 이후 중국의 한 농촌에서 바이러스의 전염을 막기 위해 '외부인 출입 금지'라는 팻말과 함께 창을 들고 외부인을 통제하는 남성의 모습이 SNS상에서 화제가 된 바 있다. 해외에서는 중국의 후진적인 방역을 풍자하는 것으로 인용되기도 했다. 도시 지역에서는 여러 하이테크 및 디지털 기술을 활용한 안면인식 체온계, 스마트폰의 QR코드를 통한 동선 추적과 디지털 감시 등이 활용되었지만, 막상 농촌 지역에서는 마을로 들어오는 길을 물리적으로 막는 단순한 방법밖에는 없었다.[2] 방역에서도 도농이원구조가 존재했던 것이다. 하지만 전염병을 뜻하는 역(疫)이라는 한자는 풀이하면 질병(疒)을 창이나 몽둥이(殳)를 들고 통제하는 것을 의미한다. 따라서 이러한 모습은 중국의 오래된 문화적 전통이 현재에도 이어지고 있으며, 역병을 막고자 하는 중국인들의 절실함을 보여준다고 볼 수 있을 것이다.

특히 중국을 비롯한 동아시아에서는 전통적인 천명(天命)사상에 따라 통치자들이 덕치(德治)로 천지를 균형 있게 다스리고 화합을 이끌어야만 한다고 여겨왔다. 이를 크게 어길 경우, 하늘의 뜻을 거스른 것으로

〈그림 1-1〉 2020년 설 연휴 당시 중국 농촌의 풍경[3]

〈그림 1-2〉 코로나19 사태 초기 중국인민들의 반응

〈그림 1-3〉 코로나19로 인한 봉쇄 당시 현수막 1

〈그림 1-4〉 코로나19로 인한 봉쇄 당시 현수막 2

간주하여 지진과 홍수, 가뭄, 전염병 등 재난이 발생한다고 믿어왔다. 이러한 믿음은 현대의 사회주의 체제에도 이어져 1976년의 탕산(唐山) 대지진이 마오쩌둥 시기의 종말의 징조로 받아들여지기도 했다. 그렇기에 코로나19와 같은 전염병 상황이 심각해진 것은 시진핑이라는 지도자의 문제로 해석될 여지가 있었으며, 특히 그의 집권 이후 사회에 대한 억압이 대폭 강화되었다는 점에서 그의 덕(德)과 인(仁)이 부족한 탓으로 여겨질 확률도 높았다.

그리고 중국의 권위주의적인 당-국가 체제의 모습이 사태수습을 위한 강력한 봉쇄조치와 더불어 드러나기도 했다. 2019년 12월 말부터 이미 전국적으로 원인불명의 폐렴이 우한에서 발생하고 있다는 소식이 전해졌고, 2020년 1월에도 사람 간 전염은 이뤄지지 않는다는 보도가 이어졌다. 한편으로 중국인민들 사이에서 불길한 소문도 돌았지만 〈그림 1-2〉에서처럼 상당수 사람들이 "정부가 있으니 두렵지 않다"라고 하며 당과 국가에 대한 신뢰감을 나타냈다. 하지만 대응이 늦어지고 결국 바이러스를 초기에 통제하지 못하게 되면서 사태는 걷잡을 수 없이 확산되었다. 이후 중국공산당은 가용할 수 있는 최대한의 정치사회적 자원을 동원했다. 2020년 1월 27일 시진핑은 중국공산당 전 당원이 전염병 방역에 참여하도록 '총동원령'을 내렸다.[4] 중국은 이 조치에 따라 "당이 하는 말을 따르기만 하면 바이러스는 두렵지 않다"는 〈그림 1-3〉의 현수막 문구처럼 모든 방역 조치를 당의 지시하에 두었고 〈그림 1-4〉의 "열이 나는데도 말하지 않는 이는 인민대중 속에 잠복해 있는 계급의 적이다"라는 구호처럼 바이러스 방역을 '방역투쟁'과 '인민전쟁'으로 받아들였다. 이는 마치 대약진운동이나 문화대혁명 시기와 같은 사회 총동원의 기억을 떠올리게 했다.

3. 2003년 사스의 경험과 2020년 코로나19의 대처

한편, 코로나19가 전 세계에 확산된 이후 동아시아 지역은 방역에 비교적 성공하며 상대적으로 안정을 유지하고 있는 반면, 미국과 서유럽 선진국들이 바이러스에 속수무책으로 무너지는 상황과 관련해 여러 분석들이 나오고 있다. 그 가운데에는 문명적 차원의 차이를 짚는 큰 담론부터 각국의 의료체계에 대한 세밀한 분석, 디지털 감시체제와 관련한 문화적 차이 등 여러 층위의 분석들이 있다. 모두 일리 있는 분석이지만, 동아시아 지역이 방역에 상대적으로 안정적인 이유는 21세기 들어 코로나 바이러스를 호되게 겪은 경험이 있기 때문이기도 하다. 중국을 비롯한 타이완, 홍콩, 싱가포르 등 중화권 전 지역은 2003년 사스를 겪었으며, 한국은 2013년 메르스(MERS) 상황에서 큰 고통을 받았던 전례가 있다. 현재 G7 국가 중 캐나다가 다른 서구 선진국들보다 비교적 초기 방역에 성공적이었던 것도 2003년 사스 당시 동아시아 국가를 제외하면 가장 많은 피해를 겪었기 때문일 것으로 추측된다. 즉, 기존의 사스나 메르스 등 코로나 바이러스 감염병을 겪으면서 쌓였던 방역의 실패 및 수습과 관련한 경험이 현 코로나19의 국면에서 정부, 의료진, 시민사회가 이를 대처하는 데 일정하게 영향을 미치고 있다고 판단되며, 그 경험을 통해 만들어진 방역 체계가 나름 잘 작동했다고 볼 수 있다. 이런 측면에서 중국을 두고 사스 당시의 상황과 현 코로나19 국면을 비교하는 것은 상당한 의미가 있다.

1) 정보의 통제와 내부고발자의 존재

사스의 경우, 2002년 11월경부터 이미 중국 광둥성에서 미지의 치명적인 호흡기 질환이 있다는 사례가 보고되고 있었고, 중앙정부가 이를 확인한 것은 2003년 1월부터였으며, 세계보건기구(WHO)에 보고된 것은 2월이 되면서부터였다. 이에 따라 중국 보건 당국은 춘절 인구의 대이동 시기에 감염 확대를 위한 조치는 취할 수 없었고, 3월에는 베이징을 비롯해 홍콩, 베트남, 싱가포르, 캐나다 등지로 감염이 확산되며 사망자들도 나오기 시작했다. 그럼에도 중국 당국은 사스를 효과적으로 통제하고 있다고 사태를 은폐, 축소시키고 있었으며 감염자의 수도 축소해서 발표하고 있었다. 이에 위기감을 느낀 인민해방군 301병원의 고위직이었던 의사 장옌융(蔣彦永)은 중국 내의 CCTV와 홍콩의 펑황타이(鳳凰臺) 방송, 미국의 《타임》지에 내부 상황을 고발했다.• 이는 결국 당국이 실책을 인정하고 강력한 방역대책으로 돌아서는 계기가 되었다.

이번 코로나19 사태의 경우에도 사스 때와 마찬가지로 당국의 정보 통제와 내부고발자(whistleblower)가 존재했다. 우한에서도 2019년 12월부터 이미 심각한 폐렴이 발생했다는 정보가 있었으나 지역 보건 당국은 이에 관한 내용을 통제하고 있었다. 12월 30일, 우한 중심병원에 근무하던 의사인 리원량(李文亮)은 이 질병이 사스와 유사하다는 보고서를 보고 이를 의대 동창생들과의 위챗방에 공유했다. 이 내용은 중국의 SNS를 타고 확산되었고 2020년 1월 3일, 우한 공안국은 그를 소환하여 인터넷에 유언비어를 퍼트렸다는 이유로 경고하고 훈계서를 쓰게 했다. 리원량은 이후 병원에서 코로나19 환자들을 돌보다가 자신도 감염되어 2월 7일 사망했다. 이 소식이 알려지면서 중국에서는 그를 추모하며 정

• 사스 당시 중국의 정세와 장옌융의 내부고발에 관한 자세한 내용은 필립 판, 《마오의 제국: 새로운 중국, 마오쩌둥을 넘어서》, 김춘수 옮김, 말글빛냄, 2010, 8장 참조.

보를 통제하는 중국의 행정당국을 비판하는 움직임이 크게 확산되었다.

2) 희생양 만들기와 영웅 만들기

전염병 상황이 은폐 축소되고 있던 상황이 알려지며 민심이 흔들렸을 때 당국이 처한 조치는 바로 희생양 만들기와 영웅 만들기였다. 사스 시기에는 정보 은폐와 부적절한 대처를 이유로 당시 위생부장(한국에서는 보건복지부 장관에 해당)이었던 장원캉(張文康)과 베이징 시장 멍쉐농(孟學農)을 해임했고, 이번 코로나19와 관련해서는 마찬가지 이유로 후베이와 우한의 보건 정책 담당자들을 해임하고, 장차오량(蔣超良) 후베이성 당서기와 마궈창(馬國强) 우한시 당서기를 경질했다.

이는 중국 특유의 중앙-지방 관계와 관련이 있는데, 중국은 민심이 이반하고 있을 때 실책의 문제는 지방의 책임자에게 돌리고 중앙은 오히려 그에 대한 심판자의 자리에 위치하면서 중앙의 최고지도부에 대한 비판을 완화시키는 경향이 있다. 인민들도 정책에 불만이 발생했을 때 "탐관오리에게만 반대하지 황제에게는 반대하지 않는다(只反貪官, 不反皇帝)"는 말이 있을 정도로 강력한 중앙이 전횡을 부리는 하급 지방정부를 통제하는 것이 옳다는 심리를 가지고 있는 경우가 많다. 이런 희생양 만들기를 통한 책임 소재의 완충 장치를 만드는 방식은 이번에도 어김없이 행해졌다.

한편, 인민들의 비판을 완화하기 위해서 취한 또 다른 방식은 영웅 만들기였다. 사스 당시에도 의료진과 자원봉사자들이 희생하여 질병과의 전쟁에 나서는 모습을 매일같이 강조했다. 게다가 최고 지도자들이 현장에서 지휘하고 격려하는 모습을 연출하며 민심을 회복하기 위해 노력했다. 이번 코로나19 사태에서도 리커창 총리가 우한을 방문하면서 당

지도부들이 방역에 온 힘을 다하고 있는 모습들을 연출했다. 다만 시진핑 주석이 현장에 나타나지 않는 것을 두고 비판 여론이 높아지기도 했다. 하지만 방역이 어느 정도 성공했다고 여겨진 3월 10일 시진핑은 우한을 방문했고, 4월 4일 청명절을 맞이하여 숨진 희생자들을 추모하고 애도하는 대대적인 캠페인을 연출하면서 그간의 부재를 만회하려는 모습을 보였다. 심지어 당국의 정보통제와 실책에 대한 비판의 상징이었던 의사 리원량을 국가열사로 추대하고 영웅으로 만들어 비판의 목소리를 체제 내부로 흡수해버렸다.

4. 코로나19 사태 초기 중국 민간사회의 반응

상술한 바와 같이 당국이 리원량 의사를 체제 내의 영웅으로 추대하기는 했으나 그에 대한 추모와 체제 비판의 글들은 중국 온라인상에서 계속해서 검열당하고 삭제되고 있다. 하지만 지금은 사스 당시와 달리 인터넷이 폭넓게 보급되었기 때문에 인구 대부분이 스마트폰을 사용하는 상황에서 위챗을 비롯한 여러 SNS를 통해 비판의 목소리들이 퍼져나가고 있다.

실제 리원량 의사가 바이러스에 감염되고 사망하기 전 한 매체와의 인터뷰에서 "건강한 사회에서는 하나의 목소리만 존재해서는 안 된다고 생각한다"고 얘기했던 것이 알려지면서 당국에 대한 거센 비난 여론이 확산되기도 했다. 중국 네티즌들은 SNS상에서 훈계서의 두 항목, "당신은 앞으로 위법활동을 중지할 수 있겠는가"와 "앞으로 위법활동을 할 때는 법적 처벌을 받는다는 것을 알겠는가"에 대해 리원량이 당국에 답해

〈그림 1-5〉 "할 수 없다", "모르겠다"라는 문구를 공유하는 네티즌

야 했던 "할 수 있다(能)"와 "알겠다(明白)"를 대신하여 "할 수 없다(不能)", "모르겠다(不明白)"라는 문구를 공유하는 캠페인을 벌여 저항했다(〈그림 1-5〉). 그리고 중국 네티즌들은 언론의 자유를 요구하면서 내부고발자였던 리원량을 기리기 위해 휘파람을 불거나 호루라기를 부는 영상들을 올리기도 했다.

지식인들 또한 온라인상에서 이루어지는 정부 비판 운동에 동참하고 있다. 현재까지 확인되는 것은 3건인데, ① 우한 지역 교수 10명의 호소문, ② 변호사, 교수, 독립지식인 등 28명의 전인대와 국무원, 동포들을 대상으로 한 공개서신, ③ 인민대학 동문, 쉬장룬(許章潤), 장첸판(張千帆) 등 8인의 전인대 상무위원회에 제출하는 공개서신이었다. 이 호소문 및 공개 서신들의 공통적인 내용은 리원량 의사의 명예회복과 책임자 처벌, 그리고 언론의 자유 등 중국 헌법 가치 수호였다. 실제 중국의 헌법 35조는 "중화인민공화국의 공민은 언론, 출판, 집합, 결사, 행진, 시위의 자유를 가진다"이며, 51조는 "중화인민공화국 공민은 자유와 권리를 행사함에 있어서 국가, 사회, 단체의 이익과 다른 공민의 합법적 자유와 권리에 손해를 끼치지 못한다"이다. 다만 주목해야 할 것은, 이런 움직임이 현재 일당 체제의 전복이나 서구식 정치제도 수용 등을 의미하는 것은 아니라는 점이다. 중국의 민주운동의 전통은 억울하게 목숨을 잃은 사람에 대한 추모와 복권, 그리고 사회주의 민주와 중국 헌법 가치 수호였다. 이는 1989년 톈안먼 사건 때에도 마찬가지였는데, 흔히 당시 시위대가 서구의 자유민주주의 체제를 수용할 것을 요구했다고 알려져 있지만, 실제 당시 학생들은 자신들을 '애국적 사회주의자'로 호명했으며, 억울하게 죽은 후야오방(胡耀邦)의 복권과 헌법에 명시되어 있는 언론의 자유를 당국이 지켜줄 것을 요구했었다.• 현재의 움직임들도 당시의 연장선에서 파악할 필요가 있다고 여겨진다.

한편, 중국의 좌파 성향 온라인 사이트들에서는 주로 의료 시장화를 비판하고 더 강한 국가의 대응을 주문하는 내용을 담은 일부 지식인들의 글이 공유되었다. 그중 하나는 리링(李玲) 베이징대 교수의 인터뷰 기사로 온라인상에서 빠르게 공유되며 의료보건의 시장화와 코로나 사태와의 연관성이 화제로 떠오르기도 했다.[5] 이에 따르면 2017년 기준 우한의 공립병원은 96곳이고 민영병원은 258곳으로 민영비율이 72.9%였

• 1989년 톈안먼 사건 당시의 전국적인 시위의 성격이 서구 자유민주주의 수용보다는 사회주의 중국의 헌법 수호와 체제 내부에서 구현되었어야 할 언론 자유 및 민주적 사회주의였다는 자세한 분석은 하남석, 〈지방 시위를 통해본 1989 천안문 사건과 그 함의〉, 《중국학연구》 제91집, 2020 참조.

는데, 전국 평균인 64%보다 현저히 높았다. 그리고 중국의 신좌파 지식인으로 중국의 국가능력을 강조해왔던 왕샤오광(王紹光)의 예전 논문인 〈중국 공공 보건의 위기와 회복〉 등이 많이 공유되기도 했다.[6] 이 논문은 2003년 사스 위기 당시를 분석하며 의료 시장화가 어떻게 국민 건강의 질을 약화시켰으며, 보건 불평등을 확대시켰는지에 관해 여러 통계 수치를 들어 보여주는 글이었다.

5. 중국 방역모델의 빛과 그림자

상술했듯이 중국의 민심은 코로나 사태 발발 이후 당국이 방역에 일차적으로 실패하면서 크게 악화했었지만 3월 이후로는 안정세를 찾았다. 오히려 서구 국가들이 위기에 빠지면서 중국 체제에 대한 비판의 태도는 약해지고 체제에 대한 자신감이 회복된 상황이라고 할 수 있다. 실제로 2020년 11월 30일 기준 미국의 사망자 수가 26만 명이 훨씬 넘는 데 비해 중국의 사망자 수는 4634명으로 방역 성과가 확연히 비교가 되는 상황이다. 이미 중국 온라인상에서는 여름 즈음 안정을 되찾은 이후 코로나19를 계기로 중국이 서구와의 체제 경쟁에서 승리한 것이라는 내용을 담은 글들이 많이 공유되기도 한다.

한편, 우리는 사태 초기 중국 전역에서의 강력한 봉쇄조치와 더불어 우한과 후베이의 의료 붕괴와 사망자 수 급증 등을 떠올리며 중국의 코로나19로 인한 피해가 극심했을 것이라고 판단하는 편이다. 하지만 현 상황에서 중국 전역의 통계를 놓고 보면 그 피해는 코로나19 바이러스의 특성을 잘 파악하지 못해 우왕좌왕했던 우한과 후베이에 집중되어 있고 기타 지역의 피해는 거의 없다고 판단할 수 있다. 〈표 1-1〉에서 볼 수 있듯이 중국 전체 사망자 중 우한을 포함한 후베이의 사망자가 97.3%에 달하며, 전체 확진자 중에서는 78.8%에 이른다. 중국의 확진자 통계의 경우 무증상 감염을 제외시키고 있기에 그 규모 면에서 통계상 다른 나라보다 축소되었다는 점을 감안하더라도 중국의 성급 행정구역이 웬만한 국가 규모를 넘어선다는 점을 떠올려보면 이는 상당한 성과라고 할 수 있다. 예를 들어 중국과 타이완을 제외하고 가장 방역에 성공한 국가인 한국에서도 사망자가 526명인데 인구가 1억이 넘는 광둥성이나 산둥성의 경우 사망자가 각각 8명과 7명밖에 안 될 정도로 방역에 성공한 상황이다.

단순히 방역만 성공한 것이 아니다. 방역에서의 성공은 바로 경제 회복으로 이어지고 있는 중이다. 〈표 1-2〉의 'IMF 2020년 세계 경제성장률 전망'을 보면 세계 주요 경제국 중에 유일하게 중국만이 플러스 성장으로 예측되고 있다. 그리고 이 예측치가 그나마 세계적으로 잠깐 안정세를 회복했던 10월에 발표되었다는 점을 고려하면 3차 감염 파도가 현실화되고 있는 현재 상황에서 중국과 다른 나라와의 차이는 더 벌어질 수 있을 것으로 판단된다.

하지만 이런 (상대적인) 방역과 경제 부문에서의 성공에는 그림자도 있기 마련이다. 즉, 코로나 이후 악화된 각종 경제 및 사회 문제에 어떻게 대처할 것인가에 이목이 집중되고 있다. 중국의 경우, 현 상황에서 다른 서구 선진국들에 비해 바이러스에 대한 방역은 비교적 잘 해낸 것으로 보이지만, 이후 경제 회복이나 민생 지원과 관련하여 어떤 대책들을 마련하여 민심을 회복할지도 관건이라고 할 수 있다. 중국은 올해 두 개의 백 년이라는 장기 목표 중 하나인 2020년 전면적 소강사회 건설을

〈표 1-1〉 **중국 각 성별 코로나19 확진자 수 및 사망자 수(2020년 11월 30일 기준)**[7]

지역	총 확진자 수	100만 명당 확진자 수	사망자 수
세계 전체	6267만 7879	8061	145만 8871
중국 전체	8만 6530	62	4634
후베이성	6만 8148	1165	4512
허난성	1289	13	22
헤이룽장성	949	25	13
베이징시	587	27	8
광둥성	1989	18	8
산둥성	854	8	7
충칭시	579	19	6
상하이시	636	20	6
하이난성	171	18	6
허베이성	373	5	6
안후이성	992	16	6
후난성	1020	15	4
톈진시	180	12	3
산시(山西)성	498	13	3
쓰촨성	806	10	3
신장위구르자치구	980	45	3
간쑤성	182	7	2
랴오닝성	289	7	2
윈난성	219	5	2
구이저우성	147	4	2
지린성	157	6	2
광시좡족자치구	263	5	2
장시성	935	21	1
내몽고자치구	323	13	1
푸젠성	487	13	1
저장성	1294	23	1
장쑤성	680	8	0
칭하이성	18	3	0
닝샤회족자치구	75	12	0
시장티베트자치구	1	0	0
산시(陝西)성	221	6	0

〈표 1-2〉 **IMF 2020년 세계 경제성장률 전망**[8]

지역	2019년 경제성장률(%)	2020년 경제성장률(예측치, %)
세계	2.8	-4.4
중국	6.1	1.9
한국	2.0	-1.9
미국	2.2	-4.3
유로존	1.3	-8.3
일본	0.7	-5.3
인도	4.2	-10.3
러시아	1.3	-4.1

위해 적어도 6% 규모의 경제성장이 필요하지만 거의 모든 예측에서 이는 달성하기 힘든 목표가 되고 있으며, 코로나19 국면이 글로벌 차원에서 장기화된다면 더 위축될 수 있는 상황이다.

무엇보다 주목해야 할 것은 실업 문제이다. 향후 서구 사회의 급격한 수요 위축으로 인한 수출 경제 타격 등이 현재 농민공을 비롯한 노동계급에 미칠 영향도 무시할 수 없는 상황이다. 한 연구에 따르면, 2020년 3월에 농민공 가운데 실업자가 3000만에서 5000만 명에 달하며 5월에는 그 숫자가 2000만 명으로 줄어든 것으로 추산된다. 이들 중 상당수는 일자리가 없어 농촌에 머무르거나 저임금 비정규 노동으로 3월과 4월을 보낸 것으로 판단된다.[9] 또 다른 분석에 따르면, 코로나19로 인한 중국의 실업이 1억 명을 넘어 2억에 달할 수도 있다는 최악의 상황을 가정하기도 했다.[10] 게다가 매년 800만 명에 달하는 대학 졸업자가 신규로 노동시장에 진입하게 되는데 이들의 취업 예상도 크게 악화될 것으로 전망된다. 실제로 8월에 대학 학위 이상을 가진 20~24세 실업률은 전년 동기 대비 5.4% 상승했다.[11] 이렇듯 노동계급의 실업률이 급속히 증가하기 시작하면 아무리 방역에 성공했다 하더라도 체제에 대한 불만이 높아질 수밖에 없다.

지역적인 차별 문제도 무시할 수 없다. 우한과 후베이성 주민들이 가지고 있는 트라우마가 매우 큰 상황이고 중국 국내에서는 우한에 대한 차별과 혐오마저 등장하고 있는 상황이다. 심지어 중국의 다른 지역에서 우한을 상징하는 음식인 러깐몐(熱乾麵)에 대한 기피현상까지 벌어지기도 했다고 한다. 2020년 3월 27일 후베이성에 대한 봉쇄가 해제되면서 후베이와 장시성을 잇는 쥬쟝창쟝(九江長江) 대교에서 일자리를 찾아 다리를 건너려는 후베이 주민들을 장시 지역의 공안들이 막아서는 바람에 대규모 충돌이 벌어지기도 했다. 후베이 주민들은 경찰차를 전복시키고 "후베이 힘내라(加油)"를 외치며 강하게 저항했다.[12] 4월 10일에는 우한의 가장 큰 백화점인 대양(大洋) 쇼핑몰 앞에서 수십 명의 입점주들이 1미터씩 떨어져 앉아 1년간 임대료 면제 또는 환불을 요구하며 연좌 시위를 벌이기도 했다.[13] 후베이와 우한은 코로나19로 의료체계가 붕괴하면서 많은 주민들의 목숨을 잃게 되었고 당국의 강력한 봉쇄 정책으로 일상을 유지할 수 없게 되자 현 체제에 대한 불만이 여전히 많이 남아 있는 상황이다. 중국 당국이 후베이와 우한 주민들의 상처를 어떻게 보듬고 해당 지역의 민심을 회복할 수 있을지도 향후 중요한 문제라고 할 수 있다.

6. 중국의 방역모델에 남겨진 문제들

2021년에는 백신과 치료제가 상용화되어 현재의 글로벌 팬데믹이 진정될 것이라는 기대도 있지만, 2020년 현재 북반구가 겨울로 접어들며 지구적 차원에서의 재감염 파도는 이미 현실화되었다. 여름과 가을을 거치며 조금 회복되나 여겨졌던 미국과 유럽은 다시 강도 높은 봉쇄조치로 들어가거나 아니면 속수무책으로 이 상황을 그냥 두고 볼 수밖에 없는 상황이기도 하다. 그간 일명 K-방역으로 불리며 몇 차례의 위기에도 불구하고 잘 버텨왔던 한국도 코로나19 발생 이후 가장 위태로운 상황을 맞이하고 있는 중이다. 하지만 중국은 2020년을 코로나19의 악몽으로 시작해서 현재는 어느 정도 전반적으로 안정을 되찾은 상황이며 현재도 상황을 비교적 잘 통제하고 있는 것으로 보인다.•

하지만 현실적으로 모든 나라가 중국의 방역모델을 따라할 수는 없다. 일부 재감염 사례가 나타나자 중국의 방역 대책은 그 강도와 범위면에서 다른 국가의 수준을 훨씬 상회하며 여전히 강제적 동원의 방식을 유지하고 있다. 중국 칭다오에서는 2020년 10월 12일과 13일에 각각 6명씩 확진자가 나오자 거의 1100만에 달하는 도시 인구 전부에 코로나 핵산 검사를 실시했고 모두 음성판정이 나왔다고 보도했다.[14] 중국 톈진의 경우 현지 교민의 소식에 따르면, 11월 중순부터 수입 냉동식품 유통부문에서 확진자가 여러 명 나오자 확진자가 살던 아파트에 소개령이

• 조영남은 코로나19에 대한 중국의 대응을 '초기 대응 실패와 최종 통제 성공'으로 요약한다. 그에 관한 자세한 분석은 조영남, 〈중국의 코로나19 대응 분석: 중앙의 지도체계와 선전 활동을 중심으로〉, 《중소연구》 제44권 제2호, 2020 여름 참조(이 글은 이 책 3장에 수록되어 있다—엮은이).

내려져 해당 주민들이 전부 별도의 시설에 격리 조치되었으며, 빈하이신구 거주민 250만 명에게 감염 전수조사가 들어갔다. 검사 결과는 1명의 무증상 감염 외에 전부 음성이라고 공표했다고 한다. 이러한 사회적 동원 능력과 이를 대중들의 불만을 무마하며 실행시킬 수 있는 국가의 힘은 중국 외에는 사실상 어떤 나라도 가지고 있지 못한 상황이다.

그러나 이러한 중국의 방역모델이 바람직한 것인가, 혹은 향후 지속가능한 것인가에 대해서는 많은 의문이 뒤따른다. 다른 나라들이 중국의 방역모델을 따라하지 못하는 이유는 단순히 국가 능력이 부족해서가 아니라 그 방식을 쉽게 사회에 강요할 수 없기 때문이기도 하다. 여전히 중국에서는 방역 자체의 성과만이 결과론적으로 강조되지만 그 과정에서 이뤄지고 있는 개인의 자유와 권리에 대한 침해나 정보의 통제와 검열 등에 대해서는 더 많은 숙의가 필요하다. 개인의 자유를 앞세운 서구는 실패했고 공동체의 안전을 내세운 중국과 동아시아는 성공했다는 단순한 이분법 속에서는 방역의 민주적 토대나 사회적 지속가능성, 또 그 안에 내재한 노동과 보건에 대한 평등하고도 보편적인 접근을 많이 놓치게 된다. 코로나19에 대한 극복 과정에서 사회경제적으로는 일명 K자 회복, 즉 부유하고 권력을 가진 엘리트 계급은 더 많은 부와 권력을 쥐게 되고 가난하고 권력이 약한 하층 계급은 그 상황이 더 악화되는 양극화된 형태가 나타나고 있다는 점에선 중국도 예외가 아니다. 중국의 방역모델에 대한 평가가 제대로 이뤄지기 위해서는 향후 사회와 경제의 복구 과정에서 중국이 어떤 방식으로 인민들을 참여시키고 확대된 불평등을 완화시킬 수 있을지에 관해 다각도로 고려할 필요가 있다.

미주

1. Zhang Chenchen, "Covid-19 in China: From 'Chernobyl Moment' to Impetus for Nationalism," *Made in China Journal*, May 4, 2020.
2. Susan Watkins, "Politics and Pandemics," *New Left Review* 125, Sep./Oct. 2020, p. 11.
3. 이하의 사진들은 모두 필자가 중국 SNS상에서 수집한 것이다.
4. 조영남, 〈중국은 어떻게 코로나19의 통제에 성공했나?: 후베이성과 우한시의 활동을 중심으로〉, 《국제·지역연구》 29권 3호, 2020 가을, 110쪽.
5. 李玲, 〈疫情演化至今, 是製度不足還是人的問題?〉, 觀察者網, 2020年 2月 10日. 이 글은 한동안 중국 온라인에서 전부 삭제 조치되었다가 현재(2020년 11월 30일 기준) 다시 검색이 되는 상황이다.
6. 王紹光, 〈中國公共衛生的危機與轉機〉, 《比較》, 2003, 第7期.
7. JHU CSSE COVID-19 데이터를 바탕으로 필자가 재정리했다.
8. IMF, *World Economic Outlook*, Oct. 2020을 바탕으로 필자가 정리했다.
9. Lei Che, Haifeng Du and Kam Wing Chan, "Unequal Pain: A Sketch of the Impact of the covid-19 Pandemic on Migrants' Employment in China," *Eurasian Geography and Economics*, Jul. 2020.
10. 劉陳杰, 〈當前中國失業情況和對策〉, 中國首席經濟學家論壇, 2020年 3月 31日.
11. HKCTU, "Workers in China under COVID-19," *Hong Kong Confederation of Trade Unions*, Nov. 5, 2020.
12. 장윤미, 〈'돈으로 안정을 산다' 시위 급증에 대처하는 중국식 해법〉, 《중앙일보》, 2020년 4월 8일.
13. "Wuhan Rent Protest Shows Unrest Brewing in China After Lockdown," *Bloomberg News*, Apr. 10, 2020.
14. 〈青島1089萬份核酸檢測全部完成, 結果均為陰性〉, 觀察者網, 2020年 10月 16日.

2장

코로나19, 사회 통제, 그리고 방역 정치

박우

갑자기 나타난 코로나19는 2020년의 사회 화두를 독점했다. 마스크는 생활의 일부가 되었고 신규 감염자 수에 따라 결정되는 거리 두기에 사람들은 피곤하다. 만남은 최소화되었고 일상의 인사말에는 '건강'이 빠지지 않았다. 이동도 줄어들었고 국가와 국가를 잇는 길들은 닫혔다. 세계보건기구(WHO)가 팬데믹을 선언한 이래 대다수의 사람들은 경험한 적 없는 대역병의 시대를 체감하고 있다. 그렇다면 코로나19는 중국에서 어떻게 확인(보고)되었고 어떻게 확산되었을까? 그리고 중국은 역병을 어떻게 '통제'하고 있을까?

1. 원인 불명의 폐렴과 역병 정보의 통제

후베이성 우한은 인구 1000만 명의 대도시다. 우한은 양쯔 강을 사이에 두고 우창, 한커우, 한양 등의 세 개 도시로 구성되었다. 우한 사람들은 자신이 중국 고대 문명의 발상지이자 신해혁명의 시작으로 불리는 우창 봉기가 발발한 곳, 당대에는 동서남북을 잇는 교통 중심이자 중부 중국의 경제 중심, 교육 중심에서 살고 있다는 자부심이 크다. 2020년 벽두 우한 사람들은 또 한 번 세계의 주목을 받았다. 하지만 이번에는 자랑스러운 과거와 현재적 영광이 아닌 다른 이유에서였다. 우한에 무슨 일이 있었을까?

2019년 12월 30일, 양쯔 강 서쪽 한커우에 위치한 화난수산물도매시장(華南海鮮批發市場)에서 원인불명의 폐질환이 보고되었다. 발열, 호흡 곤란, 기침 등의 임상증상을 보인 환자는 일반 감기 또는 폐렴 증상과 비슷하여 크게 신경을 쓰지 않았다고 한다. 하지만 의료진은 임상증상이 일반 유행성 독감과 다르고 감기는 더욱 아니라고 했다. 충분한 의학적 사전 정보가 없었던 당시의 상황에서 의료진은 2003년의 경험을 빌려 '신종사스(변종사스)'라고 불렀다.

우한의 위생보건당국은 12월 31일 기준 우한에서 27명의 감염자가 확인되었고 그중 7명이 중증환자라고 발표했다. 화난수산물도매시장은 2020년 1월 1일 신정에 폐쇄 절차에 들어갔고 상인들은 철수했다. 바이러스는 빠르게 확산되었다. 1월 3일에는 감염자 44명(중증환자 11명)이 보고되었다. 1월 7일, 중국의 의료전문가들은 감염병 유발 바이러스를 '신종 코로나 바이러스'로 부르기 시작했다. 이후 이 바이러스는 우한폐렴 바이러스, 우한 바이러스, 2019-nCoV 등으로 불리다가 WHO에 의해 공식 코로나19(COVID-19)가 되었다. 1월 11일, 코로나19 감염으로 인한 중국 내 첫 사망자가 보고되었다.[1]

방역당국 전문가들은 이 병이 심각하지 않다고 했다. 사람 간 감염이 없고 통제 가능하다고 했다(人不傳人, 可防可控). 아래에 언급하겠지만 '인불전인, 가방가공', 이 여덟 글자가 팬데믹을 만든 원흉 중 하나였다. 1월 17~18일, 위챗에서 유통된 코로나19 관련 글을 보아도 그 심각성은 별로 주목 받지 못했던 것 같다. 화산감염(華山感染)의 글에 의하면 1월 12일, WHO가 코로나19 예방 및 임상 치료 가이드를 만들었고 푸단대학교 부속 화산병원 감염과에서 내용을 이미지화했다. 가이드에는 손 씻기, 감염자와 거리 두기 등의 일상적인 상식만 있었다.[2] 이렇게 1월 초까지 중국은 코로나19에 대해 큰 관심을 기울이지 않았던 것 같다.

하지만 1월 27일을 전후로 위챗, 웨이보에 공개된 한 장의 사진은 대중적 분노를 유발했다. 1월 3일 자 우한지방공안의 훈계서였다. 훈계서는 "2019년 12월 30일 위챗 단체채팅방에서 사스 확진자 7명이 화난수산물도매시장에서 나왔다고 한" 가짜 여론을 처벌하는 내용이었다. 공안은 "당신의 행위가 사회질서를 엄중하게 훼손한바 … 이는 〈중화인민공화국치안관리처벌법〉을 위반하는 불법행위다"라고 명시되었다. 공안은 불법행위를 중단하고 유사한 내용을 더 이상 유포하지 말 것을 경고했다. 사진 파일이 공개되자 사람들의 반응은 "역시 그런 일이 있었네!"였다. 2~3일 뒤 모자이크가 지워진 파일이 공개되었고 처벌된 사람은 안과의사 리원량(李文亮)으로 밝혀졌다. 중국인들은 1월 초에 관영매체 CCTV가 쏟아냈던 리원량 의사 등에 대한 처벌 뉴스를 기억해냈고 방송 영상과 캡처 화면을 대대적으로 유통시키면서 성토했다. 이 사진이 공개되었던 1월 27일은 마침 우한 봉쇄를 비롯하여 전국에 비상이 걸린 시점이어서 대중의 분노가 더했던 것 같다.

2020년 1월 중하순까지, 당국이 한 일은 코로나19의 심각성을 축소하고 이 사태를 알린 선구자(吹哨人)를 처벌한 것이었다. 그러는 사이 바이러스는 조용히 우한을 넘어 후베이성 전역에 확산된다. 이와 동시에 수만 명에 달하는 유동인구는 설 귀향길에 올랐다. 이들은 1월 20일, 중난산(鐘南山) 의사가 사람 간 감염이 발생한다고 공표할 때까지 평소와 다르지 않게 생활했다. 지구적 팬데믹, 말 그대로 헬 게이트가 열리기 시작했다. 2020년 세계에서 가장 억울한 사람에 우한 사람이 선정되어도 이견이 없을 것이다.

2. 역병의 확산과 이동의 통제

1월 21일, 베이징시, 광둥성, 상하이시에서 감염자가 보고되었다. 중국 경제의 중심축에서 감염자가 동시에 확인된 것이다. 그 외에도 같은 날 저장성, 톈진시, 허난성, 충칭시, 헤이룽장성, 광시좡족자치구에서 감염자가 확인되었다. 22일에는 후난성, 윈난성, 쓰촨성, 장시성, 안후이성, 마카오, 랴오닝성, 하이난성, 홍콩, 푸젠성, 꾸이저우성, 닝샤회족자치구, 장쑤성, 산둥성, 허베이성, 23일에는 지린성, 깐수성, 신장위구르자치구, 산시성, 25일 칭하이성, 29일 티베트자치구에서 감염자가 확인되었다. 첫 확진자 보고 이후 3주 정도 지나 바이러스는 전국에 퍼졌다.

〈그림 2-1〉을 보면 1월 21일 이후부터 후베이성(우한 포함)과 기타 지역의 1일 신규 확진자 수가 급격하게 증가했다는 것을 알 수 있다. 21일부터 중국의 SNS에는 방호복을 입은 사람들이 감염자로 보이는 사람을

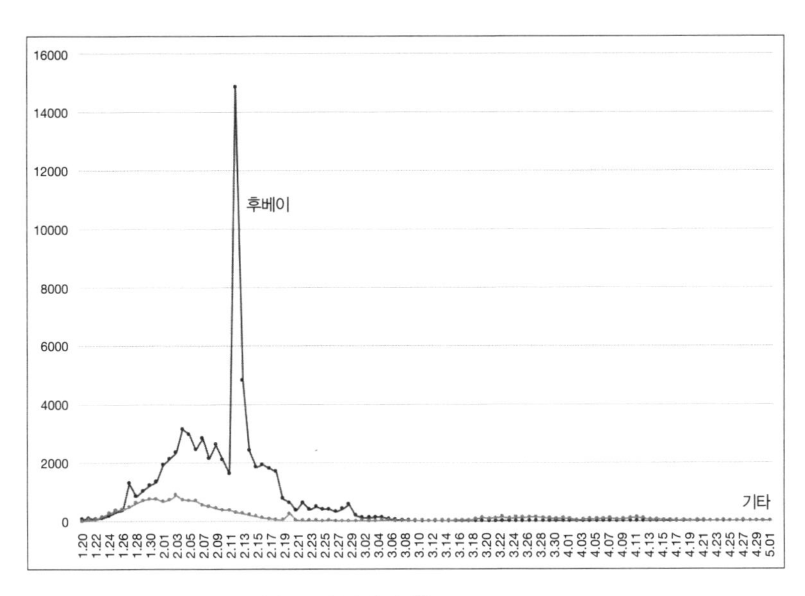

〈그림 2-1〉 **후베이성 및 기타 지역 1일 확진자 변화**[3]

구급차에 싣고 내리는 영상과 사진이 증가했고, 길거리에서 기침을 하다 쓰러지는 사람들의 영상이 급증했다. 자유아시아방송(RFA)의 1월 21일 자 영상을 보면 이미 감염자는 사회적으로 확인 가능한 수준의 규모가 되었다는 것을 짐작할 수 있었다.[4]

우한에 먼저 비상이 걸렸다. 우한 시장은 1월 21일 "원칙적으로 외부의 사람들은 우한에 들어가지 말고 우한 시민 역시 특별한 상황이 아닌 한 외부에 나가지 말 것을 건의"했다. 시장의 건의는 사실상 우한과 외부의 통행 금지령이었고 곧 취하게 될 우한 봉쇄의 예고이기도 했다. 하지만 위에서 언급했듯이 이미 1월 20일 이전에 귀향길에 오른 수많은 사람들이 있었기에 우한 시장의 건의 당일에도 이미 많은 지역에서 감염자가 보고되고 있었다. 다급해진 후베이성 당국은 22일에 돌발공공위생사태 2급을 선포하고 사회 방역을 강화한다고 발표했다. 우한시의 대중교통은 23일부터 운행이 중단되기 시작했고 우한과 외부를 연결하는 도로도 잠정폐쇄되었다. 24일, 후베이성 방역당국은 종전의 돌발공공위생사태 2급을 1급으로 격상했다. 같은 날 국무원은 감염자 수를 은폐 또는 조작하거나 방역 사업에 태만하여 바이러스가 더 큰 규모로 확산될 경우 그 책임을 묻겠다고 경고했다. 각 지방정부도 동시다발적으로 후베이성과 같이 사태 1급을 선포하고 방역에 만전을 기하고자 했다. 우한시-후베이성-베이징(중앙)으로 이어지는 3급 국가행정체계가 드디어 동시적으로 사태의 심각성을 인지하기 시작했다.

1월 25일, 중국 여행사들에 국내 단체관광 금지령이 내려졌고 전국적인 이동 제한이 본격화되었다. 우한 당국은 1월 26일부터 시내 자동차 운행을 통제했다. 역병은 많은 사람을 공포 속에 밀어 넣었다. 사람들은 성과 성을 잇는 국도를 막았고 도시와 도시를 잇는 지방도를 막았으며 마을 입구 또한 막았다.

3. 국가 방역과 감염자 확산세의 '통제'

1월 24일은 섣달그믐이었다. 극명한 대조를 이루는 그림이 트위터에 돌아다녔다. 오른쪽은 화려한 불꽃, 용솟음, 그리고 춤사위, 왼쪽은 바닥에 앉아 절규하고 머리를 긁적 갸우뚱한 의료진이다. '춘절만회(春節晩會)'의 풍악은 태평성세를 노래했고 의료진은 처참한 현실에 절망하는 듯했다. 어느 쪽에 공감하는 사람이 더 많았을까? 오른쪽? 왼쪽? 온라인상에는 중국을 사랑하느냐 중공을 사랑하느냐에 따라 이 그림을 다르게 본다고 했다.

중국 사람들은 그동안 생각지 못했던 질문이 생겼다. 중국에서 위생, 보건, 방역을 책임진 사람은 누구인가? 그리고 국가적 재난이 발생했을 때 컨트롤타워는 누구인가? 이런 분위기를 눈치 챈 것일까. 1월 25일 중앙정부 차원의 방역팀이 구성되었다.

방역팀은 많이 늦었지만 다각도로 최선을 다하고 있다는 메시지를 만들고자 했다. 첫 번째는 리더십의 건재를 보여주는 일이었다. 1월 27일, 리커창 총리가 우한을 방문했다. 시진핑 주석의 위임으로 우한을 방문했다고 한 리커창 총리는 현장에서 방역 상황을 점검 및 지도하고 1선 의료진을 격려했다. 28일, 시진핑 주석은 WHO 총재 테워드로스 아드하놈 거브러여수스(Tedros Adhanom Ghebreyesus)와 회담을 가지고 전 세계인이 보는 앞에서 "이번 방역은 내가 처음부터 진두지휘하고 있다"고 말했다.

두 번째는 방역 시설 증축이다. 1월 23일과 25일에 시작된 임시 병원 훠선산병원(火神山醫院)과 레이선산병원(雷神山醫院) 건설은 컨트롤타워가 구성된 후 가속도가 붙었다. 이 병원은 당시 급증하는 환자 치료를 목적으로 우한에 건설된 것으로서 전자는 2월 3일에 완공되어 병상 1000개, 후자는 2월 6일에 완공되어 병상 1500개를 제공했다. 이와 동시에 임시 막사병원도 건설되어 2월 중순까지 방역당국에 10개 정도를 제공했다. 팡팡(方方)의 2월 5일 자 《우한일기(武漢日記)》(이하 《일기》)에 의하면 이 병원들은 환자 치료에 상당히 큰 역할을 했다. 방역당국은 환자의 상태에 근거하여 중증, 경증, 밀접 접촉자 또는 의심환자 등 3개 유형으로 분류했다. 훠선산병원, 레이선산병원, 지정병원은 1급 병원으로서 중증환자의 격리와 치료를 맡았다. 이미 건설한 막사병원은 2급 병원으로서 경증환자의 격리와 치료를 맡았다. 호텔, 당교 건물은 3급으로 지정되어 감염자의 밀접 접촉자와 의심환자의 격리 용도로 사용되었다. 중증환자가 경증이 되면 막사병원에 이송되었고 다시 중증이 되면 1급 병원에 옮겨졌다. 환자의 임상증상과 바이러스 체크 상황에 근거하여 병원을 활용하는 체계였다.

세 번째는 인사 교체였다. 1월 28일, 후베이, 산둥, 허난 등 지역의 기층 간부들이 방역 태만으로 해임되었다. 2월 중순에는 상하이시 시장 잉융(應勇)이 쟝차오량(蔣超良)을 대체하여 후베이성 당서기가 되었다.

네 번째는 군의 투입이었다. 군은 방역 및 사회질서 유지의 1선에 투입되었다. 1월 24일, 군당국은 우한 지역에 40명의 의료진을 파견했다. 2월 2일부터 후베이 군당국은 수송지원대를 결성, 우한 시민의 일상용품 운송 임무를 수행했다. 《일기》에는 비판적이고 비관적인 내용 못지않게 우한 시민들이 1선 의료진과 군인에 보낸 찬사도 자주 등장한다.

다섯 번째는 방역 전반에 대한 과학(의학) 정보를 공유하는 것이었다. 1월 27일 당국은 코로나19는 주로 근거리(밀접) 접촉으로 비말에 의해 호흡기가 감염된다고 했다. 28일, 방역당국은 무증상감염자가 있을 수 있고 이들 역시 바이러스를 전파할 수 있다고 했다. 중국에서 마스크 대란이 시작된 것도 이 즈음부터였다. 당국은 또한 '완치' 기준을 발표했다. 임상증상이 호전되고 체온이 정상이 된 상태에서 2회에 걸친 바이러스 검사에서 모두 음성판정이 나와야 한다고 했다. 중난산은 대다수의 감염병은 2주 이내에 임상증상이 보이기에 격리 기간은 10~14일이 적절하다고 했다.

방역의 효과일까, 정치의 산물일까? 증가하던 신규 감염자 수는 2월 초부터 급격하게 줄어들었다. 완치자 또한 증가하기 시작했다(〈그림 2-2〉 참조).

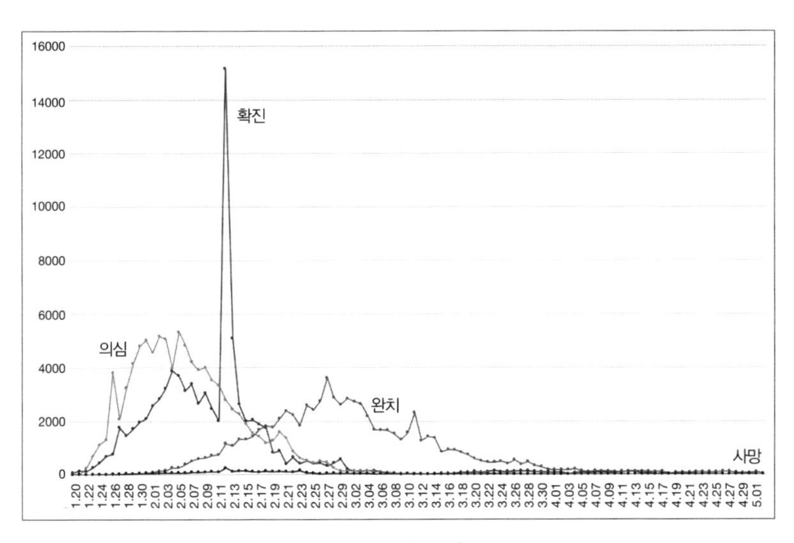

〈그림 2-2〉 **1일 확진자, 의심환자, 완치자, 사망자 변화**[5]

3월 초부터는 외국에서 입국한 중국인 감염자 사례가 보고되기 시작했다. 중국 내에서의 방역은 일정한 성과를 보았는데 유입된 감염자가 신규 감염자가 되는 것으로 비쳤다. 3월 3일, 저장성에 유입된 감염자 8인은 모두 이탈리아에서 살던 사람들이었고 이들은 후베이성 또는 우한과 연고가 없었다. 이후 국제선을 보유한 여러 공항에서 신규 유입 감염자가 보고되면서 방역의 초점은 이들에 맞춰지기 시작했다. 3월 23일부터 중국은 도착지가 베이징인 모든 국제선은 필히 톈진, 스자좡, 타이위안, 후허하오터, 상하이-푸둥, 지난, 칭다오, 난징, 선양, 다롄, 정저우, 시안 등 12개 지정 공항을 경유해야 한다고 했다. 3월 26일, 외교부 국가이민관리국은 중국비자나 체류허가증이 있는 외국인의 입국을 일시 중단한다고 했다.

4. 희생자 추모

2월 7일, 리원량 의사가 코로나19에 감염되어 사망했다. 그날 새벽, 리원량의 사망소식은 SNS를 타고 중국 내는 물론 전 세계에 전파되었다. 온라인 여론은 중국인들의 절망, 분노, 애도로 가득 찼다. 리원량이 공안의 처벌을 받은 것은 알려졌지만 그가 감염되었다는 사실을 아는 사람은 별로 없었다. 리원량이 사망한 날 공개된 그의 웨이보(추정) 1월 31일자에는 "… 공안의 훈계서에 서명을 한 뒤 나는 정상적으로 진료를 했다. 감염자를 치료하던 1월 10일 나는 기침이 나기 시작했고, 11일 발열, 12일 입원했다. 당시 나는 왜 아직도 사람 사이 감염이 없다고 하는지, 의료진 감염 등이 없다고 하는지에 대해 공개 문제제기를 하려고 했다. 후에 ICU에 들어가서 핵산 검사를 했는데 결과가 늦게 나왔고 … 음성이었다. 하지만 지금 여전히 호흡이 힘들고 활동이 어렵다. 나의 부모님도 입원 중이다. … 치료에 적극 협조하여 빠른 시일 내에 퇴원해야지"라고 적혀 있었다.

사람들은 자발적으로, 그리고 다양한 방식으로 리원량을 추모했다. 그가 근무했던 병원 근처에 빈소가 차려졌고 외국에도 추모행렬이 이어졌다. 눈 내린 중국의 어느 강둑에 누군가 '송별리원량'을 새겼다. 그의 웨이보에는 추모의 댓글이 90만여 개나 달렸다.[6]

4월 2일, 중국정부는 리원량(외 13인)에게 죽은 자에 수여하는 최고 명예인 '열사' 칭호를 수여했다. 관방언론인 신화망(新華網)은 홈페이지 색을 흑백으로 처리하여 열사에 대한 조의를 표했다.

이제 남은 것은 국가 지도자의 우한 현지 행차가 되겠다. 2월 11일부터 후베이성 이외의 지역에서 신규 확진자가 감소추세를 보이기 시작했다.

2월 21일, 랴오닝성, 지린성, 장쑤성, 푸젠성, 장시성, 하이난성, 꾸이저우성, 티베트자치구, 산시성, 칭하이성, 닝샤회족자치구, 신장위구르자치구에서, 2월 23일은 베이징시, 상하이시, 2월 24일, 후난성, 허난성, 톈진시에서 신규 확진자가 0명이었다. 방역당국은 28일 우한을 제외한 후베이성 기타 지역에서 감염자 확산 추세가 꺾이었다고 했다. 3월 15일에는 충칭의 신규 확진자가 0명이었다. 전국적으로 신규 확진자가 거의 보고되지 않을 때인 3월 10일, 시진핑 주석은 비행기로 우한에 도착했다. 후베이와 우한의 방역 사업을 점검하고 훠선산병원을 방문했다. 오후에는 우한의 둥후신청사구(東湖新城社區)의 아파트 단지를 방문하여 주민을 위로했다. 우한에서 첫 감염자가 보고되고 두 달 하고도 10여 일이 더 지났다.

청명을 앞둔 중국은 사망자에 대한 추모행사를 개최했다. 국기를 절반 내리고 모든 오락 활동을 중단했다. 4월 4일 10시, 전국적인 묵념 3분, 자동차, 기차, 선박, 방공사이렌은 일제히 경적을 울렸다. 중국의

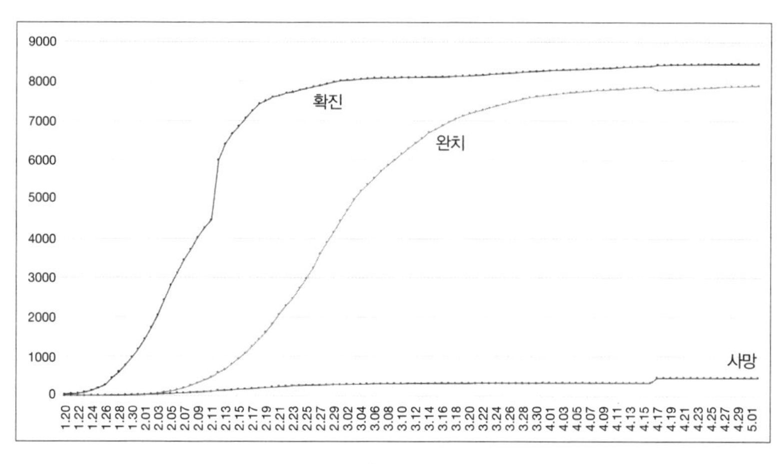

〈그림 2-3〉 누적 확진자, 완치자, 사망자 변화[7]

핵심 지도층은 중남해 화이런탕(懷仁堂)에서 사망자에 대한 애도의 묵념을 가졌다. 4월 말 기준 코로나19 누적 확진자는 8만 4385명, 완치자 7만 8845명, 사망자는 4643명이었다(〈그림 2-3〉 참조).

당국의 프로파간다인지 사회의 자발적 창작물인지 분명하지 않지만 온라인상에는 1선 영웅을 찬양하는 글과 그림이 많아졌다. '역행' 시리즈의 만화 포스터는 평범한 가정주부였던 간호사가 방호복을 입고 출발하는 모습, 그리고 경찰, 의사, 간호사 등이 일상이 아닌 특수한 상황으로 자발적 '역행'하는 모습이 그려졌다.[8]

5. 사회 거버넌스와 외교가 직면한 도전들

국가가 방역에 최선을 다해 잃어버린 신뢰의 일정부분을 만회한 것에 대해 마냥 인색하게 부정만 할 수 없다. 하지만 당국의 이런 대응에도 불구하고 코로나19가 보고되고 역병이 확산되면서 죽음이 판을 쳤던 초기 4개월, 희미하게 엉켜 있던 것들이 더욱 분명해졌고 설마 했던 것들이 현실의 갈등으로 증폭되었다. 필자는 2019년에 이미 2020년은 (권위주의에 대항하는) 사회변동의 요소가 더욱 복잡한 양상으로 가시화될 것이라고 한 적이 있다.[9]

시(인)민들이 분노했다. 1월과 2월, 위챗, 웨이보, 틱톡에 당국의 리더십 무능을 비판하는 글과 영상이 얼마나 많았는지 인터넷 여론에 관심 있는 사람들은 알고 있다. 여과 없이 육두문자를 게시하는 사람들도 부지기수였다. 익명이 아닌 실명으로, 그리고 자신의 얼굴을 공개하면서 비판하는 이런 현상은 1989년 이후 본 적이 없었다. 비록 필자가 자료로 사용하기 위해 저장해두었던 이런 '민심'이 4월 이후 거의 전부 삭제되었거나 불법적인 내용이라는 경고 창이 뜨면서 접속이 불가능해졌지만 사람들은 당시의 경험을 쉽게 망각하지 않을 것이다. 중국인들은 역병이 가장 창궐했을 때 휴대폰, 태블릿, 컴퓨터로 시신을 보았고 죽음이 먼 지인, 친척, 이웃으로 가까워지는 것을 접하면서 심각한 공포를 느꼈다고 한다. 그리고 중국인들은 일상의 경제생활이 복구 불가의 상태가 된 것에 무기력함을 느끼고 분노했다. 공포는 완전히 가시지 않을 것이고 시민들의 분노도 쉽게 그리고 빨리 사그라지지 않을 것이다.

지식인 사회가 대대적으로 반응했다. 분량의 제한으로 당국에 연행되고 경고 받고 사법처리 된 비판적 지식인의 사례는 다루지 않겠다. 위에서 여러 번 언급했던 《일기》를 둘러싼 논쟁만 보자. 우한에서 역병이 시작되고 도시가 봉쇄된 이후 그곳의 사람들이 어떻게 살고 있는지 알려주는 사람이 없었다. 당국의 선전물은 이미 신뢰도가 바닥났으니 특별히 맹신하는 집단을 제외하면 보는 사람도 믿는 사람도 별로 없었다. 이런 상황에서 우한의 일상을 기록한 일기는 너무 평범해서 비범했다. 그런데 《일기》는 첫 회부터 공격을 받았고 외국에서 출판된다는 것이 알려지자 저자는 매국노로 지목되었다. 심지어 일부 사람들은 난징에 저자의 무릎 꿇은 사죄상을 만들겠다고 했다. 저자의 죄가 난징대학살의 주범 일본제국주의와 맞먹는 수준이라는 것이다. 이렇게 많은 사람들이 《일기》에 분노하는 이유는 무엇일까? 흡사 1966년 '해서파관(海瑞罷官)'을 대했던 장춘차오(張春橋)와 야오원위안(姚文元) 일당을 보는 듯했다.

〈그림 2-4〉의 그래프는 중국과 기타 주요 국가의 누적 확진자 수 변화다. 중국과 다른 나라는 약 20일 정도의 시간차를 두고 있다. 바이러스의 확산 속도보다 검사 속도를 늘려 확산을 막는 방법을 채택하면서 다

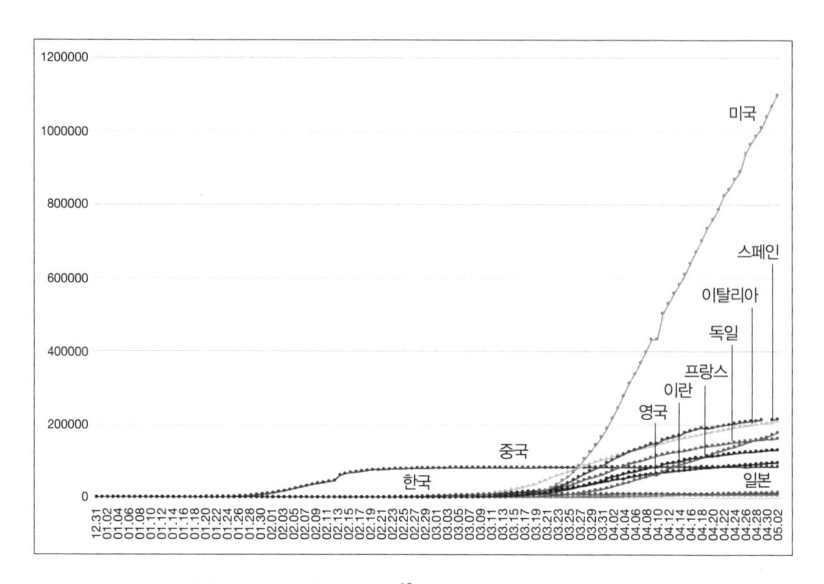

〈그림 2-4〉 중국 및 세계 각국 누적 확진자 변화[10]

른 나라의 확진자 수는 기하급수적으로 증가했다. 우한에서 역병이 발생한 시점은 미국과 중국이 1단계 무역협정을 체결한 직후였다. 팬데믹은 미국을 중심으로 한 서방과 중국이 무역이슈를 비롯한 다양한 갈등이 이미 쟁점으로 부상한 상황에서 발생한 것이었기에 국제사회의 중국책임론이 더욱 거세진 측면도 있었다. 더군다나 팬데믹으로 인해 미국은 5월 말에 이미 감염자가 100만 명을 넘어선 상황이어서 중국책임론을 더욱 부각시킬 정치적 필요성도 있었던 것 같다. 여기에 더해 중국의 신임 외교부 대변인이 "미군이 바이러스를 우한에 퍼트렸다"는 음모론을 제기하면서 미국뿐만 아니라 전 세계의 비난을 자초했다.[11] 이 음모론은 명백한 외교적 악수였다. 외교 실패의 비용은 고스란히 중국인(민)이 지불하고 있다는 것을 알고 있을까? 특히 해외에 거주하는 중국인에 대한 혐오가 그것이었다.

5월, 베이징 당국이 홍콩에 대한 법적 실효지배를 공식화하자 미국을 비롯한 서방은 그동안 중국이 약속했던 '일국양제'를 훼손했다고 하면서 홍콩과 신장위구르와 관련된 중국 간부를 제재하기 시작했다. 여기에 더해 미국 등은 공개적으로 중국공산당과 중국/중국인을 구분하여 전자에 한해서 언어적, 외교적, 경제적으로 공격했다. 해외에 거주하는 중국 출신 망명가들도 이 그룹에 가세하여 중국의(더 구체적으로 중공의) 문화적, 외교적 영향력을 약화시키는 데 일조하고 있다.[12] 7월 중순에는 미국이 전체 중국공산당원과 그 가족의 미국 입국을 금지할 것이라는 말이 나왔다. 중국은 이를 두고 슬픈(可悲) 일이라고 반박했다. 미국만의 변수가 있는 게 아니었다. 5월과 6월에는 중국과 인도가 히말라야 고산지대의 분쟁지역에서 유혈충돌이 있었고, 영국은 7월 중순에 화웨이를 점진적으로 영국에서 퇴출시키겠다고 했다. 국가 차원의 이런 갈등 외에 민간 차원의 반중국 정서도 무시할 수 없었다. 3월 1일, 포털사이트 네이버에 '차이나 게이트'가 실시간 검색어 1위에 올랐다. 글의 내용은 대개 4월에 있게 될 국회의원 선거를 앞두고 중국이 여론조작을 한다는 것이었다. 이 글이 가짜 뉴스로 판명 났지만 이미 2017년부터 급격하게 악화된 한국 내의 중국에 대한 여론은 코로나19 팬데믹하에서 더 악화되었다. 이 외에도 동남아시아에서는 네티즌들이 일명 밀크티 동맹을 결성하여 중국의 애국주의 네티즌을 조롱하기도 했다.[13]

이러한 분위기를 입증이라도 해주려는 듯이 10월에는 세계 주요국의 중국에 대한 부정 평가가 상당히 높다는 연구가 나왔다(〈표 2-1〉 참조). 부정 평가가 가장 높은 나라는 일본으로 86%, 한국은 75%로 중간수준, 이탈리아는 62%였다. 각국이 공개적으로(미국을 제외) 코로나19의 책임을 중국에 전가하지는 않지만 그 나라 국민들의 생각은 달랐던 것 같다.

〈표 2-1〉 세계 주요국의 중국 부정 평가[14]

국가	부정 평가 비율(%)
일본	86
스웨덴	85
호주	81
한국	75
덴마크	75
영국	74
미국	73
캐나다	73
네덜란드	73
독일	71
프랑스	70
스페인	63
이탈리아	62

이 연구에 의하면 코로나19 확산에 대한 중국의 초기 대응 문제가 부정 평가를 높이는 데 큰 영향을 미친 것으로 드러났다.

6. 국가(공산당)-사회(인민) 관계

내치와 외교의 난맥상은 중국 당국의 입장에서 결코 좋은 일이 아니었다. 특히 중국공산당과 중국인민을 분리하여 전자에 한해 쏟아진 다양한 공격에 대해 중국은 상당히 예민하게 반응했다. 외교부가 민감하게 대응했다. "중국인민은 중국공산당의 철벽이다. 그 누구도 이를 깰 수 없다(中國人民是中國共產黨的銅牆鐵壁, 誰都別想打破)."[15] 외교부 정례브리핑에서 나온 말이다. 그런데 이 말은 즉각적으로 중국 네티즌 사이에서 큰 파장을 일으켰다. "우리가 공산당의 방패였어?", "우리를 위해 복무한다고 하지 않았나? 언제부터 우리가 너희를 막아주는 존재였나?" 등의 조롱 섞인 불만이 쏟아졌다. 이와 동시에 "공산당의 리더십을 결사 옹호한다!"는 구호를 비롯하여 당국을 지지하는 글들도 많았다.

9월 3일, '중국인민항일전쟁및세계반파시즘전쟁승리75주년' 기념대회에서 시진핑 주석은 직접 중국공산당과 중국인민의 관계를 언급했다. 그의 주장을 요약하면 첫째, 중국인민이 주체적으로 세계인민과 호혜인 발전 관계를 수립할 것이라는 의지, 둘째, 중국인민이 외세의 간섭 없이 스스로 자신의 생활방식을 결정하겠다는 의지, 셋째, 중국인민은 중국공산당과 불가분의 관계라는 점, 넷째, 중국인민은 중국적 사회주의를 건설한다는 의지, 다섯째, 중국인민은 중국공산당의 역사, 성격, 취지를 부정하지 않는다는 의지 등이었다.[16] 이 내용이 중국 사람들에게 어느 정도의 파급력과 영향력이 있을지 추가적인 관찰이 필요하다.

정치적 선언은 여기에서 그치지 않았다. 사회 균열과 외교 난제의 근본 원인이 코로나19 방역에서 비롯되었기 때문에 감염자가 줄어들 줄 모르는 서구를 향해 자신이 방역에 '성공'했음을 보여줄 필요가 있었다. 9월 8일 오전, 베이징 인민대회당에서는 코로나19 방역 표창 대회가 성대하게 개최되었다. 방역에 공헌한 것으로 알려진 중난산 의사를 비롯하여 4인은 국가훈장을 수여받았다. 이들은 국가 지도자급 의전을 받으면서 인민대회당에 도착했다. 도로는 전면 통제되었고 이들이 탄 버스 주위에 20여 대의 의전 오토바이가 수행했다. 대회장 입구에 레드카펫이 깔렸고 의전 군인이 대기하고 있었다. 학생들이 꽃을 들고 환영했다. 표창식에서 시진핑 주석은 "방역 투쟁의 위대한 실천은 중국공산당이 보유한 튼튼한 리더십이 폭우 속에서 중국인민이 믿고 의존할 수 있는 기둥이라는 점을 다시 한 번 증명했다"고 했다.[17] 성대한 국가 행사가 열리고 국가훈장이 수여된 날 중국의 네티즌들은 리원량을 소환했다. 훈장을 받아야 할 사람이 따로 있다고 했다.

중국의 국가-사회 관계, 중국공산당-인민 관계의 강조는 이 정도의 이벤트로 충분하지 않다고 생각하는 듯했다. 10월 말, 베이징에서 열린 '중국인민지원군항미원조출국작전70주년대회'에서 시진핑 주석은 "중조 군대는 이빨까지 무장한 상대를 이김으로써 미군 불패의 신화를 깨버렸다"고 했다. 그러면서 마오의 말을 그대로 인용하여 "중국인민은 이미 조직되었기에 건드리면 안 된다. 만약 건드렸다가 뒤집어지면 감당이 안 될 것이다"라고 했다.[18] 미국을 겨냥한 메시지이면서 동시에 균열의 조짐이 보이는 중국 사회를 (반미 또는 반서구) 민족주의와 국가주의로 봉합하고자 하는 정치적 메시지이기도 했다.

급격하게 들이닥친 코로나19는 권위주의 거버넌스가 대중의 기대에 많이 못 미친다는 것과 국제사회의 공감을 얻기 어려운 위치에 있다는 것을 보여주었다. 하지만 그럼에도 불구하고 베이징은 내치와 외교의 어려움을 극복하기 위해 권위주의 강화라는 가장 익숙한 방법을 동원하고 있었다. 이 선택이 (사회의 입장에서) 어떤 또 다른 문제를 파생할지, (정권의 입장에서) 사회 통제의 방법이 될지는 아무도 모른다. 왜냐하면 역병에 대한 '성공적' 통제가 권위주의 덕분이라고 생각하는 사람 못지않게 역병의 초기 확산이 권위주의에서 비롯된 것이라고 생각하는 사람도 적지 않기 때문이다.

미주

1 鳳凰網, 〈新冠肺炎COVID-19全國疫情實時動態〉, http://news.ifeng.com/c/special/7tPlDSzDgVk?from=timelineHYPERLINK "http://news.ifeng.com/c/special/7tPlDSzDgVk?from=timeline&isappinstalled=0"&HYPERLINK "http://news.ifeng.com/c/special/7tPlDSzDgVk?from=timeline&isappinstalled=0"isappinstalled=0(검색일: 2020. 5. 3).

2 華山感染, 〈WHO: 大眾如何預防新型冠狀病毒〉, 2020, https://mp.weixin.qq.com/s/aFqWxTWzTOnTtgfr1NTZig(검색일: 2020. 5. 4).

3 鳳凰網, 〈新冠肺炎COVID-19全國疫情實時動態〉, 2020, http://news.ifeng.com/c/special/7tPlDSzDgVk?from=timelineHYPERLINK "http://news.ifeng.com/c/special/7tPlDSzDgVk?from=timeline&isappinstalled=0"&HYPERLINK "http://news.ifeng.com/c/special/7tPlDSzDgVk?from=timeline&isappinstalled=0"isappinstalled=0(검색일: 2020. 5. 3)에서 정리.

4 자유아시아방송(RFA) 2020년 1월 21일 트위터 영상 참조.

5 鳳凰網, 앞의 글에서 정리.

6 張美悅·李瑞洋·張若窪, 〈中國'哭牆': 李文亮微博下的90萬條留言〉, 2020, https://theinitium.com/article/20200505-mainland-coronavirus-liwenliang-weibo-wailing-wall(검색일: 2020. 5. 8).

7 鳳凰網, 앞의 글에서 정리.

8 Shamim Zakaria and Yan Ni, "Remember the Women Fighting Coronavirus: Female Medics are Leading the Fontline Battle in China, but a Lack of Attention to Women's Sanitary Needs Irks Rights Advocates," *The Diplomat*, 2020, https://thediplomat.com/2020/02/remember-the-women-fighting-coronavirus(검색일: 2020. 5. 4).

9 박우, 〈중국 사회 2019년 평가와 2020년 전망〉, 《성균차이나브리프》 8(1), 2019, pp. 83-89.

10 Our World in Data, "Total Confimed COVID-19 Cases," 2020, https://ourworldindata.org/grapher/total-cases-covid-19?time=..HYPERLINK

"https://ourworldindata.org/grapher/total-cases-covid-19?time=..&country=AUS+CHN+DEU+IRN+ITA+JPN+KOR+ESP+USA+GBR+FRA"&HYPERLINK "https://ourworldindata.org/grapher/total-cases-covid-19?time=..&country=AUS+CHN+DEU+IRN+ITA+JPN+KOR+ESP+USA+GBR+FRA"country=AUS+CHN+DEU+IRN+ITA+JPN+KOR+ESP+USA+GBR+FRA(검색일: 2020. 5. 2)에서 재정리.

11 Ben Westcott and Steven Jiang, "Chinese Diplomat Promote Conspiracy Theory that US Military Brought Coronavirus to Wuhan," CNN, 2020, https://edition.cnn.com/2020/03/13/asia/china-coronavirus-us-lijian-zhao-intl-hnk/index.html(검색일: 2020. 11. 23).

12 BBC中文, 〈中美關係: 從'接觸'走向'對抗', 華盛頓為何區分'中共'和'中國人民'〉, 2020, https://www.bbc.com/zhongwen/simp/world-54160536(검색일: 2020. 11. 23).

13 Park Woo, "The Politics of COVID-19 in China: Examining Challenges in Social Governance and Diplomacy," *IIAS The Newsletter* No. 86, 2020, https://www.iias.asia/the-newsletter/article/politics-covid-19-china-examining-challenges-social-governance-and-diplomacy(검색일: 2020. 11. 23).

14 Laura Silver, Kat Devlin, and Christine Huang, "Unfavorable Views of China Reach Historic Highs in Many Countries: Majorities say China has Handled COVID-19 Outbreak Poorly," *Pew Research Center*, 2020, https://www.pewresearch.org/global/2020/10/06/unfavorable-views-of-china-reach-historic-highs-in-many-countries(검색일: 2020. 11. 20).

15 BBC. 〈中美關係：從「接觸」走向「對抗」, 華盛頓為何區分「中共」和「中國人民」〉, 2020, https://www.bbc.com/zhongwen/trad/world-54160536(검색일: 2020. 11. 22).

16 人民網, 〈五個'必須', 五個'絕不答應' … 習近平最新講話照亮前路〉, 2020, http://cpc.people.com.cn/n1/2020/0904/c164113-31848883.html(검색일: 2020. 11. 23).

17 新華網, 〈全國抗擊新冠肺炎疫情表彰大會現場直播〉, 2020, http://www.xinhuanet.com/politics/kybjzb/wzsl.htm(검색일: 2020. 11. 23).

18 新華網, 〈紀念中國人民志願軍抗美援朝出國作戰70週年大會在京隆重舉行〉, 2020, http://www.xinhuanet.com/politics/leaders/2020-10/23/c_1126649914.htm(검색일: 2020. 11. 23).

3장

중국은 코로나19에 어떻게 대응했나?

조영남

2002년의 중증 급성 호흡기 증후군(사스)과 2019년의 신종 코로나 바이러스 감염증(코로나19)에 대한 중국의 대응을 살펴보면, 우리는 하나의 특징을 발견할 수 있다. '초기 대응 실패와 최종 통제 성공'이 바로 그것이다.• 2002년 11월 사스가 발생했을 때, 광둥성 정부가 국무원 위생부에 발병 사례를 보고한 2003년 1월 20일부터 중앙정부가 전면 통제를 결정한 4월 20일까지 3개월 동안, 중국은 정보를 은폐하고 언론을 통제함으로써 사스가 전 세계로 확산하는 데 일조했다. 그러나 2003년 4월

• 2020년 6월 이후에도 베이징시와 랴오닝성 등에서 코로나19 감염자가 발생했지만, 전체적으로 보면 3월 20일 이후에 코로나19가 안정적으로 통제되고 있는 것은 사실이다. 이는 미국 등 타국과 비교했을 때 더욱 분명하게 나타난다. 이런 면에서 중국이 코로나19를 완전히 종식시킨 것은 아니지만, 이를 안정적으로 통제하는 데는 성공했다고 평가할 수 있다. 이런 의미에서 '최종 통제 성공'이라는 표현을 사용했다.

20일의 전면 통제 결정 이후 불과 3개월 만에 중국은 사스 방역에 성공하여 세계보건기구(WHO)로부터 높은 평가를 받았다. 한마디로 중국은 '세계의 왕따(global pariah)'에서 '세계의 영웅(global hero)'이 되었다.[1]

이번 코로나19 사태에서도 중국은 유사한 모습을 보여주었다. 2019년 12월 31일 후베이성 우한시 정부 위생건강위원회(위건위)가 코로나19의 발병 사실을 중앙정부인 국무원 국가위생건강위원회(국가위건위)에 보고한 때부터 2020년 1월 20일 국가위건위가 코로나19를 '을류(乙類: 2급)' 감염병으로 지정하고 '갑류(甲類: 1급)' 수준으로 대응한다는 방침을 결정할 때까지 20일 동안, 중국은 정보를 축소하고 언론을 통제하면서 코로나19의 확산을 방치했다. 그러나 1월 20일의 전면 대응 결정과 1월 23일 우한시를 포함한 후베이성에 대한 봉쇄를 실시한 이후, 중국에서 코로나19는 3월 19일에 '국내 발생 확진자 없음(해외 유입 확진자는 존재)'을 기록할 정도로 빠르게 통제되었다. 그러면서 중국은 과감하고 신속한 조치로 방역에 성공한 '모범국가', 세계 각국에 대처할 시간을 벌어준 '희생국가', 세계에 방역의 성공 경험뿐만 아니라 의료물자와 인원도 제공한 '공헌국가'임을 자임하고 있다.[2]

중국의 코로나19 대응에 대한 평가는 관점에 따라 크게 달라진다. 중국은 '최종 통제 성공'을 강조하고 '초기 통제 실패'는 없었다는 입장이다. 이는 코로나19 방역 백서인 《코로나19 방역 항쟁의 중국 행동》에 잘 나타나 있다.[3] 반면 국제사회는 중국의 코로나19 대응을 평가할 때에는 '초기 통제 실패'의 원인을 집중적으로 부각시킨다. 표현의 자유 부재와 언론 통제, 정보 은폐, 관료주의, 시민사회 부재 등이 그것이다. 동시에 중국이 '초기 통제 실패'에 대해 응분의 도덕적 및 실제적 책임을 져야 한다고 주장한다. 또한 중국의 '최종 통제 성공'에 대해서는 어느 정도 인정하지만, '초기 통제 실패'로 인해 그 의미가 크게 떨어진다고 주장한다.

이와 같은 두 가지 모습 중에서 이 글은 후자에 초점을 맞추어 분석하려고 한다. '초기 대응 실패'에 대해서는 다른 논문에서 분석했기 때문이다.[4] 먼저, 중국이 코로나19를 성공적으로 통제할 수 있었던 배경을 살펴볼 것이다. 다음으로 코로나19 통제 과정에서 중국공산당 중앙과 국무원이 지휘기구를 구성하고 활동한 것에 대해 분석할 것이다. 이어서 중국이 정책을 선전하고 비판 여론을 잠재우기 위해 어떤 정책을 추진했는가를 분석할 것이다. 마지막으로 결론에서 이를 정리하고 평가할 것이다.

1. 중국의 코로나19 통제 성공의 배경

중국이 코로나19의 통제에 성공할 수 있었던 배경으로는 세 가지를 들 수 있다. 자원을 효과적으로 동원할 수 있는 권위주의 체제, 위기상황에 대응할 수 있는 국가 통치능력의 향상, 사스 등 이전 경험의 활용이 바로 그것이다.

1) '권위주의의 이점'?

중국의 사스 대응을 분석한 일부 학자들은 권위주의 체제가 방역 과정에서 큰 역할을 했다고 평가했다. 예를 들어, 중국과 타이완의 사스 대응을 비교 분석한 쉬와츠(Jonathan Schwartz) 교수는 중국이 '권위주의의 이점(authoritarian advantage)'을 발휘하여 사스를 통제할 수 있었다고 주장했다. 여기서 이점은 중앙집중화된 정책 결정, 정부 주도에 대한 대중의 지지와 호응, 대중매체의 위기 대응 기조를 결정할 수 있는 정부의 능력 등 세 가지를 말한다. 반면 국민당에서 민진당으로 정권 교체가 이루어지는 등 민주화 이후의 타이완은 방역에 실패했다. 다양한 위원회의 난립, 정부 부서 간의 비협조, 병원의 표준적인 처리 방법 부재로 인한 병원 내 감염 확산, 의료진의 정부 지시 불복종, 환자의 저항 등의 문제가 나타났던 것이다.[5] 참고로 타이완 정부가 이번에 코로나19가 발생하자 바로 중국으로부터의 입국자 차단 등 강력한 조치를 취한 것은 이런 뼈아픈 경험 때문이었다.

다른 학자들도 비록 '권위주의의 이점'이라는 표현은 사용하지 않았지만 내용적으로는 비슷한 주장을 제기했다. 신속한 정책 결정과 지휘부 구성, 자원 동원과 집중, 법률 제정 등을 제때에 처리할 수 있는 권위주의 체제가 장점을 발휘하여 통제에 성공했다는 정융녠(Zheng Yongnian)과 리에량푹(Lye Liang Fook) 교수, 인사권 등 중앙이 권한을 이용하여 지역 및 부문의 활동을 효과적으로 통제하고 동원해서 사스 방역에 성공했다는 훙이라이(Hongyi Lai) 교수, 정보 관리 체제의 부실, 지방정부의 투명성 부족 등의 문제가 있었지만 하향식 명령체제로 신속하게 통제에 성공할 수 있었다는 사이치(Tony Saich) 교수의 주장이 대표적이다.[6] 이는 코로나19에 대한 중국의 대응에도 그대로 적용될 수 있다.

중국이 '권위주의의 이점'을 활용하여 2002년 사스와 2019년 코로나19의 통제에 성공했다는 주장은 일면 타당하다. 단적으로 인구 1100만 명의 우한시, 5700만 명의 후베이성을 봉쇄할 수 있는 나라는 전 세계에서 중국밖에 없을 것이다. 가용 인력을 총동원하여 불과 10일 만에 1200병상의 대형 병원을 두 곳이나 건설할 수 있는 동원력을 가진 국가도 중국

밖에 없을 것이다. 전국에서 4만 6000여 명의 의료진과 엄청난 양의 의료물자를 후베이성에 동원할 수 있는 국가도 중국이 유일할 것이다. 이와 대비되는 미국, 이탈리아, 스페인, 프랑스, 영국, 일본 등 소위 '선진국'의 코로나19 대응은 너무 비효율적이고 비효과적으로 보인다.

그러나 권위주의를 너무 강조하여 코로나19 통제의 성공을 분석하는 것은 타당하지 않다. 중국과 비슷한 권위주의 국가들은 중국처럼 하려고 해도 할 수 없는 것이 사실이기 때문이다. 이는 단순히 중국의 권위주의 때문이 아니라, 위기 상황에 직면하여 지휘체계를 신속히 구성하고 과감하게 정책을 결정하여 일사분란하게 집행할 수 있는 국가 통치체제를 갖추었기 때문에 가능하다고 보는 것이 타당하다.

2) 정책 결정의 두 가지 방식과 지난 경험

이와 관련하여 우리는, 상황 변화에 맞추어 중국은 두 가지의 다른 정책 결정 방식(mode)을 사용한다는 헤일만(Sebastian Heilmann) 교수 등의 연구에 주목할 필요가 있다. 이 연구에 따르면, 중국의 정책 결정 방식에는 정상(normal) 방식과 위기(crisis) 방식이 있다. 여기서 정상 방식은 분절(fragmentation), 위기 방식은 집중(concentration)을 특징으로 한다.

먼저, 일반적인 상황에서 정책을 결정할 때에는 분절된 권위주의(fragmented authoritarianism) 방식이 작동된다. 구체적으로, 최고 정치 지도자인 정치국 상무위원 간에는 업무 분담의 원칙에 따라 일정한 책임과 권한이 분산되어 있는데, 이들은 아주 특수한 상황이나 심각한 압박이 있을 경우에만 집단적으로 권한을 행사하여 신속하게 정책을 결정한다. 반면 그렇지 않은 경우에는 상향식 방식으로 정책이 결정된다. 먼저 공산당, 전국인민대표대회(전국인대), 국무원, 관련된 지방정부 등 권한을 보유한 다양한 기관들이 긴 협의를 거쳐 합의에 도달한 이후에 정책 초안이 만들어진다. 그 후 정책 초안은 최고 지도부, 즉 정치국 상무위원회와 정치국이 심의를 거처 승인된 이후에 전국인대에 보내져 법률로 제정되거나, 아니면 국무원으로 보내져 국가 정책으로 확정되어 집행된다. 이처럼 일반적인 상황에서는 정책 결정에 많은 기관이 참여하고, 그래서 시간도 많이 걸리고 절차도 복잡하다.

그러나 위기에 직면하면 상황이 달라진다. 무엇보다 정책 결정 권한이 급격히 중앙집중화되고, 필요한 정책은 공산당 최고 지도부에 의해 빠르게 결정된다. 이 방식에서는 중앙 부서나 지방정부가 정책 결정에 주도적으로 참여하지 못하며, 대신 이들은 최고 지도부가 결정한 내용을 충실히 집행하는 역할만을 담당한다. 또한 정책 결정 과정에는 긴박감이 흐르고, 각종 이데올로기가 동원되어 정책 집행을 강제한다. 그 밖에도 공산당원과 국민을 동원하기 위한 각종 군대식 수사(예를 들어, '인민전쟁'이나 '섬멸전')가 활용되고, 공산당 조직과 당정 간부의 활동을 감독하기 위해 공산당 기율검사위원회의 활동이 증가한다.[7]

코로나19의 확산은 전형적인 위기 상황으로, 헤일만 교수 등이 말한 위기 방식으로 정책이 결정되고 집행된 대표적인 사례라고 할 수 있다. 사실 중국은 그동안 수많은 위기 상황을 맞았고, 이를 성공적으로 극복하면서 발전한 경험이 있다. 자연재해로는 2002년의 사스 외에도 2009년과 2013년의 신종인플루엔자 확산, 2008년의 쓰촨 대지진이 있었다. 경제적으로는 1997~98년의 아시아 금융위기와 2007~08년의 세계 금융위기가 있었다. 정치적으로는 1989년의 톈안먼 민주화 운동과 1991년 소련을 포함한 사회주의권의 붕괴, 2008년 티베트 지역과 2009년 신장위구르 지역의 소수민족 시위가 있었다. 이를 보면, 중국은 수많은 위기를 겪으면서 그에 대응하는 국가 통치체제를 수립하고 실행해왔다고 말할 수 있다. 이런 이유로 코로나19의 통제에도 성공할 수 있었던 것이다.

이와 관련하여 2002년 사스 통제의 경험은 특히 중요하다. 중국은 사스를 해결한 이후 문제점을 개선하기 위해 많은 노력을 기울였다. 2003년 5월에 〈돌발(突發) 공공위생 사건 응급 조례〉와 〈전염성 사스 방치(防治) 관리 방법〉을 제정하고, 2004년 8월에는 〈감염병 방치법(防治法)〉을 개정한 것이 대표적이다.[8] 이에 따르면, 감염병이 발생하면 국무원은 전국 돌발사건 응급처리 지휘부를 설치하고, 위생부장이 총지휘를 맡아 통일적으로 지휘한다.[9] 또한 전국의 질병센터와 조기 경보체제(warning system)를 정비하기 위해 2004년에 68억 위안(한화 약 1조 1832억 원), 응급의료 센터를 건립하기 위해 2003년부터 2006년까지 4년 동안 모두 114억 위안(한화 약 2조 원)을 투입했다.[10]

사실 코로나19에 대응하기 위해 중국이 취한 조치들은 대부분 사스를 경험하면서 익힌 것이었다. 먼저 지휘체제의 수립이다. 2003년 4월 24일 중국은 우이(吳儀) 정치국원 겸 신임 국무원 위생부장을 책임자로 하는 '전국 사스 방역 지휘부'를 설치하고, 산하에 10개 공작조(工作組)와 1개의 판공실(辦公室)을 두었다. 여기에는 국무원 위생부를 비롯하여 30여 개 부서에서 모두 160여 명의 국장급 이상의 고위관료가 참여했다. 이와 비슷하게 이번에도 중국은 2020년 1월 20일에 '국무원 코로나19 연합 통제기제(聯防聯控機制)'(이하 국무원 연합 통제기제)를 설립했다. 여기에는 국무원 국가위건위를 포함하여 32개의 부서가 참여했고, 산하에 9개의 공작조를 설치했다.

코로나19 대응 정책도 사스 때의 정책을 답습한 것이 많다. 당시에 중국은 다음과 같은 조치를 취했다. 먼저, 사스를 법정 전염병으로 지정한 후에 방역 지휘부가 질병 상황을 매일 점검하고 대외에 공개하는 제도를 실행했다. 또한 전 국민을 대상으로 유사 증상자에 대한 무료 검사와 감염 환자에 대한 무료 치료도 실행했다. 베이징에 샤오탕산병원(小湯山醫院) 등 사스 전문 병원을 건립하거나 기존 병원 중에서 일부를 사스 전문 병원으로 지정했고, 예방 및 치료 지침(예를 들어, 의심 환자 12일 격리)도 하달했다. 공항 등 대중 교통시설에 발열 검사체제를 구축하고 대규모 방역 작업도 실시했다. 사스의 전염을 막기 위해 학교에 휴교령을 내렸고, 각종 행사와 모임도 금지했다. 그 밖에도 적극적인 정책 홍보와 언론 통제, WHO를 포함한 국제기구 및 국제사회와의 협력도 추진했다.[11]

중국의 코로나19 대응 정책도 이와 유사하다. 예를 들어, 2020년 2월 23일에 열린 업무회의에서 시진핑은 한 달 동안 추진한 방역 정책을 다음과 같이 정리했다. 첫째, 전략과 정책을 수립했다. 사스처럼 코로나19를 '을류(2급)' 감염병으로 지정하고, '갑류(1급)' 수준으로 대응했다. 전국을 하나의 바둑판처럼 통일적으로 지도 및 지휘하고 함께 행동하는 '인민전쟁, 전면전(總體戰), 저격전(阻擊戰)'을 실행했다. '조기 발견, 조기 보고, 조기 격리, 조기 치료'와 '환자 집중, 인원 집중, 자원 집중, 치료 집중'이라는 방침을 통해 완치율을 높이고 사망률을 낮추었다. 둘째, 우한시와 후베이성에 물자와 인력을 집중하고 방역을 통일 지휘했다. 1월 22일에 우한 봉쇄를 결정했고, 중앙 지도조를 파견했으며, 4만 6000여 명의 의료진을 지원했다.• 셋째, 우한시와 후베이성을 주전장(主戰場)으

• 중국의 공식 통계에 따르면, 전국적으로 코로나19 방역에 1452억 위안(한화 25조 4100억 원), 생계 지원에 1560억 위안(한화 27조 3000억 원)이 투입되었다. 참고로 2002년 사스 때에는 전국적으로 180억 위안(한화 3조 1500억 원)이 투입되었다. 〈財經部: 今年一季度

로 삼고, 다른 지역은 상황에 맞게 차별화된 통제 정책을 실시했다. 넷째, 국민들에게 의료물자와 생활물자를 공급했다. 다섯째, 사회 안정을 유지했다. 여섯째, 선전을 강화하고 여론을 선도했다. 마지막으로 국제사회의 지지를 얻기 위해 노력했다.[12]

아래에서는 중국의 대응 조치 중에서 중앙의 지휘기구 구성과 활동, 정책 선전과 여론 선도를 자세히 살펴볼 것이다.

2. 코로나19 중앙 지휘기구의 구성과 활동

중앙에 설립된 코로나19의 방역 지휘기구는 모두 세 종류다. 첫째는 '중앙 코로나 질병 대응 업무 영도소조'(이하 중앙 코로나19 영도소조)다. 둘째는 후베이성에서 방역 활동을 지도 감독하는 '중앙지도조(指導組)'다. 셋째는 중앙 코로나19 영도소조의 실무조직으로, 방역 실무를 총괄 지도하는 '국무원 연합 통제기제'다(이는 앞에서 언급했다). 지방에도 이에 대응하여 성급(省級: 성·시·구) 정부에서 도시의 말단 행정 단위인 사구(社區: 도시 지역공동체)와 농촌의 촌(村)에까지 통제 지휘부가 설치되었다.

1) 중앙 코로나19 영도소조

2020년 1월 25일 정치국 상무위원회는 중앙 코로나19 영도소조의 설립

全國財政收支同比雙降 各級財政共安排疫情防控資金1452億元〉, 央視網, 2020年 4月 20日. http://www.cctv.com(검색일: 2020. 4. 23). 이 둘을 비교하면, 코로나19의 재정투입이 사스 때보다 총 지원 규모에서 약 17배(3012억 위안 대 180억 위안)가 많았다. 이는 코로나19의 확산과 피해가 사스 때보다 그만큼 광범위하고 심각했다는 사실을 보여준다.

을 결정했다. 역할은 전국의 질병 예방 통제 업무에 대해 "통일적으로 지도(領導)하고 통일적으로 지휘(指揮)"하는 것이다. 영도소조는 정치국 상무위원회에 보고하고 지도를 받는다. 첫 회의는 2020년 1월 26일에 개최되었다.

모두 9명으로 구성된 중앙 코로나19 영도소조의 참여자를 보면, 조장은 리커창(李克强) 총리, 부조장은 왕후닝(王滬寧) 중앙 서기처 상무서기가 맡았다. 하나의 영도소조에 정치국 상무위원 2인을 배치했다는 사실은 중앙 코로나19 영도소조가 매우 중요한 기구임을 보여준다. 성원도 공산당 정치국원이 4인, 국무원 국무위원이 3인으로 역시 격이 높다고 평가할 수 있다. 구성 기관을 보면, 공산당 중앙이 왕후닝, 딩쉐샹(丁薛祥: 판공청 주임), 황쿤밍(黃坤明: 선전부장) 등 3인, 국무원이 리커창, 쑨춘란, 왕이(王毅: 외교부장), 샤오제(肖捷: 판공청 주임), 자오커즈(趙克志: 공안부장) 등 5인, 지방이 차이치(蔡奇: 베이징시 당서기) 1인으로 비교적 골고루 할당했다. 이 중에서 쑨춘란은 중앙 지도조 조장을 맡아 후베이성에 파견되어 활동했다.

중앙 영도소조의 주된 활동은, 회의를 개최하여 방역 관련 사항을 보고 받고, 공산당 정치국 상무위원회가 내린 지시나 자체 회의를 통해 결정한 사항을 국무원 연합 통제기제에 하달하여 전국적으로 집행하도록 조치하는 일이다. 2020년 1월 27일에 개최된 회의는 이를 잘 보여준다. 먼저 회의는 1월 27일에 시진핑이 지시한 공산당 조직 및 당원의 '총동원령'을 논의했다. 또한 회의는 국무원 연합 통제기제에 업무를 지시했다. 일일 회의제도의 개선, 질병 발전 추세의 논의와 연구, 지방 방역 업무의 지도 감독, 방역 물자의 전국적인 통일 조달 제도의 설립, 방역 과정에서 직면하는 긴급 문제의 조정과 해결, 의료 인원과 의료물자의 조달, 주민 생필품의 조달, 방역과 상관된 물자의 수입 확대, 방역 업무의 질서 있고 과학적이며 주도면밀한 추진이 그것이다.

중앙 영도소조가 방역 업무만 지시한 것은 아니었다. 예를 들어, 2월 6일에 개최된 회의에서는 후베이성을 집중 지원하라는 지시를 국무원 연합 통제기제에 하달한 것 외에, 코로나19로 인해 중단된 경제활동을 회복시키는 방안도 논의했다. 이는 중국이 초기부터 코로나19의 방역과 함께 경제성장 유지를 주요 정책으로 추진했음을 보여준다. 소위 '양손장악(兩手抓)' 방침이다. 즉, 한 손에는 코로나19 방역, 다른 한 손에는 경제성장을 움켜쥐고 두 가지를 동시에 추진한다는 것이다. 2020년 말까지 560만 명(2019년 통계)에 달하는 절대빈곤 인구를 완전히 해결한다는 '전면적 소강사회(小康社會) 건설' 목표를 달성하기 위해서는 지속적인 경제성장이 필요했던 것이다.

2) 국무원 연합 통제기제

국무원 연합 통제기제는 2020년 1월 20일에 설립이 결정되었고, 20일, 23일, 24일에 전국 방역 화상회의를 개최했다. 여기에는 국무원과 지방정부의 방역 지휘부 책임자들이 모두 참석했다. 국무원 연합 통제기제에는 국무원 국가위건위를 필두로 모두 32개의 부서가 참여했고, 장차관급 인사를 조장으로 하는 9개의 공작조(工作組)가 설치되었다. 여기에는 종합조, 질병예방통제조, 의료치료조, 과학연구조, 선전조, 외사조(外事組), 의료물자 보장조, 생활물자 보장조, 사회안정조가 포함되었다.

국무원 연합 통제기제의 실제 활동을 살펴보면, 매일 지시를 하달하고 전국의 방역 활동을 조정 및 관리했다. 예를 들어, 2020년 2월 27일에는 전국 각 지역이 후베이성의 방역을 지원하라는 '통지(通知)'를 하달하고, 어떻게 지원할지에 대한 지침도 전달했다. 3월 1일에는 코로나19의 확산 상황에 맞추어 지역별로 차별화된 방역 전략을 추진하라는 '통지', 3월 21일에는 각 지역별로 병원들이 코로나19 치료 외에도 정상적인 의료 서비스를 제공하라는 '통지', 4월 9일에는 코로나19의 무증상 감염자도 온라인 경보체제를 통해 국무원 국가위건위에 보고하라는 '통지'를 하달했다. 이처럼 전국의 코로나19 방역은 국무원 연합 통제기제를 통해 조정 관리되면서 추진되었다.

3) 중앙 지도조

모두 11명으로 구성된 중앙 지도조는 2020년 1월 25일 정치국 상무위원회 회의에서 설립이 결정되었다. 중앙 지도조를 후베이성에 파견한 것은 지역 간부들이 코로나19 상황을 중앙에 제대로 보고하지 않을 뿐만 아니라, 중앙의 결정을 제대로 집행하지 않을 수도 있다는 우려 때문이었다. 임무는 후베이성 방역 활동의 감독, 지도, 간부 처리 세 가지였다. 첫째, 우한시와 후베이성 지역이 중앙의 방역 지시를 제대로 집행하고 있는지를 감독한다. 둘째, 해당 지역의 방역을 지도하고, 방역 역량을 강화하여 직면한 중대 문제를 해결한다. 셋째, 방역 업무를 제대로 수행하지 않거나 혼란스럽게 수행하는 간부, 방역 업무를 제대로 감당하지 못하는 간부를 발견하여 의법 처리한다.[13]

중앙 지도조는 이런 직책을 수행하는 데 필요한 인원으로 구성되었다. 조장은 쑨춘란, 부조장은 천이신(陳一新) 공산당 중앙 정법위원회 비서장이 맡았다. 성원으로는 국무원 국가위건위 외에 공안부, 국가 발전개혁위원회, 공업정보부의 부주임 혹은 부부장이 참여했다. 중앙 지도조는 1월 27일에 우한시에 파견되어 4월 27일에 철수할 때까지 약 3개월 동안 활동했다. 이들이 철수한 뒤에는 국무원 연합 통제기제 연락조(聯絡組)가 파견되어 업무를 계승했다.

중앙 지도조가 후베이성에서 실제로 수행한 활동을 보면, 첫째, 병원을 방문하여 의료인과 환자를 격려했다. 또한 지역 공동체인 사구(社區)를 방문하여 지역 주민의 방역 업무를 격려했고, 후베이성과 우한시의 방역 지휘부, 질병 연구소, 교도소, 슈퍼마켓 등을 방문했다. 둘째, 회의를 개최하여 중앙의 지시를 전달하고, 정책의 집행 여부를 감독했다. 이를 위해 관련 부서의 보고를 청취했다. 셋째, 3월 초부터는 기업 등 생산 현장을 방문하여 생산 정상화를 점검하며 경제회복을 독려했다. 기업 방문과 경제 상황 점검은 이후에도 계속되었다.

필요한 경우 중앙 지도조는 현지 당정 간부를 비판하면서 문제의 시정을 요구했고, 해임 등 인사 조치를 단행하기도 했다. 업무 태만을 이유로 후베이성 정부 위건위의 주임과 당조 서기를 해임하고, 왕허성(王賀勝) 중앙 조사조 성원을 후임에 임명한 것이 대표적이다. 또한 가오위(高雨) 중앙 조사조 성원이 2월 10일에 우한시 우창구(武昌區) 구청장, 훙산구(洪山區) 구청장, 우한시 부시장을 소환하여 방역 과정에서 나타난 문제점을 지적하고 비판한 것은 또 다른 사례다. 우창구와 훙산구에서는 코로나19 환자 이송과 관련하여 업무 태만과 관료주의 문제가 발생하여 주민과 언론으로부터 비판을 받았다. 2월 14일에는 같은 지역의 기층 간부를 업무 소홀을 이유로 징계했다.[14]

3. 정책 선전과 여론 선도

공산당 중앙과 국무원의 코로나19 방역 대책에는 정책 선전과 여론 선도가 포함되었다. 먼저 중국은 공산당과 시진핑 총서기의 '무오류(無誤謬)'를 증명하는 데 집중했다. 또한 언론 매체를 총동원하여 국가 정책을 적극 홍보하고, 이에 이의를 제기하는 인사들을 탄압했다.

1) 공산당과 시진핑 살리기

코로나19와 관련된 선전의 최대 목표는 공산당과 시진핑의 권위가 이번 사태로 인해 훼손되는 일이 없도록 막는 것이었다. 이는 몇 가지로 나눌 수 있다. 첫째, 공산당 중앙과 시진핑 총서기가 코로나19의 방역을 위해 얼마나 노력했고, 그런 노력이 얼마나 효과적이었는지를 적극 선전했다. 이를 위해 일반적으로는 대외에 공개하지 않는 공산당 정치국 상무위원회 회의를 공개했다(매월 개최되는 정치국 회의는 이전에도 공개했다). 이런 회의를 공개할 때에는 시진핑이 각 회의에서 구체적으로 어떤 내용을 지시했는지를 명확히 밝혔다. 시진핑의 역할을 강조하기 위한 조치였다.

또한 공산당 중앙은 시진핑 총서기가 코로나19 방역과 관련하여 각종 회의에서 행했던 연설문 전체를 신속하게 공개했다. 여기에는 정치국과 정치국 상무위원회 회의뿐만 아니라, 2월 5일에 개최된 중앙 의법치국(依法治國)위원회 3차 회의, 2월 14일에 개최된 중앙 개혁위원회 12차 회의에서의 연설도 포함된다. 공개 이유는 분명하다. 시진핑 총서기가 방역을 직접 지휘하고 있다는 모습을 국민들에게 알리기 위해서였다.

더 나아가 중국의 관영 매체들은 코로나19 방역 과정에서 시진핑이 날짜별로 어떤 장소에서 어떤 지시를 했는지를 일지(日誌) 형식으로 정리하여 발표했다. 일지는 수시로 갱신되었다. 예를 들어, 2020년 1월 7일 정치국 상무위원회 회의에서는 코로나19의 통제 업무에 대한 요구를 제시했고, 1월 20일에는 코로나19의 전면 통제를 비준하면서 "인민 군중의 생명·안전·건강을 제1위에 놓고, 질병 확산의 흐름을 굳건히 억제하라"고 지시했다. 또한 1월 22일에는 "코로나19가 신속히 확산되고 통제 업무가 엄준한 도전에 직면한 상황에서, 후베이성 주민의 외부 유출을 막기 위해 전면적이고 엄격한 관리 통제를 실시하라"고 지시했다.[15]

둘째, 중국은 코로나19의 초기 대응 실패라는 '오명'과 국민의 분노로부터 시진핑 총서기의 이미지를 보호하기 위해서 노력했다. 이를 위해 시진핑 총서기를 코로나19 방역이라는 '인민전쟁을 승리로 이끈 영웅', 세계 각국의 정상과 국제사회로부터 인정받고 칭찬 받는 '대국(大國)의 영수(領袖)'로 묘사하기 위해 노력했다. 중앙TV와 《인민일보》 등 관영 언론이 시진핑이 거의 매일 외국 정상들과 통화한 내용을 지루할 정도로 상세하게 보도하고, 외국 정상과 WHO가 중국의 방역 성공을 칭찬하고, 여러 지역과 국가가 방역물자와 의료 인력을 지원한 것에 대해 중국에 감사하는 내용을 집중 보도하는 것이 대표적인 사례다. 반면 지방의 당정 간부를 문책하고 이를 크게 보도함으로써 국민의 분노를 지방으로 향하게 유도했다.[16]

또한 중국은 코로나19와 시진핑 총서기가 연상되는 것을 방지하기 위해, 코로나19와 관련된 뉴스를 보도할 때에는 시진핑을 가급적 적게 노출시켰다.[17] 예를 들어, 중앙TV의 뉴스 프로그램인 7시 '종합뉴스(新聞聯播)'와 10시 '한밤뉴스(晩間新聞)'의 보도를 한 달 반 동안 분석한 홍콩의 《명보(明報)》에 따르면, 공산당 정치국 상무위원회 회의는 모두 6회 보도

했는데, 첫 번째 회의에서만 회의 장면을 담은 자료 화면을 보내고 나머지는 모두 아나운서가 구두로 회의 결과를 보도했다. 리커창 총리가 주도하는 중앙 코로나19 영도소조도 제1차 회의 외에는 모두 구두 보도만 있었다. 반면 쑨춘란의 중앙 지도조 보도에서는 매번 화면과 함께 회의 내용을 방영했다.[18] 필자도 매일 7시 '종합뉴스'를 CCTV 국제 채널을 통해 시청하는데, 이런 보도 흐름은 4월과 5월에도 이어졌다.

2) 언론 통제와 비판 세력 탄압

중국의 '감염병 방치법'에 따르면, 국무원 국가위건위와 이것의 위임을 받은 성급 지방정부만이 감염병을 공포할 수 있다. 이를 어길 때에는 법적 제재를 받는다. 2019년 12월 30일에 '원인 불명 폐렴'을 확인하고, 그것을 병원 동료 의사들에게 알렸다가 병원 당국자로부터 '규율 위반' 혐의로 심한 문책을 당한 우한시 중심병원(中心醫院) 응급실 주임 아이펀(艾芬) 의사의 사례는 이를 잘 보여주었다.[19] 또한 아이펀 주임이 전달한 코로나19 관련 정보를 받아, 같은 날 SNS를 통해 이를 100여 명의 우한 의과대학 동기생들에게 알리고, 그것이 인터넷에 확산되면서 코로나19가 전 사회적으로 알려지게 된 계기가 된 안과의사 리원량(李文亮)의 사례도 있다. 그는 '허위 사실' 유포 혐의로 병원 당국의 호된 비판을 받았을 뿐만 아니라, 경찰에도 소환되어 조사를 받고 '훈계서'를 작성해야만 했다.[20] 불행히도 리원량은 1월 10일에 코로나19 증상이 나타나 치료를 받다가 2월 6일에 사망했다.

리원량의 사망은 온라인상에서 많은 네티즌의 추모와 정부 비판의 물결을 불러일으켰다. 이를 계기로 일부 비판적 지식인과 사회 활동가들은 중국정부의 정보 통제와 표현의 자유 억압을 비판했다. 예를 들어,

수백 명의 지식인이 전국인대에 5개 요구 사항을 담은 '온라인 청원서'를 제출했다. 첫째, 국민 권리인 표현의 자유 보호, 둘째, 리원량 문제를 전국인대 회의에서 논의할 것, 셋째, 2월 6일 리원량 사망일을 언론 자유 기념일로 지정할 것, 넷째, 누구도 연설, 집회, 편지 혹은 통신으로 인해 처벌, 위협, 심문, 검열 또는 감금되지 않을 것, 다섯째, 후베이성과 우한시 주민을 공정하게 대우할 것이 요구 사항이다.[21]

또한 리원량의 죽음 이후 일부 지식인들이 언론의 자유를 요구하는 글을 SNS나 인터넷에서 발표했다. 베이징대학 법학대학원의 장첸판(張千帆)과 허웨이팡(賀衛方) 교수, 칭화대학 법학대학원의 쉬장룬(許章潤) 교수, 우한대학 법학대학원의 친첸훙(秦前紅) 교수, 화중사범대학 국학대학원 원장 탕이밍(唐翼明) 교수, 인민대학 중양(重陽) 금융연구소의 자푸징(賈普京) 연구원 등이 대표적이다.[22] 이들의 주장은 곧바로 인터넷에서 삭제되었다. 또한 이들 중에서 일부는 중국 당국에 체포되어 조사를 받았다. 칭화대학의 쉬장룬 교수가 대표적이다.

중국 당국은 이와 같은 비판을 허용하지 않았다. 리원량의 사망 직후인 2020년 2월 10일에 코로나19와 관련된 허위 사실 유포와 유언비언 날조 등과 같은 범죄를 엄격히 처벌하는 '통지'를 최고인민법원, 최고인민검찰원, 국무원 공안부와 사법부가 합동으로 발표했다. 실제로 2월 7일까지 코로나19와 관련된 각종 범죄로 363건이 적발되어 관련자들이 처벌되었다.[23] 사실 이런 지시 이전에도 중국은 코로나19와 관련된 언론 보도를 철저히 통제했다. 언론은 오로지 정부가 제공하는 자료에 근거하여 보도하거나, 아니면 정부가 하달한 지침에 따라 취재한 내용만 보도할 수 있었다.[24]

이를 어긴 사람은 탄압을 받았다. 우한시의 실상을 널리 알리기 위해 위험을 무릅쓰고 현장을 취재해서 SNS을 통해 보도한 장잔(張展), 천치우스(陳秋實), 팡빈(方斌)과 같은 '시민기자'를 구금한 것이 대표적이다(참고로, 장잔은 12월 상하이시 한 법원에서 4년 징역형을 선고 받았다). 화위안(華遠) 그룹 회장을 지낸 런즈창(任志强)도 구금되어 조사를 받았고, 이후 다른 혐의를 씌어 징역 18년형을 선고했다. 그는 공산당과 시진핑의 코로나19 대응을 신랄하게 비판했다. "언론과 표현의 자유가 없다 보니 코로나19를 조기에 통제하지 못하고 상황이 악화되었다"는 것이다.[25] 시민운동가 쉬즈융(許志永)도 구속되었다. 2월 4일에 시진핑의 퇴진을 요구하는 〈권퇴서(勸退書)〉를 발표했기 때문이다. "시진핑 주석은 집권 후 민주와 법치, 인권을 포기하는 대신 독재를 강화하고 탄압을 통해 안정을 유지하는가 하면, 신장위구르 자치구에서 재교육센터를 세워 위구르족 등 소수민족을 박해하고 언론 사상을 억압하면서 '거짓 태평성대'를 조작하고 사회 갈등과 위기를 가중시켰다"는 것이 주된 내용이다.[26] 그 밖에도 사회적 비극을 기록하는 것이 작가의 사명이라는 생각에서 《갇힌 도시의 일기(封城日記)》를 쓴 팡팡(方方)〔원명은 왕팡(王方)〕이 정부와 언론의 비판을 받았다.[27] 그녀의 이 책은 한국에서도 번역 출판되었다.[28]

3) 여론 선도와 역풍

코로나19 방역 과정에서 중국은 여론 선도를 위해 많은 노력을 기울였다. 그러나 그것이 항상 성공했던 것은 아니다. 초기에 코로나19에 제대로 대응하지 못함으로 인해 막대한 인명 피해와 생활의 어려움이 초래되었고, 이에 대해 국민들이 공산당과 정부에 대해 강한 불만을 품고 있었기 때문이다.

먼저, 중국은 성공적인 방역 경험을 책으로 출간하여 홍보하려고 시도했다가 포기했다. 《대국전역(大國戰'疫'): 2020 중국의 코로나19 저격전은 진행 중(2020中國阻擊新冠肺炎疫情進行中)》이 바로 그것이다. 이는 관영 매체가 보도한 내용을 엄선하여 편집한 책으로, 중국 내에서 출간한 이후에 영어, 독일어, 프랑스어, 러시아어, 스페인어, 아랍어로 연속하여 출간할 예정이었다. 책의 주요 내용은 충분히 예측이 가능하다. 시진핑 총서기가 '대국의 영수(領袖)'로서 국민을 위해 신경 쓰고, 사명을 감당하며, 전략적인 긴 안목과 탁월한 영도력을 보이는 것, 중국인민이 시진핑을 핵심(核心)으로 하는 당 중앙의 영도 아래 긴급히 동원되고, 전심으로 힘을 합하여 질병을 통제하는 인민전쟁, 전면전, 저격전에서 달성한 단계적 진전과 호전된 상황을 전면적으로 소개하는 것, 공산당 영도와 중국 특색의 사회주의 제도의 현저한 우세를 제시하는 것, 적극적으로 국제사회와 협력하고 공동으로 세계 및 지역의 위생 안전을 수호하기 위해 수행한 중국의 거대한 노력을 소개하는 것이다.[29]

그런데 책이 판매되기 직전에 갑자기 가판대에서 사라졌다. 중국 당국에 의해 판매가 보류된 것이다. 책의 내용이 '저급 홍색선전(低級紅)'과 '고급 흑색선전(高級黑)'에 해당된다고 판단했던 것 같다. 공산당은 2010년 2월 27일에 〈공산당의 정치건설 강화에 대한 중공중앙의 의견〉을 발표하여 저급 홍색선전과 고급 흑색선전을 금지시켰다. 여기서 저급 홍색선전은 공산당 고위층을 옹호하려고 선전했지만 방식이 단조롭고 거칠어 역효과를 초래하는 선전, 고급 흑색선전은 특정한 지도자나 정책을 과도하게 칭찬하여 반감을 초래해 결과적으로 '먹칠(抹黑)하는' 선전을 가리킨다.[30] 생사의 갈림길에서 친지를 잃고 생활이 파탄 난 국민들에게 공산당의 자화자찬은 여론 선도는커녕 반감만 증폭시키는 역풍을 초래할 것이 뻔했던 것이다.

또한 중국은 국민들에게 코로나19를 충분히 통제할 수 있다는 신념을 불어넣기 위해, 동시에 많은 공산당원들이 인민을 위해 열성적으로 방역 활동에 종사하고 있다는 점을 부각시키기 위해 많은 노력을 기울였다. 인민전쟁의 '영웅 만들기'가 대표적이다. 예를 들어, 리원량을 포함하여 방역 과정에서 사망한 14명의 의료인에게 4월 2일에 '열사(烈士)' 칭호가 부여되었다. 코로나19의 방역을 위해 출산일을 앞두고 업무 복귀를 결심한 임신 9개월의 간호사, 유산 후 10일 만에 출근한 간호사, 우한 파견 직전에 삭발하는 란저우시(蘭州市) 여자 간호사들, 거액의 돈을 익명으로 기부한 사업가 등, '영웅 만들기'를 위해 주요 언론사가 서로 경쟁하면서 보도하는 과정에서 허위 과장 보도도 섞여 있었다.

그러나 이런 '영웅 만들기'는 코로나19로 인해 고통 받는 수많은 사람들의 실상을 외면하고 공산당의 주장만 일방적으로 선전하는 것으로, 국민의 외면과 불신을 사기에 충분했다. 일부 네티즌들은 이런 보도에 대한 반감과 비판을 숨기기 않았다. "왜 남자 의사나 간호사는 삭발하지 않고 여자 간호사만 삭발하느냐?"는 것이다. 또한 "삭발식에 참여한 일부 간호사가 우는 모습이 보였는데, 이것이 자발적인 행위가 아니라 강제로 하는 행위가 아니냐?"는 것이다. "출산을 앞둔 간호사는 출산을 준비하는 것이 타당하고, 유산한 간호사는 쉬면서 몸조리하는 것이 타당한데, 그들이 방역 업무에 복귀한 것이 과연 칭찬할 일이냐?"는 것이다.[31]

4. 중국의 코로나19 대응 평가

지금까지 우리는 중국의 코로나19 대응을 공산당 중앙과 국무원의 활동을 중심으로 살펴보았다. 그렇다면 '최초 방역 실패와 최종 통제 성공'이라는 중국의 코로나19 대응을 어떻게 평가할 것인가?

먼저, '초기 방역 실패'는 중국과 전 세계가 지불하지 않았어도 되는 혹독한 대가를 가져왔다는 점에서 중국이 왜 반복적으로 감염병 예방에 실패했는지를 명확하게 규명해야 한다. 또한 중국 국민의 분노와 불만을 잠재우고 신뢰와 통치의 정당성을 회복하기 위해서는 중국정부의 타당한 해명이 필요하다. 중국 국민이 겪은 아픔과 슬픔은 솔직하고 정직한 해명을 통해서만 치유될 수 있기 때문이다. 중국의 많은 지식인과 네티즌도 공산당과 정부에 이것을 요구한다. 국제사회의 신뢰를 회복하기 위해서도 이런 조치는 필수적이다. 그러나 유감스럽게도 중국은 지금까지 이런 조치를 전혀 취하지 않았다. 그 결과 중국에 대한 국제사회의 비호감도가 크게 증가했다.

중국의 '최종 통제 성공'은 전체 인구가 14억 명인 점, 전면 봉쇄를 실행한 지역인 후베이성의 인구만도 5700만 명인 점, 불과 2개월 만에 대규모 동원과 엄격한 통제를 통해 질병의 확산을 막은 점 등을 생각하면 대단한 성과라고 말할 수 있다. 이런 점에서 우리는 매번 위기에 직면할 때마다 저력을 발휘하는 중국의 국가 통치체제와 통치능력을 높이 평가할 수 있다.

그러나 중국의 '최종 통제 성공'을 과장하는 일은 경계해야 한다. 중국 방역이 세계적인 성공 모델이니, 타국이 참고할 만한 가치가 있는 경험이니 하는 주장 말이다. 우리는 중국이 '최종 통제 성공'을 위해 얼마나 많은 인적 및 물적 대가를 지불했는지를 정확히 모르고 있다. 이에 대해 중국정부가 제대로 된 통계 자료를 공개하지 않기 때문이다.[32] 중국 내에서도 코로나19로 인한 사망자 숫자가 정부 발표보다 훨씬 많을 것이라는 주장이 제기되는 것은 이 때문이다. 이처럼 객관적인 사실 자체를 정확이 파악할 수 없는 상황에서 방역 성과를 제대로 평가하는 것은 쉽지 않다. '최종 통제 성공'에 대한 평가에 신중할 수밖에 없는 것은 이 때문이다.

또한 중국정부가 발표한 확진자와 사망자 숫자를 미국 등 선진국의 그것과 비교하면 코로나19 방역 과정에서 중국이 지불한 대가가 훨씬 적다고 평가할 수 있다. 그러나 이는 정치 체제의 차이와 그에 따른 정책 결정 및 집행 방식의 차이를 무시한 단순 비교로 적절하지 않다. 예를 들어, 후베이성에서 우한시를 포함한 16개 도시를 전면 봉쇄하면서 중국 당국은 시민들에게 어떤 설명을 했고, 어떤 방식을 통해 양해와 협조를 구했는가? 공산당 일당제라는 중국 체제 특성상 그런 일은 없었다. '방역 조치는 시급하고 불가피했다', '중국 전체의 안전을 위해 일부 지역의 희생은 불가피했다', '봉쇄 지역의 주민들을 물심양면에서 돕기 위해 당국은 최선을 다했다'고 말할 수 있다. 그러나 '사후적 정당화'나 '결과론적 평가'만으로는 봉쇄 지역 주민들의 가슴에 남아 있는 고통과 지울 수 없는 상처는 치유될 수 없다. 또한 이런 식의 정책 결정과 집행이 타국에게 모범이 될 만한 통치 행위라고 칭찬할 수는 더더욱 없다.

그래서 중국 내에서 일부 지식인과 네티즌이 제기한 비판은 여전히 유효하다. '초기 방역 실패'에서뿐만 아니라 '최종 방역 성공'에서도 표현의 자유와 언론의 자유는 심하게 침해되었다. 단적으로 인터넷과 SNS를 통해 코로나19의 실상을 알리고 당국의 과감한 행동을 촉구한 보도나 주장은 어김없이 통제되었다. 또한 일선에서 코로나19를 치료했던 의사나 전문가들의 의견 대신에, 다양한 정치적 요소와 일신상의 안위를 고려하는 당정 간부의 결정이 방역 활동을 주도했다. 그 밖에도 중국은 코로나19 방역 과정에서 공산당 조직과 당원, 인민해방군, 공산당이 관리하는 인민단체를 총동원했지만 일반 사회단체나 시민사회의 방역 참여는 제한했다. 그 결과 코로나19와의 '인민전쟁'에서 '일반 인민'은 없고 '당(黨)·정(政)·군(軍)'만 있었다. '일반 인민'이 없는 '인민전쟁'은 '전투(방역)'에서는 승리할 수 있을지 모르지만 '전쟁(정치)'에서는 승리할 수 없다. 이는 중국이 해결해야 하는 숙제로 남아 있다.

미주

1 Joan Kaufman, "SARS and China's Health-Care Response: Better to Be Both Red and Expert?," in Arthur Kleinman and James L. Watson(eds.), *SARS in China: Prelude to Pandemic?*, Stanford: Stanford University Press, 2006, p. 54.

2 〈三大事實支持中國坦蕩面對雜音〉, 《環球時報》, 2020年 3月 30日, http://www.huanqiu.com(검색일: 2020. 3. 31).

3 國務院 新聞辦公室, 〈抗擊新冠肺炎疫情的中國行動〉, 人民網, 2020年 6月 8日, http://www.people.com.cn(검색일: 2020. 6. 9).

4 조영남, 〈중국은 왜 코로나19의 초기 대응에 실패했는가?〉, 《한국과 국제정치》 36권 2호, 2020년 여름, pp. 105-136. 지방정부의 대응은 조영남, 〈중국은 어떻게 코로나19의 통제에 성공했나?: 후베이성과 우한시의 활동을 중심으로〉, 《국제지역연구》 29권 3호, 2020년 가을, pp. 107-138을 참고할 수 있다.

5 Jonathan Schwartz, "Compensating for the 'Authoritarian Advantage' in Crisis Response," *Journal of Chinese Political Science*, Vol. 17, No. 3, Jul. 2012, pp. 313-331.

6 Zheng Yongnian and Lye Liang Fook, "SARS and China's Political System," in Jon Wong and Zheng Yongnian(eds.), *The SARS Epidemic: Challenges to China's Crisis Management*, Singapore and Hongkong: World Scientific, 2004, pp. 45-75; Hongyi Lai, "Local Management of SARS in China: Guangdong and Beijing," in Wong and Zheng, 위의 책, pp. 77-97; Tony Saich, "Is SARS China's Chernobyl or Much Ado About Nothing?" in Kleinman and Watson, 앞의 책, pp. 71-104.

7 Sebastian Heilmann(ed.), *China's Political System*, Lanham: Rowman & Littlefield, 2017, pp. 158-161, 300-313; Sebastian Heilmann, *Red Swan: How Unorthodox Policy Making Facilitated China's Rise*, Hong Kong: Chinese University Press, 2018, pp. 200-211.

8 〈中華人民共和國傳染病防治法〉, 新華月報 編, 《十六大以來黨和國家重要文件選編

(上·二)》, 北京: 人民出版社, 2005, pp. 1384-1393.

9 〈突發公共衛生事件應急條例〉, 〈傳染性非典型肺炎防治管理辦法〉, 新華月報, 위의 책, pp. 1394-1405, 1406-1415.

10 Hongyi Lai, "Managing Pandemic/Epidemic Crises: Institutional Setup and Overhaul," in Jae Ho Chung(ed.), *China's Crisis Management*, London: Routledge, 2012, pp. 87-107.

11 Yanzhong Huang and Christopher J. Smith, "China's Response to Pandemics: From Inaction to Overaction," *Eurasian Geography and Economics*, Vol. 51, No. 2, 2010, pp. 162-183; 〈全國防治非典工作情況〉, 國務院應急管理辦公室, 2005年 8月 9日, http://www.gov.cn(검색일: 2020. 3. 20).

12 習近平, 〈在統籌推進新冠肺炎疫情防控和經濟社會發展工作部署會議上的講話〉, 新華網, 2020年 2月 23日, https://www.xinhua.net(검색일: 2020. 2. 25).

13 〈中央應對新型冠狀病毒疫情工作領導小組〉, 維基百科, https://zh.wikipedia.org(검색일: 2020. 4. 1).

14 〈中央指導組約談武漢市相關人員〉, 人民網, 2020年 2月 12日, http://www.people.com.cn(검색일: 2020. 2. 12).

15 〈一條時間軸縱覽習近平的戰'疫'日志〉, 人民網, 2020年 2月 17日, http://www.people.com.cn(검색일: 2020. 2. 17).

16 Chun Han Wong, "Beijing Portrays President Xi Jinping as Hero of Coronavirus Fight," *Wall Street Journal3*, Mar. 8, 2020, http://www.wsj.com(검색일: 2020. 3. 9); Javier C. Hernandez, "China Spins Coronavirus Crisis, Hailing Itself as a Global Leader," *New York Times*, Feb. 28, 2020, https://www.nytimes.com(검색일: 2020. 3. 1).

17 Chris Buckley and Steven Lee Myers, "Where's Xi? China's Leader Commands Coronavirus Fight From Safe Heights," *New York Times*, Feb. 9, 2020, https://www.nytimes.com(검색일: 2020. 2. 10).

18 〈新聞聯播報道玄機 折射中南海抗疫模式〉, 《多維新聞》, 2020年 3月 19日, http://www.dwnesw.com(검색일: 2020. 3. 19).

19 Kristin Huang, "Coronavirus: Wuhan doctor says officials muzzled her for sharing report on Wechat," *South China Morning Post*, Mar. 11, 2020, https://www.scmp.com(검색일: 2020. 3. 11); 〈'發哨人'删稿背後 疫情中的輿情與法理〉, 《多維新聞》, 2020年 3月 12日, http://www.dwnesw.com(검색일: 2020. 3. 12).

20 Jeremy Page, Wenxin Fan and Natsha Khan, "How It All Started: China's Early

Coronavirus Missteps," *Wall Street Journal*, Mar. 6, 2020, http://www.wsj.com(검색일: 2020. 3. 7).

21 Mimi Lau, Echo Xie, Guo Rui, "Coronavirus: Li Wenliang's death," *South China Morning Post*, Feb. 12, 2020, https://www.scmp.com(검색일: 2020. 2. 12).

22 Jun Mai and Mimi Lau, "Chinese scholar blames Xi Jiping, Communist Party for not controlling coronavirus outbreak," *South China Morning Post*, Feb. 6, 2020, https://www.scmp.com(검색일: 2020. 2. 6); Jane Cai, "China is paying a heavy price for coronavirus because of lack of free speech, says leading professor," *South China Morning Post*, Feb. 18, 2020, https://www.scmp.com(검색일: 2020. 2. 19).

23 〈兩高兩部 嚴懲妨害疫情防控犯罪 推動提高依法治理能力〉, 人民網, 2020年 2月 10日, http://www.people.com.cn(검색일: 2020. 2. 11); Shi Jiantao, "Chinese authorities say coronavirus control at heart of clampdown on 10 broad categories of crime," *South China Morning Post*, Feb. 12, 2020, https://www.scmp.com(검색일: 2020. 2. 13).

24 Raymond Zhong, "China Clamps Down on Coronavirus Coverage as Cases Surge," *New York Times*, Feb. 2, 2020, https://www.nytimes.com(검색일: 2020. 2. 6); Paul Wolfowitz and Max Frost, "China Censorship Helps Spread the Virus," *Wall Street Journal*, Jan. 26, 2020, http://www.wsj.com(검색일: 2020. 1. 28).

25 〈시진핑 비판 후 실종된 중 기업인, 당국 조사받아〉, 연합뉴스, 2020년 4월 8일, https://www.donga.com(검색일: 2020. 4. 8).

26 〈'시진핑 하야' 촉구 중국 활동가 쉬즈융 체포 구속〉, 《동아일보》, 2020년 2월 17일, https://www.donga.com(검색일: 2020. 2. 17).

27 유상철, 〈'우한일기' 작사 고발... 中 코로나 잠잠한 틈타 보복 시작됐다〉, 《중앙일보》, 2020년 4월 9일, https://www.joins.com(검색일: 2020. 4. 9); 〈方方6套房產來源不明遭舉報 本人回應〉, 《多維新聞》, 2020年 4月 8日, http://www.dwnesw.com(검색일: 2020. 4. 9); Chun Han Wong, "A Wuhan Writer Rages Against China's Communist Machine and Becomes an Online Star," *Wall Street Journal*, Apr. 1, 2020, http://www.wsj.com(검색일: 2020. 4. 8).

28 팡팡, 《우한일기》, 조유리 옮김, 파주: 문학동네, 2020.

29 〈《大國戰'疫'》近期出版〉, 新華網, 2020年 2月 26日, http://www.xinhuanet.

com(검색일: 2020. 2. 26).

30 〈《大國戰'疫'》下架背後的紅與黑〉, 《多維新聞》, 2020年 3月 3日, http://www.dwnesw.com(검색일: 2020. 3. 3).

31 Li Yuan, "Coronavirus Weakens China's Powerful Propaganda Machine," *New York Times*, Feb. 26, 2020, http://www.nytimes.com(검색일: 2020. 2. 27); Chun Han Wong, "China's Virus Censorship and Propaganda Draw Backlash," *Wall Street Journal*, Feb. 25, 2020, http://www.wsj.com(검색일: 2020. 2. 26).

32 Josephine Ma, "Coronavirus: China's first confirmed Covid-19 case traced back to November 17," *South China Morning Post*, Mar. 13, 2020, https://www.scmp.com(검색일: 2020. 3. 13); Isaac Stone Fish and Maria Krol Sinclair, "Exclusive: Leaked Chinese Virus Database Covers 230 Cities, 640,000 Updates," *Foreign Policy*, May 12, 2020, https://foreignpolicy.com(검색일: 2020. 5. 25).

4장

'중국 바이러스', 그리고 세계시장

앤드루 류

신종 코로나 바이러스에 대한 최상의 보호책은
자본주의로부터 스스로 벗어나는 능력이다.

1. '우한 바이러스'?

중국의 우한시는 역사적 의미가 풍부한 곳이지만, 2020년 전까지는 세계의 많은 이들에게 그다지 귀에 익은 이름이 아니었다. 창장(長江)과 한장(漢江)의 어귀에 자리 잡은 역사상의 세 도시—우창(武昌), 한커우(漢口), 한양(漢陽)—를 하나로 통합하여 만든 도시 우한은 중국의 마지막 왕조의 종말을 고한 1911년 신해혁명의 본거지였으며, 1937년 장제스의 국민정부군이 동쪽 해안을 따라 배치된 일본군 병력을 피해 달아

날 때, 이 도시를 잠시 국가의 수도로 정하기도 했다. 지난 몇 년간, 매일 도심을 활주하는 수백 척의 연락선 중 하나를 타본 승객이라면, 호텔 체인과 전국에 지점망을 둔 은행 이름들로 장식한 하늘을 찌를 듯 우뚝 솟은 유리와 콘크리트의 고층 건물들—위협적이긴 하지만, 아시아 전역에서 더욱 흔해지고 있는 스카이라인을 보았을 것이다. 사진 촬영에 적합한 이 중심부 너머로 새로운 건축사업, 사적지, 대학촌, 산업수출 처리절차를 위해 지정된 자유무역지구 등이 익숙한 광경으로 결합되어 있다. 우한은 뉴욕보다 더 많은, 1100만 이상의 인구를 가진 확대일로의 거대도시이긴 하지만, 현대 중국의 높은 기준과 중국 미디어의 냉정한 어법에 따르면 확고한 '2급 도시'일 뿐이다. 하지만 물론, 우한은 요즘 그 어느 때보다 국제 사회에서 악명이 높은 동시에, 오직 한 가지 사실, 즉 코로나19로 알려진 질병의 세계적 확산으로만 연상된다. 2019년 12월 들어 몇 주간, 소수의 개인들이 열, 마른기침, 피로, 육체통증, 폐렴 비슷한 증세 등, 중증 독감과 유사한 증상을 호소하며 우한 지역의 병원을 찾기 시작했다. 나중에야 의사들은 다수의 환자들이 시내 중심가의 화난수산물도매시장(華南海鮮批發市場)에서 일하거나 시장과 연결되어 있음을 인식하게 되었다. 증상은 곧 악화되어, 고령층 환자들이 마비 증상을 겪었고, 많은 환자들이 죽음에 이르렀다. 12월 30일, 실험실 결과는 마침내 전 세계적으로 800여 명의 목숨을 빼앗은 2003년의 사스(SARS, 중증급성호흡기증후군)와 2012년 첫 출현 이후, 1000명 가까운 사람들을 죽음에 이르게 한 메르스(MERS, 중동호흡기증후군) 바이러스와 특질을 공유한 코로나 바이러스의 새로운 변종에서 그 병인을 확인했다. 이 바이러스는 지금 183개국에 확진 사례를 둔 팬데믹으로 급속히 확산되었다. 이 글을 쓰고 있는 현재, 26만 5495명의 확진자 중 1만 1147명이 사망했다. 중국에서만 8만 967명의 확진자 중 3248명이 죽음에 이르렀는데, 거의 모두가 우한에 근거지를 둔 사람들이다. 미국 통신사들은 여러 주 동안 이 질병을 '우한 바이러스'라고 불렀다. 지난 달, 세계보건기구(WHO)는 특정 장소—같은 연장선상에서 특정인들—를 가리키는 이름이 가진 사회적 오명을 최소화하려는 뚜렷한 목표로 이 바이러스를 '코비드-19(2019년 코로나 바이러스 감염증)'로 개칭했다. 그러나 국제 규범에 유의하는 사람들이 아니라, 미국의 보수 정치가들이 근래 미국 역사상 최악의 공중보건 위기를 맞아 자신들의 파국적 관리 실패 책임을 전가하거나 오도하려는 의도가 빤한 노력으로 '우한 바이러스' 혹은 '중국 코로나 바이러스'라는 표현을 계속 고집해왔다. 보도에 따르면, 지난 월요일 한 백악관 관리가 이 바이러스를 '쿵 플루(Kung Flu)'로 묘사했다고 한다. 그 이튿날, 도널드 트럼프는 '중국 바이러스'라는 용어 사용을 옹호하며, "중국에서 왔기 때문이죠. 인종차별주의 전혀 아닙니다. 아니죠, 전혀 아니에요. 중국에서 왔어요. 그 때문이죠. 정확히 하고 싶을 뿐이에요"라고 설명했다. 한층 분명하게, 아칸소의 상원의원 톰 코튼(Tom Cotton)은 '우한 코로나 바이러스'에 관한 지난주의 트윗에 중국은 미국에 한 짓에 대해 "대가를 치러야" 할 것이라는 암시를 덧붙였다.

이런 용어가 인종차별주의와 외국인혐오 의식을 담고 있다는 것은 의문의 여지가 없다. 그럼에도 이 전지구적 팬데믹이 중국 내 다른 어떤 곳도 아닌, 바로 우한에서 시작되었다는 사실을 그저 간과해서도 안 된다. 지난 수십 년간, 우한은 국제 자본이 더 값싼 토지와 노동시장을 찾아 내륙 깊숙이 확장을 지속하며, 강철이나 자동차 부품 같은 상품의 국제적 연결고리를 형성하는 세계화의 최종 단계에 열을 올리고 있었지만, 보통의 소비자들은 이런 정황에 어둡다. 우한은 중국의 주요 도시이

긴 하지만, 해안을 따라 늘어선 화려한 대도시가 가진 중심성에서는 벗어나 있다. 주목할 만한 사실은 중국의 2급 도시로서 별로 이례적이지 않은 우한의 지위 바로 그것이다. 신종 바이러스가 우한으로부터 전 세계로 확산되었다는 사실이 암시하는 것은, 이 경우 문제의 원인이 특정 장소의 독특한 상황에 있는 것이 아니라, 오히려 이런 종류의 장소들을 점점 더 많이 서로 근접시켜 점점 커지는 전체로 만드는 작금의 광범위한 상업적 연결 관계에 있다는 것이다. 신종 코로나 바이러스에 관한 자세한 이야기를 하다보면, 지금까지의 바이러스의 이동이 21세기 세계시장의 경로를 답습해왔다는 사실이 점점 더 분명해진다.

코로나 바이러스의 발원지가 우한 내 특히 어디인지는 불확실한 상태이다. 2020년 2월, 연구자들은 화난시장에서 팔린 야생 천산갑에서 바이러스의 기원을 찾을 수 있으며, 그 바이러스는 원래 박쥐에서 옮은 것이라고 발표했다. 현재로서 이 이론은 그저 작업가설일 뿐이다. 하지만 그것이 사실이라면, 사스와 메르스 역시 박쥐에서 유래했고, 야생동물, 즉 사향고양이와 낙타를 각각 경유하여 인간에게 전해졌다는 이론과 일치하게 될 것이다.

천산갑은 아시아와 아프리카 전역에서 발견되는 개미핥기처럼 생긴 자그마한 포유동물이다. 수세기에 걸쳐 중국인들은 이 동물의 몸무게의 20%를 차지하는 단단한 껍질을 식용해왔으며, 지난 수십 년간 전반적인 소비가 폭증했다. 소비자와 노점 상인들에 따르면, 천산갑의 껍질과 고기가 다양한 질병 치료(신장을 강화한다고 한다)를 위한 일종의 약물로 사용될 수 있지만, 주로는 남성의 성기능 강화와 여성의 미용 효과 증진을 위해 사용된다고 한다. 천산갑의 이국적 성질—그리고 그 배급에 기본적인 불법 거래—는 흰코사향고양이의 경우와 명백한 유사성을 지니는데, 인도와 동남아시아가 원산지인 이 작은 포유동물은 중국 남부 광둥성에서 보통 국화꽃 이파리와 잘게 썬 뱀을 곁들여 요리하는 진미로 취급된다.

2003년 사스가 창궐하는 동안, 광둥의 거대 성도(省都)인 광저우시의 수사관들이 식당들을 급습했고, 주방의 냉동고에 보관된 곰의 신체 부위, 도롱뇽, 올빼미 등을 발견했다. 미디어는 이러한 식습관을 중의학(Traditional Chinese Medicine)의 한 분야, 즉 중국에서 수천 년 동안 지속되어온 의료행위, 약초, 약물 치료의 전형으로 묘사한다. 그렇다면 사스와 마찬가지로 신종 코로나 바이러스는 중국 전통의학에 대한 국민의 애호가 빚어낸 비극적 결과인가? 천산갑의 소비가 중국의 불변하는 원시적 관습의 잔재였던가? 사스 바이러스가 광둥요리의 매우 현저한 기이하고 색다른 미각 탓으로 돌려졌듯이, 신종 코로나 바이러스도 '지역 문화' 탓으로 돌려져야 할까? 만약 그렇다면 신종 코로나 바이러스는 실제로 중국에 독특한 질병임을 승인해야 할 것인가?

물론 아니다. 사실상, 중의학은 그다지 일관되거나 논쟁의 여지가 없는 분야가 아니다. 대개의 사람들에게 이 용어는 단순히 침술이나 각종 차와 뜨거운 탕 속에 녹아 있는 인삼, 생강, 구기자, 대추의 무해한 혼합물을 가리킬 따름이다. 이들 치료법이 아시아에 수세기 동안 존재해왔으나, 시장 가격과 국경을 넘나드는 활약으로 인해 소박한 관행과 지역 특유의 미각이 큰 사업으로 변형되었다. 1980년대에 시작된 시장 자유화가 불법 거래의 기회를 열었고, 많은 중국인들이 부유해지기도 했다. 눈에 띄는 소비가 계급 상승의 궁극적 표지가 되면서, 부유층들은 이들 불법 거래를 통한 새로운 요리의 모험적 추구에 매우 적극적이었다. 소비자들은 인터뷰에서 야생동물로 만든 희귀한 진미를 찾는 이유가 자신들의 건강에 이롭기 때문이 아니라, 자신들이 접대하는 귀빈들에게 깊은 인상을 남기고 싶은 열망—혹은 주식시장이 그날 호황이었기—때문이라고 설명했다. 천산갑의 거래는 모종의 낡고 미신적인 문화보다 중국의 경제 기적에 연유하는 측면이 더 많다.

중국산 천산갑이 너무 많은 사냥으로 거의 멸종에 이르렀기 때문에, 요즘은 대부분 동남아시아, 특히 미얀마나 베트남과의 국경 지대에서 밀수한다. 최근 몇 년간은 중국 시장이 아프리카산 변종을 입수하고 있다는 보도도 있었다. 공급자들이 수지맞는 중국 시장으로 관심을 돌림에 따라 동남아시아에서 천산갑의 현지 판매가 쇠퇴했으며, 이는 야생동물에 대한 미각이 얼마나 가변적이고 시장의존적인지를 단적으로 보여주는 예이다. 한 추정치에 의하면, 매년 약 20톤의 천산갑이 산 채로, 혹은 통째로 냉동되어, 아니면 건조 가공 처리한 껍질의 형태로 중국으로 선적된다. 뉴스 헤드라인을 장식한 몇몇 압수 사건으로는 인도네시아에서 획득한 14톤의 냉동 천산갑 밀수품, 홍콩에서 압수한 4.4톤의 껍질, 홍콩과의 경계선 바로 건너편 선전(深圳)시에서 압수한 11.9톤의 밀수품 등을 들 수 있다. 이 때문에 대개의 천산갑 거래에 관한 헤드라인은 암시장 무역에서 결정적인 중요성을 지니는 동남아시아와 중국 남부의 국경 지대에 존재하는 빈틈에 초점이 맞춰진다.

따라서 코로나 바이러스가 사스처럼 광둥성과 홍콩을 에워싸고 있는 주장(珠江) 삼각주에서 발생했다면 더 그러려니 했을 것이다. 돌이켜보면, 금세기 초 주장 삼각주는 중국에서 전지구적 규모의 바이러스 창궐의 개연성이 가장 높은 후보지였다. 당시 광둥성은 광둥어 사용자 가족들이 이미 오래전 홍콩과 그 밖의 해외 중국인 사회로 이주함에 따라, 세계적 공급사슬 및 국제 금융과 가장 긴밀하게 연결된 지방이었다.

1979년 이후의 자유화 조치와 함께, 홍콩 자본이 둥관(東莞)시의 핸드백 용역업체에 세계시장을 소개하면서, 사업 기회를 얻기 위한 혈연적 유대관계가 부활되었다. 사스의 초기 발생은 광저우시의 초대형 병원에 그 질병을 옮긴 광둥의 한 남성으로부터 시작되었다. 그로부터 광저우의 한 의사가 홍콩의 결혼식장으로 그 질병을 전파했고, 이윽고 같은 호텔에 묵었던 투숙객들이 하노이, 토론토, 싱가포르, 그리고 방콕으로 병을 옮겼다. 돌이켜 생각하면, 광둥-홍콩의 연계는 야생동물의 소비와 전지구적 통합을 위한 완벽한 폭풍(perfect storm)처럼 보인다[흥미롭게도 2011년에 나온 할리우드 영화 〈컨테이젼(Contagion)〉에서 팬데믹은 돼지를 조리한 홍콩의 요리사로 그 기원이 거슬러 올라간다].

하지만 신종 코로나 바이러스는 그 모든 독특한 지리적, 문화적 특성에도 불구하고 주장 삼각주에서 발생하지 않았다. 대신에 이 바이러스는 상하이에서 내륙으로 500마일, 홍콩에서 북쪽으로 600마일 지점에 위치한 우한에서 처음 출현했다. 20세기의 산업화 이전에 우한은 쌀, 비단, 모피, 가죽 등의 가정용품 교역을 촉진하며, 해양과 중국 내륙을 중개하는 중심도시 역할을 했다(바로 우리 가족도 1900년대 초, 거기서 잠시 소규모 차 상인으로 일하기도 했다). 가장 유명한 현지 음식은 노점에서 파는 아침식사로, 마른 땅콩 소스에 버무려 잘게 썬 파를 뿌려 내는 뜨거운 국수이다. 따라서 지난 몇 년간 우한에서 천산갑의 판매가 증가했다면, 이는 우한 사람들의 특수성을 반영한다기보다 중국 경제 전반의 부의 증가를 반영할 가능성이 크다.

더불어 미국인들은 오랫동안 우한을 중국의 시카고라는 별명으로 불렀지만, 이 비유는 온당치 않다. 두 도시 모두 20세기 초에 이르러 주요 산업도시가 되었으나, 우한의 국제적 연계성은 훨씬 소박했다. 오늘날까지도 코로나 바이러스가 발생하기 전, 우한에 거주했던 외국인 1만 5000명은 베이징, 상하이, 광저우, 홍콩, 싱가포르나 타이베이 같은 중화권 대도시에 비해 10분의 1에도 못 미치는 숫자였다.

그럼에도 2020년에는 우한조차 명백히 전지구적 전염병의 발생지가 될 수 있었다. 확진 사례에 관한 헤드라인을 대충 훑어보면, 신종 코로나 바이러스가 초기에 어떻게 확산되었는지에 대한 약간의 단서를 얻을 수 있다. 이 바이러스를 해외로 옮긴 최초의 인파는 우한 주민의 중산층 친구, 동료, 친척들이었다. 최근에 우한을 방문했던 서울에서 일하고 있는 중국 여성, 방콕을 방문한 우한 여성, 베트남을 여행한 관광객들, 우한의 친지를 방문한 일본에 상주하는 중국인, 우한에 지사를 둔 뮌헨 지역의 독일 공급업체 직원들, 중국과 이란의 곰(Qom) 시를 왕래하는 중국 기술자들과 이란의 사업가들, 그리고 친척을 만나기 위해 고향에 갔던 선전시의 남성 등이 그 예이다.

대피령에 관한 이야기가 늘어감에 따라, 전지구적 연계성에 관한 설명도 증가했다. 우한 이공대학에 적을 둔 수단인 공대생이 6주간의 자가격리 끝에 바이러스를 피해 우한을 떠나는 데 성공했다. 프랑스, 독일, 일본 정부가 자국 시민들을 우한에서 대피시켰다. 이들 중 일부는 자동차 부문의 종업원이었다. 제너럴 모터스, 르노, 닛산 등의 기업이 수출가공지역(export processing zone)에 지사를 설립했던 것이다. 이란의 전염병 발생 원인은 불명확한 상태이지만, 언론인들은 양국 경제 간(중국은 이란의 최고 무역 상대국이다) 대규모 사업, 즉 중국의 무기 제공 및 현지 기반시설에 대한 자본 투자의 대가로 제공되는 이란의 원유와 같은 전형적 사업으로 인해 발생했을 것이라고 추측하고 있다.

이 모든 이야기에 공통된 요소는 도무지 두드러진 점이 없다는 것이다. 바로 이것이 평범하기 짝이 없는 현대 세계의 상호교환의 행태이다. 비즈니스 회의와 관광을 위해 아시아와 유럽을 가로질러 무수히 많은 도시들을 오가는 여행도 매우 비슷한 유형을 따른다. 사스의 발생이 광둥 사람들의 특이하고 이상한 식습관 탓으로 돌려진 뒤, 아시아의 주요 도시들 간의 선택된 소수의 국제주의적 연계를 통해 확산된 반면, 소위 '우한 바이러스'는 중국의 '2급' 도시들을 포함해서 세계 각지에 흩어져 있는 무수한 중심점이 상업, 교육, 관광의 전지구적 회로들을 가로질러 그 어느 때보다 더 긴밀하게 짜여 있는 매우 일상적인 방식을 강조한다.

이에 비해, 1950년대에서 1970년대에 이르는 '고도 사회주의'의 시대라면 코로나19와 같은 바이러스가 우한의 생선장수로부터 수백 개의 나라로 불과 몇 주 사이에 급속히 확산되는 일은 상상할 수도 없었을 것이다. 1957년 1월에 처음 진단된 '아시아 독감'은 예상할 수 있는 방식대로 중국 남부에서 홍콩과 싱가포르로 옮아갔다. 하지만 미국과 유럽에 퍼진 것은 여러 달이 지난 후인 가을에 이르러서였다. 미국이 취한 무역 금지 조치 아래, 중국과 세계 사이의 상업과 여행의 통로는 훨씬 좁고 느리고 한산해졌다. 정부가 아편 무역을 공식적으로 근절했던 시기는 바로 이 상대적 고립의 시간대뿐이었다는 사실은 주목할 만하며, 이후 이 악명 높은 마약은 시장 자유화와 함께 중국에 재등장했다.

하지만 세상은 변했다. 오늘날, 우한과 세계 사이의 많은 유대관계는 외국인혐오자나 진보주의자 모두에게 무서운 현실을 암시한다. 이들 지역의 어느 한 곳에서라도 바이러스가 창궐하면 다른 지역의 수억의 생명을 손상시키는 것으로 쉽사리 매듭지어질 수 있을 것 같다. 정저우(鄭州)나 데이튼(Dayton), 방갈로르(Bangalore)나 다르에스살람(Dar es-Salaam)이 차기 우한이 될 수 있을까?

2. 시장 바이러스

신종 코로나 바이러스의 확산은 이 바이러스의 자연적 속성에 근거한 분명한 과학적 설명이 가능하며, 연구자들은 이 속성에 대해 더 많이 알기 위해 맹렬히 분투하고 있다. 알려진 사실은 이 바이러스의 왕관 모양 생김새는 바이러스 외피의 스파이크 단백질 때문이며, 이 단백질이 목에 달라붙은 뒤 살아 있는 허파 세포로 퍼지고, 이윽고 더 많은 바이러스를 생산하여 허파의 새로운 부위와 그 밖의 다른 내장으로 확산된다는 것이다. 하지만 물론, 실생활에서 바이러스의 분포는 역사적 특수성을 지닌 정치적 요소에 의해 구체화되기도 했다. 바이러스는 단순히 자연적 재난일 뿐만 아니라 사회적 재난이기도 하다. 코로나 바이러스는 아시아의 암시장에서 팔린 동물들을 통해 최초로 이동했고, 수산물시장의 인간 매개체에 최초로 달라붙었으며, 지역관광, 해외사업, 해외교육이라는 일상적인 통로를 통해 최초로 확산되었다.

코로나 바이러스 전파 경로와 상업중심지의 궤적 사이의 일치는 왜 이 바이러스를 억제하기가 그토록 어려웠는지를 설명해준다. 중동, 오세아니아, 유럽, 그리고 미국에서 확진자가 나타나기 시작했을 때, 관리들은 바이러스의 창궐을 피하기 위해 극적인 조치가 필요하다는 사실에 회의를 표명했다. 뭔가 의미가 있는 경우라도, 그들의 논평은 공중 보건의 위험성보다는 주식시장의 잠재적 손실에 초점이 맞추어져 있었다. 건강에 미치는 잠재적 영향을 몰라서가 아니라, 병에 걸리면 사람들이 돈을 쓰거나 일하러 가지 못하게 된다는 사실을 알고 있기 때문이었다. 이러한 태도는 CNBC 논설위원 릭 샌텔리(Rick Santelli)의 기묘한 진술로 구체화되는데, 그는 2020년 3월 5일, "바이러스를 모두에게 나눠주면 상황이 더 나을지도 모르죠. 그러면 한 달 후면 끝날 텐데요. … 하지만 차이점은 우리가 (바로 지금) 세계 경제와 국내 경제를 대대적으로 파괴하고 있다는 거죠"라고 말했다. 샌텔리는 마땅히 공화당과 민주당 모두의 논자들에게 웃음거리가 되었지만, 그의 논평은 현재 정부와 기업이 얼마나 유례없이 극단적으로 기업의 이윤과 인간의 목숨을 저울질하지 않을 수 없는가에 대한 솔직한 표현이기도 했다.

미국의 경우, 워싱턴 주와 캘리포니아에서 확진 사례들이 발생하기 시작한 지 몇 주가 지나서야 비로소 미국인들은 이 바이러스를 심각하게 받아들이기 시작했다. 결정적 전환점은 지난 수요일(2020년 3월 11일)이었는데, 이날 농구선수 루디 고버트(Rudy Gobert)는 코로나 바이러스 양성 판정을 받은 최초의 프로 스포츠 선수가 되었고, 불과 며칠 후 그는 바이러스 창궐의 가능성을 조소하는 행위로 마이크와 탈의실의 장비에 그의 손을 문질렀다. 몇 분 내로, 배우 톰 행크스(Tom Hanks)는 자신과 아내가 오스트레일리아 여행 도중 양성 판정을 받았다는 사실을 소셜미디어에 적었다. 이들 고백이 미국의 대응을 가속화시킨 듯하다. 불과 며칠 사이에 주요 스포츠 리그전이 취소되었고, 학교가 문을 닫았으며, 국가 비상사태가 선포되었다. 가장 뚜렷한—완벽하지는 않지만—유사성은 1980년대 초, HIV/AIDS 감염증에 대해 너무 많은 미국인들이 취했던 무심한 태도에서 찾을 수 있는데, 이러한 태도는 영화배우 록 허드슨(Rock Hudson)과 NBA 스타 매직 존슨(Magic Johnson)이 자신들의 양성 진단을 고백한 후에야 역전되었다. 미국에서는 질병이 각광받지 못하는 보통 사람들 사이에 퍼질 때는 현실성을 띠지 못하는 것 같다. 부유한 연예인과 운동선수에게 영향을 미칠 때에야 비로소, 그 질병은 심각하게 받아들여지기 시작한다.

그 결과, 지금 우리는 집단적인 책임과 행동에 대한 준비가 너무도 허술한, 세계에서 가장 부유한 나라라는 부조리한 현실에 처해 있다. 거의 반세기 동안 복지국가를 체계적으로 해체시켜온 사회, 소위 '좌파'로 여겨지는 정당이 보건의료 비용에 대해 정기적으로 짜증을 내는 사회, 그리고 말 그대로 부동산 개발업자를 대통령으로 임명한 사회에서, 우리는 현재 해당 지역의 개인 활동가들이 팬데믹에 대한 대응책임을 거의 전적으로 짊어지고 있고, 믿을 만한 바이러스 검사가 질병통제예방센터(Centers for Disease Control and Prevention, CDC)에 의해 공적으로 이용되는 것이 아니라, 게이츠 파운데이션(Gates Foundation)과 유타 재즈(Utah Jazz)에 의해 확보되어온 기막힌 상황에 직면해 있다(이 글이 집필된 2020년 3월의 상황이다—엮은이).

신종 코로나 바이러스는 애초에 시장 활동을 통해 출현했고 세계 각지로 확산되었으며, 지금 바이러스를 잠재울 수 있는 우리의 능력은 과연 어느 정도로 우리가 시장 논리를 우리의 생존에 종속시킬 수 있느냐에 의해—그 반대의 경우가 아니라—결정될 것이다. 코로나 바이러스 검사 비용을 감당할 수 없고, 집에서 일할 수 없고, 공공장소나 회합에 노출을 제한할 수 없는—특히 의료 종사자—미국인들에 대한 끝없는 보도는 일반 대중의 각기 다른 수준의 시장 의존도를 보여주는 지표이거나, 사실상 같은 내용인 계급의 지표이다. 수십 년 동안 더욱 날카로워지고 생명을 위협할 정도로 심각해진 불균형이 갑자기 파국적 위기로 치닫게 된 것이다.

바로 지난 해, 연방준비제도(Federal Reserve)의 한 연구는 40%에 가까운 미국인이 저축이 아예 없거나, 신용카드, 의료비, 학자금 대출 청구서에 그들의 소득이 이미 할당되어 있기 때문에 400달러의 긴급비용을 부담하는 데 어려움을 겪곤 한다고 보고했다. 다른 한편, 코로나 바이러스 검사 비용이 초기에 1400달러에서 4000달러에 이르렀음을 시사하는 보도들이 있다. 코로나 바이러스는 의료보험이 없는 2700만 명의 사람들, 특히 호텔이나 요식업계에서 시간당 임금으로 봉급을 받는 사람들을 포함하여 급료 수표에 의존하여 가까스로 생존하는 2300만 명의 사람들을 위험에 빠뜨렸다. 이들 중 다수가 유급 병가를 받지 못하며, 의회에서 현재 논의 중인 구호 패키지의 혜택에서 제외되는데, 이는 의회가 맥도날드나 월마트의 압력 아래 크고 작은 고용주들에게 의무를 면제해주고, 겨우 10일간의 급료에 해당하는 비용만 부담해주기 때문이다. 이 사람들 모두가 일자리로부터의 퇴출이—그리고 어떤 혼란도—잠재적 파멸을 부를 수 있는 생계급여의 포로들이다.

이 스펙트럼의 반대편 끝에는 비축하는 사람들이 있다. 바이러스와 함께 무서운 이야기들이 확산되면서 개인 전용기를 전세 내어 해외로 날아가거나 인디애나와 사우스다코타의 재난 벙커로 날아가는 초부유층에 관한 기사가 뒤따랐다. 귀네스 팰트로(Gwyneth Paltrow)는 〈컨테이젼〉에서의 역할(그녀의 배역은 홍콩에서 미국으로 바이러스를 전파하는 인물이었다)을 농담 삼아 언급하며, 파리로의 탈출을 인스타그램에 기록했다. 다른 경우로, 억만장자들이 초기 백신 치료제와 독점적 검사 도구에 관해 개인병원에 문의하고 있다. 또한 소셜미디어에 자신의 검사 결과를 밝히는 운동선수와 예능인이 늘어남에 따라, 부유한 연예인들을 위한 비밀 의료 핫라인이 실제로 완벽하게 제구실을 하고 있는 듯하다. 하지만 더 흔한 형태의 변호할 여지없는 무절제한 행위도 존재한다. 뉴스와 소셜미디어, 그룹 채팅에서 펼쳐지는 수많은 이야기들, 즉 교외에 거주하는 부모들이 가정용품 마련을 위해 식료품점을 맹렬히 기습해서 상품 진열대를 비우고 지하실 냉동고에 몇 주 동안 먹을 음식을 저장하는 따위의 이야기 말이다. 오스트레일리아에서는 사재기가 너무 심각해져서 어떤 커피숍은 휴지로 지불하는 것도 허용하기 시작했다. 이 점에서 초부유층과 중산층은 공통점이 있다. 두 집단 모두 장터를 피하고, 같은 연장선상에서 대인 접촉을 피하는 사치를 누릴 수 있을 만큼, 재정적으로 충분히 안정되어 있고 축적된 부를 소유하고 있다는 점이다.

그리하여 서비스업 노동자들은 경제적 필요로 인해 항상적으로 바이러스에 노출되지 않을 수 없는 반면, 유복한 사람들은 그들의 부로 인해 보호를 받는다. 미국의 박식한 논객들이 사회복지에 대항하여 '시장 선택'이라는 무기를 휘두를 때 잘못 생각하는 점은 사회 안전망이 인간의 자유를 종식시키는 것이 아니라, 오히려 바로 그 자유를 가능하게 만드는 조건(철학자들은 이것을 필요의 영역과 자유의 영역 사이의 구분이라고 불러왔다)으로 작용한다는 사실이다. 실제로, 신종 코로나 바이러스에 대한 최상의 보호책은 자본주의로부터 스스로 벗어나는 능력이다. 문제는 거기에 있다.

3. 가치 바이러스

'우한 바이러스' 혹은 '중국 바이러스'라는 용어가 가진 아이러니는 가장 성공적이고 책임 있는 정부 대응이 홍콩(확진자 256명 중 사망자 4명), 싱가포르(확진자 385명 중 사망자 없음), 타이완(확진자 135명 중 사망자 1명) 등 중화 민족이 다수를 차지하는 영토에서 이루어졌다는 사실이다. 사스 발생으로 인한 상처가 남아 있기 때문에 이들 정부는 지난 1월, 우한에서 도착하는 사람들을 검사하고, 여행 제한 조치를 (WHO 추천사항을 거슬러) 실시하고, 학교 및 직장 활동, 엄중한 병원 평가, 정기적 공고 등 사회 전반에 걸친 정책을 추진하면서 매우 적극적으로 대응했다. 이들 국가의 확진자 수는 아이슬란드의 숫자보다 낮으며, 가장 최근의 확진 사례는 중국 대륙이 아닌 유럽과 미국을 여행하고 돌아온 승객들로부터 발생했다.

신종 코로나 바이러스에 대한 백신이 아직은 없지만, 이들 정부는 가장 단순하면서도 직접적인 제도적 해결책을 제공해왔다. 대규모 검사와 자가 격리 조치가 그것이다. 공중보건 전문가들에 따르면, 치료법이 발견될 수 있을 때까지 미국에서 우리의 최상의 희망은 '그래프의 곡선이 평평해지는 것'이며, 민간 의료체계가 감당할 수 없는 지경에 이르지 않도록—혹은 최악의 상황으로는 치닫지 않도록—확진 사례가 고르게 분포하는 것이다. 그럼에도 불구하고 이 나라의 정부 기관이나 기업들은 이러한 해결책을 효과적으로 실행하기를 거부하고 있는데, 이는 이들 해결책이—릭 샌텔리가 명확히 했듯이—끊임없이 물건을 생산하고, 판매하고, 구입하는 상업적 요구와 직접적인 충돌을 빚기 때문이다.

코로나 바이러스는 국제 주식시장의 목을 조였고, 초국가적 공급사슬을 교란시켜, 나머지 세계를 위해 생산할 수 있는 중국의 능력을 차단했다. 중국 대륙의 시민들이 세계 관광객의 수위를 차지하고 있기 때문에 해외여행 제한과 국내 격리 조치는 여행 인구의 급락을 의미했으며, 이는 동남아시아, 일본, 하와이에 큰 충격을 안겨주었다. 제조업 분야에서 중국이 세계의 최신 작업장이 되었다는 것은 널리 알려진 사실로, 말린 버섯에서 청바지와 스마트폰에 이르기까지 모든 것을 공급한다. 우한은 자동차 부품 제조업 중심지이기 때문에 코로나 바이러스로 인해 도시가 폐쇄된 지 몇 주 후, 피아트-크라이슬러 세르비아 공장과 같은 해외 자동차 플랜트와 한국의 현대자동차 공장이 생산을 멈췄다. 중국 공급업체들이 생산을 중단했기 때문이다. 애플은 이미 올해의 예상 손실액을 발표했는데, 이는 애플 중국 공장이 폐쇄되었기 때문만이 아니라, 너무 많은 판매량을 중국 소비자들에게 의존하고 있기 때문이다. 전 세계 컨테이너 화물 수송의 약 30%가 세계에서 가장 번잡한 중국 항구들을 통해 처리되는데, 2020년 들어서는 현재까지 북미로 가는 선적 양의 1/4 이상이 취소되었다.

여행과 건설 경기 후퇴는 세계 최대의 상품 시장을 심각하게 위축시키기도 했다. 중국은 매일 1000만 배럴에 상당하는 수송량을 가진, 세계 최고의 원유 수입국이지만, 중국 내 활동에 이어 국제 여행이 둔화됨에 따라 기름 비축량이 점점 더 많아졌다. 2009년 이후 최초로, 올해 전반적인 에너지 소비가 하락할 것이라고 분석가들은 예측한다. 가치가 점점 소멸하는 이 제로섬 게임에서 사우디아라비아는 바로 지난주(2020년 3월 8일), 원유 생산 제한에 관한 러시아와의 협정을 휴지조각으로 만들면서, 원유 생산을 증가시키고 가격을 낮출 것을 발표함으로써 경쟁의 위험성을 가속화시키는 결정을 내렸다. 사우디아라비아는 모든 국가 중 가장 낮은 생산비의 이점을 누리고 있기 때문에 최저 가격을 이용해서 경쟁자들을 팔꿈치로 밀어내기 위한 도박을 했던 것이다. 비록 러시아를 겨냥한 것이긴 했지만, 이러한 책략은 미국의 셰일 기업들은 물론이고, 베네수엘라와 이란 같은 중간 규모의 생산국에도 부수적 피해를 끼쳤다. 지난 월요일(3월 9일), 다우존스가 개장되었을 때 주가 지수 5%가 하락했다.

금속 시장도 유사한 타격을 입었다. 중국은 강철과 알루미늄, 그리고 망간합금이나 실리콘 같은 기본 투입 광물의 최상위 수출국이다. 따라서 코로나 바이러스가 창궐하기 시작했을 때 주된 위협은 공급사슬의 단절이었다. 예측과 달리 중국 내 활동은 이제 거의 회복되었으나, 나머지 세계의 생산자와 소비자가 팬데믹으로 마비되어 있는 동안 중국 금속업계는 과잉 공급의 암담한 전망에 부딪혀 있다. 강철과 알루미늄 플랜트는 생산 중단에 드는 비용이 너무 크고 위험부담도 커서 기업들이 결코 생산을 멈추려 하지 않았기 때문이다. 현재의 잉여량을 해결하는 데만도 족히 몇 달은 걸릴 것이다. 중국의 알루미늄 재고는 2019년 12월 이후 2배로 증가했고, 강철 재고는 1년 전보다 45% 증가했다.

이러한 역학은 우리가 사는 지구촌의 심장부에 놓인 기본적 부조리를 드러낸다. 이 세계는 우리의 욕구와 필요를 충족시키는 것을 목표로 하는 시스템, 즉 인간에게 더 많은 양의 물리적 유용성을 공급하는 것을 목표로 하는 시스템이 아니다. 오히려 그것은 상품을 가치로 전환시키는 비인간적 압력, 즉 끊임없이 상품을 만들고, 팔고, 사고, 소비하는 무한 증대의 압력에 지배당한다. 지진이나 기근과 달리, 코로나 바이러스의 창궐은 물건을 만드는 우리의 역량을 파괴하지 않았다. 실제로, 이 바이러스는 인류에게 알려진 가장 유용한 물질 중 두 가지인 석유와 강철의 유사 이래 최대일 법한 양의 축적을 초래했다. 하지만 몇 주 간의 격리 조치는 이들 상품의 가치를 말살했고, 통화와 주가 지수, 개인 저축을 폭락시켰다. 우리를 부유하게 하고 우리의 자연적 결핍을 덜어주는 대신, 이 과다한 상품은 우리를 더욱 빈곤하게 만들고 있을 뿐이다. 부와 가치를 조직함에 있어서 이처럼 비합리적인 사회체계를 고려할 때, 그토록 많은 사회가 시민들에게 상업 활동을 제한하도록 요구함으로써 코로나 바이러스를 억제하는 것은 불가능함을 깨닫는 것은 놀랄

만한 일이 아니다.

그렇다면 코로나 바이러스의 확산을 억제하기 위한 노력은 좋은 위생 습관을 실천하는 일 이상의 것이 될 것이다. 부당이득 행위와 그것을 가능하게 하는 구조적 법률 및 유인의 전지구적 시스템이 심판대에 올라 있다. 팬데믹으로 인해 드러난 사실은 단순히 기업들이 돈을 벌기 위해 애를 쓰고 있다는 것만이 아니라—이는 너무도 오래된 진부한 이야기이다—보다 구체적으로, 2020년 현재 우리가 유례없는 정도로 전지구적 상호 의존관계에 놓여 있다는 사실이다. 사우디아라디아의 석유 유정과 중국의 강철 공장이 원활히 움직이고 있어도 미국과 유럽이 격리 상태에 놓이면 이들 산업과 세계 경제는 내부에서 파열해버릴 수도 있다. 오늘날, 노동의 국제 분업화는 각각의 모든 부분들이 건전한 상태로 유지되지 않는 한, 생존할 수 없다.

4. 민족주의 바이러스?

2020년 1월의 상당 기간을 위기 은폐와 내부고발자 처벌에 소모한 뒤, 중국 국무원은 마침내 우한에서 바이러스를 퇴치하기 위한 행동에 나서는 한편, 외부 세계에 모범적 통치의 이미지를 투영하기 시작했다. 세계보건기구의 한 관리가 "중국은 실제로 전염병 발생에 대한 대응의 새로운 기준을 세우고 있고, 이 말은 과장이 아니다"라고 선언했듯이, 외국 언론매체들은 이와 같은 특성 묘사를 무비판적으로 받아들였다. 하지만 중국 시민들은 훨씬 더 회의적이었다. 2020년 2월 7일, 친구들에게 신종 코로나 바이러스에 대해 말하려고 시도했다는 이유로 최초로 처벌을 받았던 34세의 의사, 리원량(李文亮)이 돌연히 사망했다. 그의 이야기는 중국 소셜미디어에 쏟아지는 분노와 슬픔을 유발했다. 3월 초, 부총리 쑨춘란(孫春蘭)이 홍보 기회로 삼기 위해 우한을 방문했지만, 온라인에 오른 짧은 영상에서 볼 수 있듯이, "모두 거짓!"이라고 외치는 대중의 구호로 폭탄 세례를 받았다. 소셜미디어 사용자들은 2월 초, 매일 보고되는 확진자 대 사망자의 비율이 2.1%에 고정되어 있는 듯하며, 확진자의 숫자를 일정 기간 X축과 Y축에 기록하면 완전한 원형을 이룬다는 사실을 지적했다(이 서술은 객관적 추세로 비춰보면 논란의 여지가 있다—엮은이).

다른 한편, 미국의 이데올로기 신봉자들은 중국의 대응이 치명적인 결점을 안고 있다고 확신하려 애썼다. 전체주의 국가 중국에서 데이터는 믿을 만한 것이 못 되며, 의사소통은 불투명하고, 지도자들은 공포로 다스린다고 그들은 말한다. 모두 타당한 비판이다. 하지만 미국정부의 대응은 훨씬 더 나았을까? 트럼프 대통령이 확진자 수를 낮추기 위해 감염된 유람선을 바다에 방치하도록 공공연히 발언하는 것을 듣고 나서, 또 바이러스의 위협을 공개적으로 부인하는 한편 비밀회의를 토대로 주식을 매매한 상원의원들에 관한 기사를 읽고 나서, 그리고 중간급 관료들이 비겁함과 자기보존의 욕구 때문에 백악관의 명령에 순응하는 것을 지켜보고 나서, 기능을 상실한 전체주의와 질서정연한 민주주의 사이에 분명한 선을 긋기가 점점 더 어려워지고 있다.

이번 주(2020년 3월 중순)에는 양편 모두 하찮은 음모 논쟁으로 퇴행했다. 중국 국무원은 현재 모든 미국 언론인들의 입국을 금지했으며, 외무부 대변인 쟈오리지안(趙立堅)은 미군이 지난 10월 우한에 바이러스를 이식했다고 비난했는데, 이들 조치는 중화인민공화국의 국제적 이미지를 관리하기 위한 것이었다. 이에 대한 보복으로, 트럼프는 공세를 한층 강화하여 '중국 바이러스'라는 표현을 반복해서 사용했다. 하지만 중화인민공화국 정부는 최소한 그 나름대로 초기의 대대적 관리 실패를 시정하고, 시장경제를 강력한 국가 소유 부문에 종속시켜, 재정 손실에 대한 고려 없이 안면 마스크, 의약품, 1600개의 병상을 갖춘 임시 병원을 서둘러 마련했다. 이와 같은 조치는 현시점의 미국에서라면 크나큰 구호대책이 될 것이다.

이러한 논의는 근본적으로 상이하고 몹시 불완전한 두 사회 간의 차이를 모호하게 만들기 위함이 아니라, 바이러스의 확산으로 인해 동양 대 서양이라는 단순한 틀로 중국에 관한 뉴스를 오랫동안 소비해온 미국인의 전형적인 방식이 이제 완전히 근저가 흔들리고 있음을 보여주고자 하는 것이다. 인종차별주의 보수 정치가들과 언론인들이 집요하게 '우한 바이러스'를 논하는 것은 놀라운 일이 아니다. 하지만 좀 더 미묘한 종류의 미국 예외주의를 표현하는 진보주의 성향의 인물도 다수 존재한다.

루디 고버트의 코로나 바이러스 양성 판정 결과가 발표되던 바로 그날 밤, ESPN 카메라가 댈러스 매버릭스(Dallas Mavericks)의 구단주이자 '샤크 탱크(Shark Tank: 미국의 리얼리티 TV쇼—옮긴이)'의 스타, 마크 큐번(Mark Cuban)이 상체를 뒤로 꺾으며, "이거 봤어!?"라고 다른 사람들에게 소리 지르는 실시간 반응을 포착했다. 나중에 어떻게 생각하느냐는 질문을 받자, 그는 "말도 안 돼요. 사실일 리가 없어요. 제 말은, 가능성의 영역에 속하지 않는다는 겁니다. 현실이라기보다 영화에 나오는 이야기 같네요"라고 말했다. 큐번이 이와 같이 논평한 바로 그날, 중국에서는 이미 총 8만 건이 넘는 확진 사례가 기록되었고, 이탈리아에서만도 이미 196명이 목숨을 잃었다. 다른 어떤 증거를 그는 찾고 있었을까?

큐번의 의심은 지난주에 더욱 뚜렷해진, 미국인들 사이에 널리 퍼진 태도를 구현한다. 즉, 팬데믹의 불가피성에 대한 확실한 과학적 증거가 계속 늘어감에도 자국에서 팬데믹이 일어날 가능성에 대해 순진할 뿐 아니라 오만하기까지 한 부인으로 일관하는 태도 말이다. 여러 기관과 기업들—스포츠 리그, 지방정부, 콘서트 현장—이 전문가나 당국과 의논한다고 입에 발린 말을 하면서, 실제 행동은 팬데믹의 불가피성은커녕 개연성조차 염두에 두고 있지 않음을 드러내는 것보다 미국 예외주의를 더 명확하게 보여주는 경우는 드물다.

이러한 반응에 공통된 요소는 코로나 바이러스가 특수하게 중국의 문제라는 미국인들 저변의 신념이다. 바이러스 감염증? 도시 폐쇄? 이런 일들은 '저편에서', 즉 가난한 비백인 국가에서 일어나는 것이지, 분명코 이쪽에서 이루어지는 일이 절대 아니다. 미국정부가 전염병의 창궐에 이례적으로 준비되어 있지 않았음이 폭로되고, 손 세정제로 폭리를 취하려 하거나 확진자의 숫자가 이탈리아와 이란만큼 가파르게 상승하기 시작한 지 오랜 후에도 식당과 주점을 빽빽하게 채울 만큼, 너무 많은 미국 시민들이 사회적으로 엄청나게 무책임하다는 사실이 입증된 지금, 이와 같은 근시안적 동양 대 서양의 이분법적 사고는 자기 파괴적임이 입증되었다. 바이러스는 국경을 초월한다. 그것은 힘 있는 정치가들과 민족주의자들의 자만을 조롱한다.

어떻게 코로나 바이러스가 이 정도까지 확산될 수 있는지에 관한 이야기는 오늘날 우리가 살고 있는 세계에서 시장의 역할과 분리될 수 없다는 점을 다시금 강조할 필요가 있다. 감염의 위험성이 가장 높은 사람들은 매일의 생존을 위해 시장에 가장 친밀하게 의존하는 사람들이다. 또한, 중국(시애틀, 서울, 곰)과의 여행 및 무역의 중심점을 지도상에 표시해보면, 바이러스의 발생으로 처음 타격을 입은 장소와 팬데믹의 지속적 확산을 매개한 장소들을 발견하게 될 것이다. 제일선에서 일하는 사람들과 가장 위태로운 경제적 위치에 있는 사람들에게 바이러스와 시장은 불가분의 관계에 있으며, 동의어나 마찬가지다. 시장이 수십 년간의 긴축정책을 통해서도 아직 파괴하지 못한 것을 바이러스의 경제적 충격이 위협하고 있다.

지금은 아시아 외부 세계의 새로운 사망자와 확진자 숫자가 아시아 내부의 숫자보다 훨씬 많게 되었다. 그런데도 우리가 이 바이러스를 '우한 바이러스'라고 부르는 것이 설득력이 있을까? 발원지가 어디이든, 코로나 바이러스가 이제 전지구적 바이러스가 되었다는 사실은 분명하며, 그 확산의 위협은 책임 있게 행동할 줄 알고 장기적 목표와 단기적 이해관계를 구분할 줄 아는 전 세계인의 집단적 역량을 시험할 것이다. 무엇보다, 향후 몇 주간은 21세기에 우리가 만들어놓은 정치와 부당이득 행위의 비합리적 시스템—지금까지, 그리고 바로 지금, 최악의 순간에 우리의 기대를 저버리고 있는 시스템에 대한 심판으로 작용할 것이다.

〔이종임 옮김〕

2부

어떻게 헤쳐갈 것인가?

안에서 본 중국

5장

거국체제 방역의 정치학

셰마오쑹

1. 치우치지 않고 올바르게 본다는 것

중국은 오랜 역사를 통해 문명을 형성해왔다. 그래서 중국이 빠른 속도와 고효율로 전염병을 성공적으로 억제한 최근의 과정 또한 복기(復碁)를 해둘 필요가 있다. 복기를 위해서는 기술, 조직, 지휘, 정신 및 그 문명의 기층구조 등 다방면에서 전반적이고 종합적인 시야와 함께 정치학적 분석이 필요하다.

'종합적으로 본다'라고 할 때 '본다(觀)'라는 글자가 키워드이다. 방역을 '본다'라고 할 때에는 안과 밖, 드러난 것과 숨겨진 것 사이의 구분이 있다. 즉, 드러난 곳에서 자신의 방역을 '안에서 보고', 숨겨진 외부 특히 서방 국가의 방역을 '밖에서 보'아야만 비로소 본질을 직시하며 치우치지 않고 자기 자신을 명확하게 볼 수 있다. 단지 드러난 것만으로 자신을 보게 되면 종종 '늘상 있는 일이라 알지 못하는', 즉 익숙함으로 인해 보지 못하는 상황에 빠진다. '보는' 것을 낯설게 하지 못한다면 '항상 있는 것' 가운데—영국의 철학자 마이클 폴라니(Michael Polanyi)가 말한—'자득적 지식', '암묵적 지식'•을 보기가 어려워질 것이다. 암묵적이며 자득적인 지식은 오히려 더 근본적이며 원리적인 것일 수 있다. 서방 국가들의 방역을 타자로서 또한 참조기제로서 보면서, 우리 자신의 주체성에서부터 출발하여 중요한 문제들을 질문해나가면 우리의 방역 속에서 익숙해져서 보지 못한 것들, 당연하게 여긴 현상들 속에서 '원리(理)'를 발견하게 되고 중국과 서방의 방역을 암묵적으로 비교정치학적 측면에서 분석할 수 있게 된다.

방역의 내외, 드러난 것과 숨겨진 것을 겹쳐서 '보는' 가운데 더욱더 정확하게 우리 자신의 방역을 볼 수 있게 될 것이다. 이것이 바로《주역》관괘(觀卦)의 단사(彖辭: 각 괘의 뜻을 풀어놓은 글)가 설명한 "치우치지 않고 올바르게 보는 것(中正以觀)"이다. '치우치지 않고 올바름(中正)'은 '올바름(正)'의 의미에 '가운데(中)'의 의미가 더해진 것이다. '정(正)'은 정도(正道)이고, '중(中)'은 '집량용중(執兩用中: 양 끝을 잡고 중용을 행하다)'의

• 마이클 폴라니는《개인적 지식(Personal Knowledge)》이라는 책에서 인류의 지식을 명시적 지식과 암묵적 지식 두 가지로 나누었다. "서면문자, 지도 혹은 수학공식에서 나타나는, 일반적으로 사람들이 지식이라고 묘사하는 지식은 그중 하나일 뿐이다. 엄밀화되지 않은 지식이 또 다른 종류의 인류의 지식이다. 예를 들어, 우리가 어떤 일을 하면서 가지게 되는 지식이다. 가령 전자를 명시적 지식(explicit knowledge)이라고 한다면, 후자는 암묵적 지식(tacit knowledge)이 되는데 그렇다면 우리는 우리의 명시적 지식이 정확하다는 것을 늘 암묵적으로 알고 있다고 할 수 있다."〔英〕邁克·波蘭尼,《個人知識: 邁向後批判哲學》, 許澤民譯, 貴陽: 貴州人民出版社, 2000, 439頁(이 글의 해당 부분은 필자가 출처로 밝힌 것과 달리 폴라니의《과학·신념·사회》에 나온다. 아마도 그 출처는〔英〕波蘭尼,《科學·信仰與社會》, 王靖華譯, 南京: 南京大學出版社, 2004, 111頁가 아닐까 싶다—옮긴이).

'중'이다. 이것은 굳셈과 부드러움을 모두 조화시키는 것이고, 어떤 사물이 반드시 가지고 있어야 하는 두 가지 측면의 변증법적 관계에 대해 부단히 조정을 행하는 동태적 평형의 과정을 말한다. 오경의 첫째인 《주역》에 나온 '중정'은 중국 문명의 핵심 가치이자 이상으로서, 구체적인 실천 과정에서 언제 어디서든 도달하기가 어렵다. 그래서 종종 과유불급에 놓이는 것이 보통이고 심지어는 "과오를 보고서야 그 어짊을 알 수 있다(觀過而知仁)"라고 하는 것이다. 그러나 실천의 과정에서 끊임없이 '중정'이라는 가치를 향해 가려고 노력해야 한다.

'중정이관(中正以觀)'은 또한 중국과 서방의 방역을 비교하는 것으로, 중국 방역의 성공과 효과가 최종적으로 세계에 내보이게 되고, 더불어 '볼 것이 많은(大有可觀)' 것임을 의미하는 것이기도 하다. 성과의 '볼 것이 많은' 이유는 바로 방역 방식의 전체가 '치우침 없이 올바름(중정)'에서 나왔기 때문이다. 따라서 우리가 방역의 안을 보고 밖을 보는 것에서부터 밖에서 우리를 보는 것으로, 특히 담론을 장악하고 있는 서방이 우리를 보는 것으로 전환이 이루어진다. 서방, 그 가운데 특히 미국이 우리의 방역을 보는 입장이나 심리상태가 치우치지 않고 올바른지에 따라, 그러한 상태가 미국 자신의 방역에 영향을 끼친다는 것을 논증하고자 한다. 미국 트럼프 정부가 멀리서 중국의 방역을 보는 심리는 왕왕 경극 〈공성계(空城計)〉에서 제갈량의 대사인 "나는 성문에 앉아 산의 모습을 보면서 귀로는 성 밖이 소란한 것을 듣는다"라는 것과 같다. 그렇게 미국은 중국 후베이성 우한시 등의 도시 폐쇄라는 희생으로 인해 전 세계에 벌어다준 두 달간의 소중한 시간을 공연히 놓쳐버린 것이다. 그 결과 미국은 제갈량의 '공성계'를 망치고, 정말로 바이러스에 함락되었다. 황급히 싸움터에 나갔으나 방역에서 매번 실패했고 무얼 하든 정치적인 무능력이 드러났다. 트럼프는 선거를 좌지우지하려는 개인적 욕심으로 인해 갖가지 이유로 중국을 모욕하고, 중국에게 책임을 떠넘기는 방식으로 자신의 무능한 방역이라는 중대한 실책에서 빠져나가려고 했다. 더 깊은 차원으로 들어가면 서방이 중국을 볼 때, 특히 쌍방 간의 방역 효과의 차이가 큰 것을 비교하면서 체제 경쟁의 실패로 인한 반응으로 중국에 대해 깊은 원한의 심리가 나타났다. 이것은 독일 학자 짐멜(Georg Simmel)과 셸러(Max Scheler)가 이미 서방 근대성의 뿌리 깊은 곳에는 질투와 원한의 심리가 숨겨져 있다고 밝혀낸 것과 같다. 서방이 100~200년간 가지고 있던 체제 우월감은 최근 중국 경제의 신속한 굴기 이후 이미 점차 상실을 맞이하고 있다. 이번의 중국과 서방의 방역 효과의 거대한 대비는 서방의 체제 우월감에 더욱 커다란 좌절감을 안겼고 그 원한의 심리 역시 집중적으로 폭발하고 있다.

비교가 없다면 상처도 없을 것이다. 가령 중국이 없었다면, 아니 더 정확히 말해 이 중국은 과거 열강에게 능욕당한 근대의 구(舊)중국이 아닌 오늘날의 중국인데, 만약 오늘날의 중국 방역모델의 성공으로 인한 압력이 없었다면, 일부 서방 정치가들이 보기에 — 그들은 집단면역이라는 방법으로 과거 전염병에 줄곧 대응해왔는데 — 국민들과 유권자들로부터 압력을 받지 않았을 것이다. 서방에 막 전염병이 발생했을 때 '검사하지 않으면 확진도 없다'라는 반응, 일본에서도 역시 '검사하지 않으면 새로운 병례는 없을 것이다'라는 황당한 논리가 나타난 것과 같은 맥락이다. 서방은 피동적으로 중국을 보고, 처음에는 중국의 방역모델을 비판하고 이에 저항하다가 그 후에는 원하지는 않지만 하는 수 없이 노선을 변경하여 일부 방법을 받아들이게 되었다. 예를 들어, 중국이 훌륭히 도시 봉쇄를 관철하고 마스크 착용과 그 효과를 강제하지 않았더라면, 그들은 과거에 공공장소에서 마스크를 착용하지 않도록 했던 것을 쉽게 포기하거나 도시 봉쇄를 하지 않았던 관습을 버리지 않았을 것이다. 따라서 서방이 피동적으로 중국을 '보는' 습관, 이것 역시 중국과 서방이 서로를 보는 가운데 일정 정도 "천 개의 등이 서로를 비추(千燈相照)"는 모양이 형성된 것이라고 볼 수 있다.

중국과 서방의 방역을 보면서, 전 세계는 두 가지 종류의 "감탄해 마지않는(歎爲觀止)" 경관을 보았다. 중국과 서방의 차이는 어디에 있는가? 차이는 "모두에게 동등하게 대우하다(一視同仁)"와 "환경에 가장 적합한 것이 살아남는다(適者生存)"이다. 중국에서 '감탄해 마지않는' 것은 모든 환자들이 '받아야 할 치료를 받'는 '일시동인'의 '지극한 선함(至善)'에 있다. 중국에서 치료를 받은 자는 노소를 불문했다. 우한에서 위로는 108세 노인부터 아래로는 태어난 지 고작 30시간밖에 안 되는 영아까지 치료를 받았고, 그 치료율은 94%에 달했다. 그중 80세 이상 고령 노인의 치료 성공률이 70%에 가깝다. 서방의 '감탄해 마지않는' 면은 '집단면역'으로, 그 배후에는 '적자생존'의 논리가 있다. 서방이 전염병과 마주한 초기, 서방 정치 엘리트들은 집단면역론을 내세웠고, 유럽의 어떤 인사, 미국의 어떤 주지사는 노인들이 스스로 치료를 포기하기를 주장하기도 했다. 그래서 유한한 의료자원을 젊은이들에게 양보하자고 했는데, 이것이 서방에서는 정상적인 것일 수 있지만, 수천 년 간 '경로(敬老)'의 문명 전통이 있는 중국에서는 전혀 이해할 수 없는 것으로 이런 말은 입밖에 내지도 못한다.

이렇듯 중국과 서방의 방역 상황을 면면이 보면 진정 의미심장한 것은 '보다(觀)'라는 글자라는 것을 알 수 있다.

2. 신속히 전시 상황으로 진입하는 거국체제

중국의 방역은 단계적인 승리를 얻었다. 이는 마치 《주역》 관괘의 단사에서 "위에서 크게 본다(大觀在上)", "치우치지 않는 마음으로 천하를 본다(中正以觀天下)"라고 한 것과 같다. '위에서 크게 봄'으로써 "치우치지 않는 길(中正之道)"을 갈 수 있는 것이다. '중정지도'는 이상적인 가치로, 중국은 이번 전쟁에서 역동적이면서 부단히 조정해나가는 과정 속에서 '중정지도'를 향하고 있다. 한순간 혹은 어떤 국면에서 올바르지 않더라도 매우 빠르게 올바른 방향으로 전환하고, 한순간, 어느 지역에서 지나치거나 모자랄 경우에도 한칼에 가장 적절한 최선의 길(中道)을 찾았으며, 짧은 몇 개월의 시간 안에 거버넌스(治理) 체계, 거버넌스 능력의 발전을 뽑아낼 수 있었다.

'위에서 크게 봄'이라는 것은 중국 방역의 총체전(總體戰)이고, '중정이관'은 전면적이고 심도 있는 관찰과 종합을 필요로 한다. 즉, 방역과 통제의 전문적인 기술을 관찰해야 하는데, 중국과 서방의 의료기술과 통계기술 등이 거기에 포함되고, 또한 방역이라고 하는 응급관리, 전시 상태의 조직, 동원 등, 곧 조직력과 지도력에 대해서도 파악해야 한다. 또한 방역의 전민 총체전 속에서 중국인의 정신이 미중 무역전쟁 후에 다시 한 차례 뜨겁게 발동되고 단련되었음을 보아야 하고, 그 아래 뿌리내리고 있는 중국 문명의 저층 구조를 인식해야 한다.

1) 도시 봉쇄 정책의 정치학적 분석

2020년 1월 23일, 음력으로는 섣달 29일, 우한시는 도시 봉쇄 결정을 내렸다. 나중에 우한은 결정이 늦어 시기를 놓쳤다는, 즉 훨씬 일찍 결정을 내렸어야 했다는 비판을 받았다. 그러나 오늘날 중국과 서방의 방역을 비교해보면 우한은 상대적으로 매우 빠른 편에 속했다. 도시를 봉쇄하기 며칠 전인 20일에, 의사 중난산(鍾南山)은 신형폐렴이 사람 사이에도 전염이 된다는 전문가적 판단을 내렸다. 다음날인 21일 국가위생건강위원회에서는 신종 코로나 폐렴을 법정 전염병 을류(乙類)에 포함시켜 관리하기로 하고, 갑류 전염병의 예방 통제 조치를 취했다. 중난산 이전에 우한에 파견된 국가위생건강위원회 전문가 집단이 내린 전문적 판단은 바이러스가 사람 간에는 전염되지 않는다는 것이었다. 소위 전문적인 일은 전문가에게 맡기고 전문가가 하도록 하라고는 하지만, 이것이 말은 쉽지 실제로는 쉬운 일은 아니다.

첫째, 전문가는 대중들이 상상하는 절대적 이성을 가진, 잘못을 범할 수 없는 기계가 아니다. 전문가 역시 구체적인 사람들이고, 그들이 전문적인 일을 하면서 판단을 할 때, 특히 극히 짧은 시간 내에 중대한 공공안전의 문제에 대해 반드시 '가(可)'와 '부(否)'라는 상반되고도 단호한 판단을 내리기를 요구할 때면, 전문가 개인으로서는 의심할 바 없이 거대한 모험이자 도전이 되는 것이다. 때로는 고도의 이성으로도 어느 정도 모험적인 판단을 할 수밖에 없는데, 양자 사이의 평형을 잡는 것이 곧 '집량용중(執兩用中)'이다. 전문가와 전공에 대해서는 믿음을 가져야 하지만 이것이 신화(神話)나 이성주의(理性主義) 같은 것은 아니다. 전문가의 전공의 유효함과 그 유한성이라는 양자 사이에 장력이 있음을, 특히 그 양자 사이의 긴장관계가 있음을 동시에 인식해야 하는 것이다. 중난산은 그 이전의 전문가 집단과 완전히 다른 전문가적 판단을 내렸다. 이 일로 중난산 이전의 전문가 집단을 비판하려고 하는 것은 아니다. 그러나 문제는 여전히 남아 있게 되는데, 도대체 어떤 전문가의 이야기를 들어야 할 것인가? 전문가의 판단이 두 가지로 나누어졌고 돌발적인 공공위생의 사건이 눈앞에 놓였는데, 학술적 연구와 탐구를 할 더 많은 시간은 주어지지 않고 망설이거나 늦추거나 할 시간은 더욱 없어서 반드시 둘 중에 하나만을 선택해야 하는 때라면 말이다. 이러한 때에 결정적 역할을 하는 것은 종종 매우 작은 부분인데, 그것은 미묘한 경험으로, 바로 84세의 중난산이 사스와 싸우던 때에 겪은 가장 희귀한 경험이었다. 이것은 과학, 특히 과학기술이라고 하는 지식의 가장 밑바닥 논리의 이해 문제와도 연결된다. 영국의 정치철학가인 오크숏(Michael Oakeshott)은 세간의 지식은 기술지식과 실천지식의 두 종류로 나뉜다고 했다. 기술지식은 수학의 '1+1=2'와 같은 것으로 확정적인 지식이다. 실천지식은 사용하는 가운데에서만 존재하는 것이다. 우리의 과학계는 과학 및 과학기술의 이해에 대해 왕왕 과학기술 역시 실천지식이라는 점을 이해하지 못하고 문제를 만들어낸다. 예를 들어 비행기 엔진, 그중에서도 고온합금재료는 우리의 취약점인데 국제적으로 비행기 기술의 선두인 영국의 롤스로이스사(Rolls-Royce)는 이 분야에서 가장 뛰어나다. 특히 엔진 고온합금재료에 대해 몇십 년간 무수히 실험을 거친 끝에 기술 파라미터의 기초를 세웠고 이것을 절대 누설할 수 없는 핵심 기술이자 상업기밀로 삼았다.

둘째, 기술과 정치라는 다른 영역의 구분과 구별이다. 도시 봉쇄라는 결정은 의학 전문가들이 내릴 수 없는 것이다. 도시 봉쇄는 정치적 결단에 속하는 것이기 때문이다. 정치는 전 방위적이자 총체적인 조직과 동원이고, 정치적 결단 역시 전 방위적인 권력과 취사선택의 기초 위에 세워진다. 정부로서는 우선 바이러스가 사람 간 전염이 가능한지에 관한 전문가의 판단을 취사선택한다. 다음으로 지방정부는 도시 봉쇄가 우한이라는 창장(長江) 중류의 상공업 대도시 경제에 미칠 거대한 영향에 대해 고려할 수밖에 없다. 도시 봉쇄는 보통사람들에게는 하루하루 먹고 사는 일에 영향을 입는 것이고, 정부 관원들 본인에게는 경제 심사평가의 지표에 영향을 받게 된다. 일반인과 정부 관원은 경제발전을 요구한다는 점에서 같다. 경제만 발전한다면 평범한 사람들은 하루하루를 더 잘 보낼 수 있다. 일단 도시 봉쇄를 결정하고 나면, 신속하고 효과적인 봉쇄를 반드시 관철해야 한다. 다른 성(省)과 도시로 바이러스가 퍼져나가지 않도록 하는 데에서 관건은 '방(防)'과 '수(守)', 두 글자이다. 무엇보다 코앞에 닥친 가장 시급한 것은 환자로 의심되는 모든 사람에 대한 검사 및 모든 환자들에 대한 수용과 치료이다. 또한 도시 봉쇄 후 사람들의 정신적 공황이 초래한 의료자원으로의 쏠림과 여기에 연결된 일련의 문제들, 예를 들어 봉쇄 이후 기본적인 생활자원의 공급 보장의 문제 등이 있었다. 그 뒤로는 서방의 여론전, 정보전에도 대응해야 했는데 당시에는 고려할 시간이 없었다.

중난산이 이전 전문가 집단이 내린 전문적 판단을 뒤집고 바이러스가 사람 간에도 전파된다는 가장 새로운 판단을 내린 후, 정부는 더 이상 망설이지 않고 최단 시간 내에 이 전문적 판단을 도시 봉쇄의 기초로 삼았다. '생명보전'과 '경제보전'이라는 양대 난제 중 전자를 선택한 것이다. 반면 서방을 보면, 우선은 중국의 전염병 상황을 멀리서 방관하면서 두 달이라는 준비할 수 있는 시간을 놓쳤다. 전염병이라는 재난이 닥치고 생명보전과 경제보전의 양자 중 하나를 선택해야 할 때 서방에서는 일반적으로 경제를 선택했고, 상황이 더욱 심각해졌을 때에도 두 가지 논리 중에서 망설이느라 결정을 하지 못하고 이해득실만 따졌기에, 너무 늦어서 취사를 결정할 수 없을 지경까지 시간을 흘려보낸 것이다. 그래서 잘못을 되풀이하고 두 가지 모두 손 쓸 수 없게 되어 양자가 모두 막대한 손실을 입었다.

중국의 정부와 인민이라고 해서 '생명보전'과 '경제보전' 양자 중 경제보전은 중시하지 않았겠는가? 당연히 아니다. 중국정부가 세계 각국 정부 중 경제를 가장 중시한다는 것을 모르는 사람은 없다. 서방 문명의 사유는 이원대립의 정태적 사유이다. 중국 문명의 전략적 사유에서는 원칙을 중시하면서도 고도의 역동적인 융통성을 발휘하는 "양 끝을 잡고 중용을 행하다(執兩用中)"의 '치우치지 않고 올바름'을 강조한다. 《주역》의 가르침을 한마디로 표현하면 '시중지도(時中之道)'로, '시기에 잘 맞는 중용(時位中)'을 강조하는 것이다. '생명보전'과 '경제보전', 이 둘 가운데 하나를 선택할 때 중국은 망설임 없이 전자를 선택했다. 당시 많은 사람들이 이것이 조금 '과(過)'한 것이 아닌지 의심했다. 그러나 중국 문명의 전략적 사유의 입장에서는 '도시 봉쇄'로 생명을 보전하는 것이야말로 후베이성 우한 및 그 후 다른 지역에게 '그때 그곳'에 가장 잘 맞는 중용의 선택이었으며, 잠깐 망설일 여지도 없었다. 이렇게 처음부터 결단력 있게 도시를 봉쇄하자 전염병 상황이 빠르고도 효과적으로 통제가 되었고, 그 후에 안전하고도 믿을 수 있게 단계적으로 일과 생산으로 돌아갈 수 있게 된 것이다. 이것은 바로 중국 문명의 전략적 사유가 '생명보전'과 '경제보전'의 양자 사이에서 가장 올바른 선택, 곧 '집량용중'의 길을 택했기 때문이다.

중국의 신속한 도시 봉쇄의 방법은 또한 《주역》 건괘(乾卦)의 '문언(文言)'에서 "진퇴와 존망을 알아서 그 올바름을 잃지 않는 자는 오직 성인뿐인가"라고 강조한 것과 같다. 건괘 '문언'에서는 "나아가는 것만 알고 물러설 줄은 모르고, 자리를 보존하는 것만 알고 망하는 것을 알지 못하며, 얻는 것만 알고 잃는 것은 모르는" 것을 비판하고 경계했다. 《주역》의 지혜를 중국과 서방의 방역을 비교하면서 깨달을 수 있다.

중국인의 희생정신의 의의는 바로 어쩔 수 없는 일시적인 희생으로 영원한 생장을 얻은 것이다. 이것은 중국처럼 두텁고 오랜 문명이어야 말로 할 수 있는 것이다. 중국 문명이 추구하는 것은 "길고 오래 가는(可長可久)" 길이다.

독일의 사회학자 막스 셸러는 《자본주의의 미래》에서 자본주의 유형의 사람과 그 정신을 비판했다.[1] 그는 자본주의가 세계를 유기적인 정원으로 보지 못하며, 냉정한 계산으로 작업하여 얻어낼 대상으로만 본다고 비판했다. 서방이 처음 전염병을 마주했을 때 경제를 희생해야 하는 것의 이해득실을 따지면서 본능적으로 보인 반응은 자본주의의 냉정한 계산 논리였다. 그러나 생명보전은 자본주의식 계산을 조금이라도 받아들일 수 없는 것이다. 중국의 방역은 생명보전을 우선하는 선택이었으니, 이렇게 중국 사회주의가 방역 속에서 본색을 보여주었고, 이것은 서방 자본주의의 '경제인(經濟人)' 논리를 초월한 것이기도 하다.

2) 공황에 대한 정치의 이해와 초월

대규모 유행이 특징인 전염병이 퍼지고 있는 상황에서 보통 사람이라면 누구나 마음속의 두려움을 드러낼 수밖에 없다. 그래서 우리는 우한에서 처음 전염병으로 인해 생겨난 의료자원으로의 쏠림 현상을 목격했다. 이렇게 되면 병원에서의 교차 감염이 일어나기 쉽다. 하지만 이 이후 다른 나라에서의 의료자원에 대한 쏠림의 무서움과 비교해보자. 2020년 3월 11일 일본의 소프트뱅크 그룹의 책임자 손정의(孫正義)는 일본국민에게 무료로 100만 개의 신종 코로나 핵산검사키트를 제공하겠다고 했는데, 당시 일본은 이미 1300여 명의 확진자가 보고된 상황이었다. 그중 절반 이상이 격리된 다이아몬드 프린세스호 크루즈선에서 나왔고, 일본 국내에서는 이미 19명이 사망했을 때였다. 손정의는 이 일로 전혀 칭찬받지 못했고 오히려 놀랍게도 일본 네티즌들 사이에서 공격의 대상이 되었다. "일본을 제2의 이탈리아로 만들려고 하는 것이다", "경증은 병원에 가지 않아도 된다. 현재 일본의 의료자원이 부족한데 전부 검사해서 찾아내면 의료마비가 초래될 것이다", "숫자가 상승하면 공황이 일어난다", "일본의 의료 붕괴를 노리는 음모이다" 등의 반응을 보인 것이다.[2]

전염병 상황에서 정신적 공황은 인성 본연의 것이나, 공황은 사람을 속수무책으로 만든다. 유럽의 정치 엘리트들은 전염병이 유행할 때 놀랍게도 집단면역을 들고 나왔는데, 이것이 바로 공황으로 인해 일어난 강렬한 반응 중 하나이다. 공황은 두려움과 혼란스러움 두 가지 측면을 포함하는 것인데, 두려움은 혼란을 만들어 속수무책으로 만들고 어떻게 대응해야 할지를 모르게 만든다. 우한의 방역 초기, 일부 관원들이 기자회견에서 기자들이 질문을 할 때 원고를 읽는 등 나쁜 태도를 보인 것도 전염병으로 인해 심리적 공황이 생겨났기 때문인 것이다.

사람의 본성과 감정에 대한 유가사상의 이해를 가지고 논하자면, 공황은 사람이 기본적으로 가지고 있는 '감정(情)'이다. 그러나 공황의 '감정'을 이기고 뛰어넘는 것은 '본성(性)'이다. '감정'과 '본성'의 양단을 이해하고 그 둘 중에 가장 좋은 선택을 '집량용중'하는 것은 중국 문명이 오랫동안 유지될 수 있었던 이유이다. 따라서 코로나 확산 초기 인터넷에서 각종 유언비어가 공황을 심화시키고 의료자원으로의 쇄도를 만들었지만, 이와 동시에 우한에서는 의료진들이 자신을 돌보지 않고, 주야를 막론하고 코로나 환자들의 치료에 헌신하는 것도 보게 되었고, 지역 사회 활동가들과 지역사회 깊숙이 들어간 기관 간부들이 통제를 굳건히 해내는 것도 보게 되었다. 이것은 중국 사회주의 체제가 본디 사람을 대하는 긍정적인 측면이 뿜어져 나온 것이며, 이렇게 해서 전국이 후베이성 우한의 방역을 지원하는 거국체제가 체현된 것이다.

3) 우한-후베이-전국의 3단계 전장을 구분한 전략적 사유

중국 방역의 단계적 성공은 전략적으로 과감하게 '도시 봉쇄'를 결정한 데에서 출발했다. 중국 방역의 전략적 결정은 중국 전역을 하나의 장기판처럼 보고 우한-후베이-전국, 즉 안쪽에서 바깥쪽 방향으로 세 개 권역의 전장으로 나눈 것이다. '우한방어전', '후베이방어전'은 반드시 지켜내야 할 전투였고, 전국의 가장 훌륭한 의료진 등이 모든 역량을 집중해 이겨야만 했다. 이는 완전히 전쟁식 사고방식으로, 마치—모두가 익숙한—인민해방전쟁 시기 3대 전역(戰役)으로 구성된 대결전(大決戰)과 비슷했다. 당시 당중앙은 대결전 전략을 세워서 인민해방전쟁의 승리를 몇 년 앞당겼다.

《주역》의 도는 갈등을 장악할 것을 강조한다. 《주역》의 괘는 전체, 전반적 국면으로서 6개의 효(爻)를 만들고, 그중 하나가 결정적 작용을 하는 주효(主爻)이다. 중국의 방역에서 시진핑은 당중앙을 영도하여 전반적 국면을 관장하고 사방을 총괄하고 방역통제 가운데 주요모순과 모순의 주요 측면들(마오쩌둥의 모순론에 나오는 주요 개념—옮긴이)을 정확하게 파악했다. 과감하게 후베이, 특히 우한을 전국 바이러스 통제의 주전장으로 확정했고 또한 대결전의 장소로 삼았다. 우한에서 승리를 거두어야만 후베이에서 승리를 얻을 수 있고 마지막으로 전국 방역에서 승리를 얻을 수 있다.

오늘날 중국 방역의 성공은 우선 당중앙이 전반적인 국면을 염두에 두고 정책을 결정하고 안배한 것과 긴밀히 연관된다. 이것을 2개월 뒤의 미국이라는 대국의 방역과 비교해보면 중앙의 전국적인 전략 결정의 의미는 더욱 명확해진다. 미국은 연방제이기 때문에 연방과 각 주의 상하가 서로 전혀 조율이 되지 않으니, 중국과 같은 방역의 명확한 전략은 말할 것도 없다. 따라서 전체적 구상도 없이 뒤죽박죽이 되었다. 연방 트럼프 정부는 경제를 구하고자 했으나, 각 주는 각자 옳다고 생각하는 방식으로 행동하여 경제와 인명 중 무엇을 선택했는지도 모두 달랐는데, 각 주 역시 상호간에 격리가 불가능하여 결국 문제가 발생할 수밖에 없었다.

4) 혁명전쟁의 역사경험이 형성한 경로의존

중국 방역 전략의 정책 결정은 중국공산당의 과거 성공한 역사적 경험, 특히 혁명과 전쟁의 풍부한 경험과 떼어놓고 설명할 수 없다. 미국 정치학자 헌팅턴(Samuel P. Huntington)이 중국공산당의 집권과 전쟁의 역사경험의 내적 연관성을 어떻게 인식하는지 살펴보자.[3] 헌팅턴은 중국공산당 집권의 안정성의 원인을 중국 혁명전쟁의 장기성과 고난에서 찾았다. 통속적으로 말하면 중국공산당의 성공은 지극히 힘들고 어려운 데에서부터 만들어졌다는 것이다. 헌팅턴은 20세기 혁명과 일당제의 고도의 연관성을 지적한다. "과거 모든 혁명과 대조되는 점은 20세기에는 매번 주요 혁명으로 권력의 집중과 확장이 일당제의 범위 내에서 제도화되었다는 점이다."[4] 중국공산당은 혁명과 민족주의 운동의 영도라는 이중의 사명을 떠안았고, 그토록 오랜 시간에 걸쳐 이룬 것은 소련도 다른 아시아, 아프리카, 라틴아메리카 국가들도 해내지 못한 것이다. 헌팅턴이 말한 것처럼 중국공산당이 전국의 정권을 쟁취해가는 오랜 과정과 군중에게 깊게 뿌리내리는 과정이, 대부분의 지역에서 정치적 권위를 효과적으로 행사할 수 있게 한 것이다. 볼셰비키로서 전국 정권을 쟁취하는 것은 극적인 것이다.• 중국공산당의 장기 혁명전쟁의 풍부한 역사경험은 오늘날 중국이 거국체제를 채택하는 데에 일종의 의존할 수 있는 경로를 제공해주었다.

중국 방역의 성공은 이와 같이 중국공산당과 중국정부가 혁명 역사경험의 '경로의존'을 되살려내어 운용한 것과 떼어낼 수 없다. 다른 한편으로는 과거 1년여 간 미중 무역전쟁이라는 '전쟁'으로 단련된 것도 떼놓고 생각할 수 없다. 중국 방역에서의 거국체제를 정치학적으로 분석하면, 당의 19기 제4차 중앙위원회 전체회의(19屆4中全會)에서 제시된 '국가 거버넌스 체계와 거버넌스 능력의 현대화'가 가지고 있는 미래 지향과 장대한 의의가 깊게 이해된다. 또한 방역 자체가 19기 4중전회에서 제시된 명제의 첫 번째 응답이기도 하다.

• 헌팅턴의 연구에 따르면, 서방형 혁명의 혁명파는 우선 수도를 공격하고 나아가 농촌을 점령하는데, 유혈투쟁은 수도를 점령한 이후에 이루어진다. 동방형 혁명의 혁명파는 변두리 농촌에서 시작하여 마지막에 수도를 점령하고, 유혈투쟁은 수도를 점령하기 이전에 발생한다. 서방형 혁명에서는 중앙기관과 권력 상징의 접관이 매우 신속하게 이루어진다. 예를 들어, 1917년 1월 볼셰비키는 그저 아주 작은 불법단체일 뿐이었고 대다수의 리더들은 시베리아에 있거나 외국으로 망명 중이었다. 그러나 1년이 되지 않아 통치자가 되었고 그래서 레닌이 트로츠키에게 이렇게 말한 것이다. "박해를 당하고 지하생활을 하다가 갑자기 정권을 장악했으니 … 머리가 어지럽고 눈이 흐려질 지경이다." 중국공산당 지도자들의 상황은 이와 상반되게도 그들은 이렇게 흥분할 정도의 극적인 변화는 겪은 적이 없다. 그들은 22년 간 분투를 할 수밖에 없었고 그렇게 서서히 완만하게 정권을 쟁취했다. 그 시간의 대부분을 공산당은 거대한 지역과 인구에 효과적으로 정치적 권위를 행사했다(塞繆爾·P.亨廷頓, 《變動社會的政治秩序》, 295頁).

무역전쟁과 방역전쟁에서 이길 수 있었던 것은 모두 거국동원의 총체전, 인민전쟁을 수행했기 때문이었다. 전체적으로 중국의 방역을 보면(觀), 이렇게 거대한 국가의 빠른 반응 속도와 근성 그리고 그 뒷심을 볼 수 있다.

예를 들어, 2003년 베이징이 '사스'에 저항할 때 샤오탕산(小湯山)병원을 세웠던 경험이 훠선산(火神山), 레이선산(雷神山) 두 군데 병원의 건설에 바로 응용되었다. 극히 제한된 시간 내에 전국 각 분야, 각지의 업계들이 모두 동원되어 인원에서 물자, 기술에 이르기까지, 하드웨어에서 소프트웨어까지 국가의 초고도의 조직 동원능력을 보여주었다. 이 기적은 방창의원(方艙醫院) 건설 과정에서도 다시 나타났다. 방창의원 설립은 군대의 야전병원을 참고했는데, 글자 그대로 야전병원인 것은 아니고 주로는 현지의 체육관, 학교 등을 징용하여 병원을 세웠다. 이는 '살아있는 지혜를 집중'시켰다고 할 수 있는 것으로, 중국이 신형 코로나를 방어하는 가운데 창조해낸 것이다. 열 개 이상의 방창의원이 일순간 완공되고 사용되었는데, 심지어는 36시간 만에 병원 하나를 만들어내는 새로운 물꼬를 튼 것이다. 방창의원의 설립은 방역이 신속히 준(準)전시 상태로 들어갔다는 것을 의미했다.

중국의 방역은 전국을 하나의 판도로 한 인민전·총체전으로서, 여섯 가지 부분에서 총체적으로 계획을 세워야 했다. ① 우한 내지 후베이라는 전국적 방역전쟁의 주전장의 통일적 지휘로 우한방어전, 후베이방어전을 이겨내야 한다. ② 전국 각 방면의 적극성을 동원하여 각 성시를 조직해 우한과 후베이 기타 지구의 방역 통제를 지원하도록 재촉한다. ③ 후베이 외에 각 성, 구, 시의 방역을 장악하고 총체적으로 지휘한다. ④ 방역 통제업무와 경제업무를 종합적으로 지휘하고, 특히 의료용 물자와 생활필수품의 응급 공급을 강화한다. ⑤ 사회적 공황을 방지하여 사회 안정을 유지시킨다. ⑥ 여론 인도와 외교업무로, 국내외 일부의 격정과 질의에 대응한다. 이 '6개 총괄 지휘'를 잘 해내는 것은 어렵다. 중앙과 지방, 지방과 지방, 방역과 경제, 지역사회 격리와 사회 안정, 엄격한 통제와 심리적 소통, 국내 통제와 국제여론 등 다방면의 관계를 조화롭게 처리해야 하기 때문이다.

정부와 사회의 관계에서 서방은 작은 정부, 큰 사회 및 사회의 정부에 대한 제약을 중시한다. 중국은 이와 달리 정부의 사회에 대한 지도와 정부와 사회의 협력을 중시하여 사회의 역량을 충분히 동원하여 공동으로 방역과 통제에 참여하도록 한다. 바이러스에 대항할 때 두 개의 진지가 있는데, 하나는 병원에서 생명을 구하고 환자를 구하는 진지이고, 다른 하나는 지역사회 통제의 진지이다. 바이러스와 싸워 이기는 저지전의 중점은 '방(防)'에 있다. 그런데 바이러스 통제공작의 관건은 지역사회에 있기 때문에 지역사회가 바이러스 통제의 중요한 작용을 충분히 발휘하도록 해야 한다.

'훠선산', '레이선산'은 기적으로 보인다. 그러나 가가호호가 있는 지역사회는 오히려 익숙해서 대수롭지 않아 보인다. 중국 각지의 지역사회는 각별한 조치를 취해서 12억이 넘는 인구의 국가가 방역의 '저지전'에서 이기게 된 것이다. 지역사회 통제 역시 전염병 통제의 인민전쟁, 총체전, 저지전의 일부이다. 전국 도시와 농촌의 전염병 통제가 가능했던 것은 연합하여 막고 연합하여 통제했기 때문이다. 이것은 광범위하게 기관 당원간부가 기층의 간부로서 기층의 민경(民警), 지역사회 공작인원, 위생서비스센터 의사 등과 함께 지역사회의 전염병 통제의 제1선으로 투입되었던 것과 분리할 수 없는 일이다. 각지의 도시와 농촌의 지역사회는 대체로 그물망처럼 관리하여 각급별로 나누어 관문을 지키고 엄격하게 사수하여 전염병의 확산을 막아내도록 했다. 연합하여 막고 연합하여 통제하는 과정 속에서 각종 형식주의, 관료주의에 대한 비판을 볼 수 있었고, 그래서 각자 맡은 책임을 다 할 수 있었다. 기층 지역사회의 당원간부가 매일 해야 할 일은 전염병 확산과 만연을 막는 것뿐만 아니라 군중들의 생활 보장을 돕는 것까지도 포함되어 있었다. 기층 지역사회의 당원간부는 또한 군중들의 다양한 정서적 반응에 대해 최대한 심리적 소통 업무도 해야 했다. 그들은 또한 항상 전염병 통제 가운데 일어날 수 있는 각종 문제를 적절히 처리하여 사회의 전반적인 안정을 유지해야 했다.

3. 농업문명, 공업문명과 디지털문명의 거국체제

오늘날 거국체제는 '신형 거국체제(新型擧國體制)'라고 불린다. '신형 거국체제'를 깊게 이해하기 위해서는 역사적 시야를 가져야만 한다. 역사의 종심(縱深)에서, 특히 문명사를 관통하는 전체적인 시각을 가져야만 비로소 '신형 거국체제'를 이해할 수 있다. 이는 신형 거국체제가 중국 문명전통의 전(前) 거국체제, 그리고 건국 이래 형성된 거국체제와 역사적 연속성이 있으면서도 창조성이 있기 때문이다. 이 셋은 차례로 농업문명, 공업문명, 디지털문명에 대응한다.

1) 중국 전통 농업문명의 거국체제

중국 문명은 대일통(大一統)을 유지함으로써 대국 정치, 대국 규모의 통일성이 문명의 일반적 상태였다. 국가와 정치가 사회와 경제를 조직해 내는 주도적 작용을 하고, 국가의 중대 정책은 중앙에서 지방 각급으로 층층이 내려가고 실현되는 것이다. 이것이 거국체제의 전신이고 또한 전통적 거국체제로 부를 수 있는 것으로, 일종의 농업문명하의 거국체제이다.

전통 중국이 거국체제를 채용한 원인과 동력에는 두 가지 측면이 있다. 외부로부터의 압력부터 말하자면, 중국의 북방은 오랫동안 북방 초원제국의 군사적 위협에 접해 있었고, 정주(定住)하는 농업문명은 유동을 억제하고 고도로 무장한 유목문명의 침입을 방어해야 했는데, 이로 인해 대규모의 전국 상하통일의 조직 동원이 필요했다. 군대의 징집, 훈련, 배치, 지휘에서부터 군인의 급료와 배급품, 양초의 공급은 모두 중앙에서 지방 각급정부가 전국 범위에서 통일적으로 안배해야 하는 것이었고, 그렇게 해야만 효과적으로 북방 초원제국의 침입을 방지할 수 있었다. 농업문명인 중국이 초원제국의 침입을 억제하고 격퇴시켰기 때문에 그들은 하는 수 없이 동쪽에서 서쪽으로 머리를 돌려 유럽을 침입하게 되었다. 유럽은 중국처럼 전국 규모로 집중하여 억제할 수가 없어서, 그 결과 초원제국으로부터 거듭 패퇴했다. 지정학자인 매킨더(Halford John Mackinder)의 연구에 따르면 서방은 하는 수 없이 해상에서 연결 통로를 뚫었고, 이로써 초원제국의 유럽대륙에 대한 위협을 벌충했으니, 이것으로 후에 서방의 소위 해양 대발견이 가능해진 것이다.

중국 내부에서 보자면 농업문명은 대자연의 제약을 받는 것이다. 농업은 물과 떨어질 수 없고, 중국은 지리상 자주 수재와 가뭄을 겪었으므로 대규모의 수리 공사를 일으켜야 했다. 또한 자주 이재민 구휼과 구제 등 각종 사회보장이 필요했다. 이것들은 모두 국가와 각급정부가 직접

나서서 광대한 인력과 물자를 조직하고 동원해야 했던 것이다. 이상은 자연적 및 소극적인 측면에서 본 것이다. 사회적 및 적극적인 측면에서 보면, 중국의 대국 정치는 내부에서 사회경제적 균형발전에 유의하고 그것을 유지해야 하는 것으로, 빈부의 차이와 지역적 차이가 커져서 내부의 분열과 충돌 혹은 전쟁이 일어나지 않도록 해야 했다. 각종 정치, 사회, 경제관계의 균형을 맞추고, 남방과 북방 경제사회의 발전 불균형을 타파하고, 경제 선진지구와 낙후지구를 조정하며 농업과 상업, 자본의 전반적인 관계를 총괄해야 한다. 이것들은 모두 대국 규모의 거국체제하의 각급정부가 직접 해야만 하는 것이다. 소국(小國)은 대자연과 사회로부터 밀려오는 각종 시련을 막아낼 방법이 없다.

전통 농업문명의 거국체제는 오로지 국가와 정부가 일방적으로 역할을 발휘한다는 것이 아니다. 전체 사회의 활력을 충분히 동원하고 사회 각 조직들이 기능을 발휘하도록 하는 것으로, 특히 지역 엘리트인 향신(鄕紳)의 역할을 강조한다. 향신은 국가와 광대한 농민 사이에서 중간을 연결하는 작용을 했다. 국가의 정책은 기층 향신의 안배와 실행에 기대서 이루어졌는데, 이들을 통해 농업문명의 주체인 광대한 농민을 동원하고 조직했다. 정부와 사회 양자는 상호 협조하고 서로를 이용했다.

전통 중국의 왕조는 건국과 발전 후 어느 정도 시간이 흐른 뒤, 일반적으로는 60~70년 이후 사회경제에 활력과 에너지가 충만해지고 시장경제가 고도로 발달한다. 송대(宋代)의 〈청명상하도(清明上河圖)〉가 그것을 직관적으로 보여주는 가장 좋은 예이다. 명 왕조 후반에는 시장경제도 고도로 발달했다. 국가와 사회, 정부와 시장은 전통 중국에서 서방처럼 대립적인 것이 아니라 상호 강화하고 상호 이용했던 것이다.

2) 신중국 성립 후 공업문명의 거국체제

근대 이후 중국은 한편으로는 구망도존(救亡圖存)을 위해 농업국가에서 공업국가로 전환해야 했고, 보다 깊은 차원에서는 농업문명에서 공업문명으로 전환해야만 했다. 이것은 국가의 조직과 동원방식이 공업문명 방식의 고도의 조직화를 이루어야 했음을 말하는 것이기도 하다. 다른 한편으로는 서방 공업문명이 이미 장기간에 걸쳐 이룬 고도의 발전에 비해 한참 뒤떨어진 농업 중국이 이에 맞서기 위해서는 남이 하던 대로 그대로 따라할 수 없었다. 그래서 사력을 다해 추월하기 위한 대(大)전략이 필요했는데, 이것이 바로 자신이 본래 가지고 있던 거국체제를 개선하고 이용하는 것이었다. 기존의 농업문명 거국체제를 공업문명의 거국체제로 대폭 전환시킨 것이다. 이것은 현대의 창조성이자 깊은 차원에서는 문명의 연속성이다. 이것이 신중국 성립 이후 형성된 역량을 집중하여 큰일을 해낸 거국체제이다.

신중국은 당시 공업이 극도로 낙후하고 여전히 농업국가인 상황에 놓여 있었다. 또한 동시에 미국의 중국에 대한 전면 봉쇄에 마주하여 중국은 신속하게 농업국가에서 공업국가로 전환할 절실한 필요를 가지고 있었다. 국가가 공업발전에 지도력을 집중시켜서 통일적으로 계획하고 조정해야만 했고 다른 곳에 힘을 쏟을 여유가 없었다. 유한한 자원을 국가의 전략적 과학기술과 산업 발전에 고도로 집중시켜야만 했다. 그리하여 '5개년 계획' 등 중장기계획이 세워지고 '원자탄과 수소탄, 인공위성(兩彈一星)'이 거국체제의 상징이 되었다. 거국체제가 전략적 층위에서 거둔 성과는 30년에 걸쳐 공업의 건실한 기초를 닦았고, 그중 특히 중공업에서 공업 체계를 완비했다는 점이다. 이 과정에서 공업과 농업의 '협상가격차'가 축적되었는데, 이것은 중국 내부에서 조정했다. 서방 제국주의처럼 대외 전쟁을 발동시켜 식민 정책을 통해 내부의 모순을 외부에 전가하지 않았다.

거국체제는 신중함이 있다. 정책을 어떻게 위에서부터 아래로 관철시키고 실행할 것인가, 대충해서는 안 되고 현지의 정황에 맞게 해야 하는데, 이것이 실행의 방법에서 문제가 되는 것이다. 실행 방법은 절대 무모해서는 안 된다. 중국공산당은 방법에 가장 공을 들이니, 이것이 조사연구와 실사구시의 중요성이다. 우선 시범사업을 진행하여 경험을 얻은 뒤 점차 확대하는, 파도식 추진을 강조해왔다.

거국체제는 일반적으로 생각하듯 역량을 집중해서 큰일을 하는 체제가 아니다. 이 체제는 누가 나서서 조직하고 지도할 것인지, 발전의 방향과 목적은 어디로 할 것인지 등 근본적인 문제를 생각해야 한다. 중국을 농업문명에서 공업문명으로 전환하고자 한다면 전 중국을 조직하고 동원할 지도자는 중국공산당이고, 조직되고 동원되는 가장 광범위한 대상은 노동자와 농민이 된다. 따라서 거국체제는 사람의 마음, 의지력, 자발적인 적극성에 의해 작동하는 최대한의 격발(激發) 및 동원과 떼어낼 수 없는 것으로, 거국체제의 우월성이 바로 여기에 있다. 거국체제는 이러한 근본적 요소로 사람을 붙잡는다. 이는 또한 중국공산당이 창조적으로 만들어왔고 유지시킨 중국 사회주의 체제와 떼어낼 수 없는 것으로, 사회주의 체제여야만 비로소 광대한 노동자와 농민을 포함한 전체 민중이 자발적으로 공업국가 건설에 적극적으로 나아가도록 진작시킬 수 있는 것이다.

3) 국가 거버넌스의 정교화: 신형 거국체제

지난 30년의 거국체제를 이해하면 개혁개방 이후 서서히 신형 거국체제가 형성됨을 한층 더 명확히 이해할 수 있다. 과거와 현재가 이어지는 한 가지 원리는, 중국공산당의 사회주의 체제의 영도와 견지이다. 새로운 것을 계속 추구하되 중국공산당과 중국 사회주의 체제를 지속한다는 원칙하에 융통성과 적응성을 고도로 발휘하여 형세에 맞게 변화하며 부단히 자발적으로 조절해나간다. 또한 신형 거국체제의 '새로움(新)'은 시장경제, 전지구화, 디지털문명이라는 세 가지의 '신(新)'과 결합하는 데에서 체현되는 것으로, 이로써 중국의 국가 거버넌스가 정교화된 거버넌스의 새로운 단계에 진입하도록 만드는 것이다.

신형 거국체제에서 '새로움'의 첫 번째 지점은 시장경제와의 고도의 결합에 있다. 개혁개방 초기, 중국 공업은 중공업 편향에서 과거 상대적으로 취약했던 경공업 등의 영역으로 발전해나갔고, 동시에 생산에 편중한 것에서 일반인들의 일상 소비시장에 관심을 두는 방향으로 전환해나갔다. 시장의 역할 역시 점차 중요해져서 정부가 지도적 역할을 발휘하는 동시에 시장이 자원을 분배하는 결정적 역할도 충분히 발휘하여 정부와 시장이라는 양쪽 손을 동시에 잘 이용한다. 이것은 과거 거국체제가 행정으로써 자원을 분배하는 것을 뛰어넘는 것이다. 과거 거국체제는 기술 자체를 상대적으로 훨씬 중시하고 시장과 경제적 효과는 경시했다. 신형 거국체제는 기술과 시장의 경제적 효과를 모두 중시한다. 시장경제의 조건에서 정부는 각 방면을 총괄하는 주도적인 작용을 하여 정부와 산업체와 학계가 연구하고 응용하는 것을 상호 결합시켜 각 분야, 지역, 전 사회가 참여하는 구조를 만들어낸다. 각자가 발휘하는 주체적 적극성을 최대한도로 동원하고 자극하는 것이다. 신형 거국체제는 정부와 시장 등을 포함하여 각종 관계를 변증법적으로 처리하여 '집량용중'의 중도를 체현했다. 이것은 마오쩌둥이 1950년대에 10대 관계 총괄을 제시했을 때부터 계속 이어져온 것이고, 그 심연에는 중국 문명의 특징이 있다.

신형 거국체제의 '새로움'의 두 번째 지점은 전지구화와 밀접한 관련이 있다. 개혁개방 초기, 중국은 전지구화의 분업체제에서 각종 주문생산을 맡았고, 나아가 여러 분야에서 완전한 산업사슬을 건립하여 세계의 공장, 제조 대국이 되었다. 이것은 모두 이전 30년 간 이룩한 완전한 공업 체계로 인해 가능했다. 중국은 대국으로서 항상 제조업 발전을 견지해왔고, 제조업의 공동화와 가상화를 경계해왔다.

전지구화를 배경으로 각국의 경쟁은 과학기술 경쟁으로 나타났는데, 정부는 고도의 과학기술 창조에서 어떠한 역할을 맡았는가? 신형 거국체제가 특히 우세를 보이는 것은 국가 주도의 산업 정책과 과학기술 정책이다. 유럽, 일본, 한국 심지어는 미국까지 포함하여 모든 나라가 산업 정책을 가지고 있고 여기에 기대어 국가를 일으켰다고까지 말할 수도 있다. 과학기술 정책에서 유럽도 마찬가지였다. 중국은 산업 정책과 과학기술 정책에서 (다른 나라를) 보고 배우는 데에서 나아가 거국체제를 이용해 훨씬 대규모로 산업 정책과 과학기술 정책의 우세를 이룰 수 있었다. 정치, 산업, 학계, 연구, 응용이 상호 결합하여 각종 창조성이 주체적으로 발현되는 활력을 한껏 자극했고, 이로써 자주적인 창조성, 협동적 창조성, 개방적인 창조성으로 나아가게 된 것이다.

전지구화는 거대한 위험과 함께할 수밖에 없다. 중국의 신형 거국체제는 큰일을 잘 해낼 수 있고, 위험의 감당, 응대, 소멸을 대할 때에도 다른 국가들과 비할 바가 없다. 2007년 미국의 서브프라임 모기지론 위기가 2008년 전지구적 금융위기로 번졌을 때 전 세계의 경제도 매우 큰 충격을 받았다. 중국은 신형 거국체제로 신속하게 위기에 강력하게 대처할 수 있었다.

신형 거국체제의 '새로움'의 세 번째 지점은 디지털문명과의 고도의 결합이다. 이 점은 다시 두 번째 지점과 결합되는데, 즉 전지구화와 디지털문명의 중첩이다. 한편으로 중국은 디지털문명에서 서방과 차이가 있어서 과거 공업문명에서 큰 차이를 보였던 것과 비교하면 그 차이가 크게 축소되었고 심지어 어떤 측면에서는 비슷한 스타트라인에 서 있다. 중국은 신형 거국체제를 디지털 과학기술과 디지털 경제에서도 운용하여 신형 거국체제를 상상도 못할 정도의 새로운 차원에 진입시켰다. 다른 한 편, 전지구화와 디지털문명의 중첩이 마주하고 있는 위험의 가능성은 단일한 전지구화보다 훨씬 크고, 훨씬 복잡하기 때문에, 계통적이고 중대한 위험을 방비하는 데에 총체적인 국가 안전관을 세워야 한다. 이 모든 것이 신형 거국체제에 내재한 우월성을 격발시킬 것이다. 중국은 대외적 개방을 심화해야 하고 또한 서방이 자유시장의 신화로 중국을 억누르는 것에도 대처해야 한다. 이것이 신형 거국체제가 맞이하고 있는 새로운 과제이고 새로운 도전이다.

시장경제, 전지구화, 디지털문명의 신형 거국체제의 조직과 동원 대상은 광대한 노동자와 농민과 지식인들 외에도 훨씬 다원화되었다. 특히 새로 생겨난 민영기업가, 신흥계층과 고급 과학기술인원 등이 있는데, 이들 역시 신시기 '거대한 통일전(大統戰)'의 대상이다. 디지털문명에서 신형 거국체제는 중국 사회주의 체제의 고도의 탄력성을 보여준다. 디지털문명이 가지고 있는 평등성은 사회주의와 공통되는 지점이 있다. 그러나 디지털문명은 전지구적으로 운용되는 결과 종종 새로운 디지털 기술이 자본주의를 농단하기도 한다. 사회주의 체제가 있어야만 이것을 선한 방법으로 이용하고 감시할 수 있다. 중국의 신형 거국체제는 시장,

전지구화와 디지털문명을 결합시킨 고도로 탄력 있는 발전을 이루어, 중국공산당, 중국 사회주의가 일관해온 원칙성과 민첩한 적응력을 통일시켰음을 잘 보여준다.

4. 방역의 기술, 조직, 지도자

1) 당의 전면 지도와 대일통 중앙집권의 단일제

중국에서는 후베이를 구하기 위한 인력을 전국에서 긴급 동원할 수 있었지만, 서방은 그럴 수 없었다. 이러한 지원은 도의적 차원에서 이루어지는 것일까, 아니면 제도적 차원의 대책에 속할까? 제도적인 대책으로 본다면 각 지방정부는 각 지방 인민이 선출했으니 책임 또한 각 지방 인민의 책임이다. 재정 지출 역시 지방 인민대표대회 심의를 거쳐야 한다. 이는 또 어떻게 설명해야 할까?

중국에서는 후베이에 대해 전국적인 긴급 지원이 어떻게 가능했을까? 너무나 당연해 보이는 이 현상의 뒤에는 중국 정치에 내재된 암묵적 지식이 감추어져 있다. 이에 대해 한층 더 깊이 고찰해볼 필요가 있겠다. 중국은 어떻게 전국이 하나의 장기판처럼 움직이며 각 방면의 동원에 적극적으로 응하고 국가 대사에 역량을 집중시킬 수 있었던 것일까?

첫째, 중국 사회주의 제도에서는 중국공산당의 지도(영도) 제도가 근본이고, 이번 방역 작업은 중국공산당이 통일적으로 이끌었기 때문이다. 중국에서는 "당정군민학(黨政軍民學), 동서남북중(東西南北中), 당이 모든 것을 영도한다". 당위위원회(黨委)는 동급의 다른 기구들 사이에서 상황 전체를 장악하고 각 부문 간 협조를 이끌어낼 수 있다. 따라서 전 국민이 동원된 이번 코로나 방역 작업은 처음부터 끝까지 중국공산당 중앙위원회의 지도하에 이루어졌다. 시진핑이 직접 업무를 지휘하고 인력을 배치한 것 외에, 중국공산당 중앙위원회는 중공중앙정치국 상임위원, 국무원 총리 리커창을 수장으로 하는 중앙 전염병 대응 리딩 그룹(영도소조)을 설립했고, 후베이 지역에는 중공중앙정치국위원, 국무원 부총리 쑨춘란(孫春蘭)을 장으로 하는 중앙지도팀을 파견했다. 그뿐 아니라, 중공중앙정치국 상임위원회는 처음부터 우한과 후베이 지역을 지켜내는 것이 이번 방역 작업의 핵심이라는 것을 명확히 하고, 방역의 각 단계마다 신속하게 대책을 내놓았다. 이것이 중국이 하나의 장기판처럼 통일적으로 움직이며 각계각층에서 자원을 적극적으로 동원하고, 국가 대사에 역량을 집중시킬 수 있었던 중요한 요인이다.

둘째, 비교정치학의 관점에서 볼 때 중국은 국가조직의 형식이 '단일제(單一制)'이기 때문이다. 단일제 국가에서 국가는 주권의 전체를 향유하며 일정 원칙에 따라 몇몇 지방 행정구역으로 구분된다. 지방 행정구역은 정치적 실체가 아니며, 주권을 지니지 못한다는 특징이 있다. 지방의 자치권은 국가가 헌법을 통해 부여하며, 각 지방에서 행사되는 권력은 중앙으로부터 부여된 권력이다. 또한 지방 행정구역은 국가 조직에서 탈퇴할 권리가 없지만, 지방정부의 행정 행위가 부적절했을 경우 중앙정부는 이를 철회할 권리가 있다. 중국의 단일제 국가 구조 형식은 중화문명에 뿌리내려 독특한 고유성을 지닌다. 중국의 '단일제'는 프랑스의 '수직적 행정통치제'의 단일제나, 영국의 '수직적 정당통치제'의 단일제와는 다른, 이 둘을 결합한 형태이다. 그래서 중국에서는 국무원이 건립한 연방연공기제(聯防聯控機制: 공동대응시스템)가 중앙 전염병 대응 리딩 그룹의 배치에 따라 지방정부에게 전염병의 예방과 통제를 요구할 수 있다. 여기에는 우한과 후베이 기타 지역에 필요한 긴급 지원을 위한 의료 인력 파견과 의료설비 제공도 포함된다. 전국 각 성, 구, 시로부터 후베이로 의료팀이 보내질 수 있었던 것은 중국이 하나의 장기판처럼 움직여 국가 대사에 역량을 집중시키는 거국체제였기에 가능한 일이었다. 미국의 각 주는 절대 할 수 없는 일이다. 미국은 2009년 H1N1 인플루엔자 유행 당시에도 격리와 봉쇄 모두 해내지 못했다. 그러나 중국은 거국체제를 통해 자력으로 원자탄, 수소탄, 인공위성을 개발하는 등 큰 일들을 처리해왔다. 1950년대에는 상대적으로 낙후된 서북 지역의 발전과 전략적 안전을 위해, 상하이에 있던 교통대학을 시안으로 옮겼는데, 이때 상하이의 이발사, 음식점까지도 함께 이동했다. 이 또한 거국체제이기에 가능했던 일이다.

셋째, 중화민족에게는 '한 곳에 어려움이 생기면 사방에서 도와주는' 전통이 있기 때문이다. 물론 이 전통이 '전국의 바둑판화'와 완벽히 일치하지는 않는다. '전국의 바둑판화'는 하나의 방침으로서 중국의 제도적 우월성을 구체적으로 보여주었다. '한 곳에 어려움이 생기면 사방에서 도와준다'는 것은 일종의 도의이자 강력한 정서적 역량으로서 중국문화의 우월성을 보여준다. 도의적이고 정서적인 문화 역량은 각 지방과 각 부문이 자발적으로 '전국의 바둑판화' 방침을 관철시키는 데에 유리하다.

이상 세 가지 측면을 고려해야만, 각 성이 어떻게 적절한 지원을 할 수 있었는지, 의료 인력을 배웅한 대다수 성의 성위원회 서기, 성장의 행위에 내포된 암묵적 지식 및 제도적 의의는 무엇인지를 보다 깊은 차원의 정치학적 관점에서 이해할 수 있다. 대부분의 사람들은 성위원회 서기, 성장의 행위가 너무 당연한 행동이라 그들이 의료 인력을 중시하여 사기를 북돋워주기 위해 한 행동이라고 직관적, 표면적으로 이해했다. 그러나 그 심층에 숨겨진 암묵적 지식과 제도적 의의는 발견하기 쉽지 않다.

2) 전시 응급상황에서 중앙, 지방, 각 부문의 권력 분담

거국체제하의 응급 관리는 빠르게 전시 상황으로 전환시켜 권력을 적절히 집중, 부여하고, 정부와 사회의 합심을 이끌어내야 한다. 그래야 각계각층의 자원을 동원할 때 적극성과 자발성을 효율적으로 끌어낼 수 있다. 《주역》 건괘의 단사에서도 "세상의 근본이 변하면 각자 본성과 천명을 바르게 하고 단합의 뜻을 보존하며 이익 충돌을 보듬으니 결국 이익과 숭고한 뜻을 이룬다(乾道變化 各正性命 保合太和乃利貞)"라고 말하고 있다.

방역 총력전은 현대화된 국가 거버넌스 체제와 거버넌스 능력에 대한 실전 검증이다. 실전에서 우리는 성공한 일면과 부족한 일면 모두 보았다. 방역 통제는 평시 상황이 아니다. 최대한 빠르게 전시와 유사한 상태에 돌입해야 한다. 전쟁과 현대성은 서로 깊은 관련성이 있다. 서방 유럽국가의 현대성은 유럽 민족국가 내부의 전쟁과 관련이 있다. 서방에서 민족국가를 건립한 이후, 전 세계로 상업을 확장해나간 것도 전쟁과 서로 결합된 것이었다. 현대 중국의 현대성은 반(反)제국, 반(反)봉건, 안팎의 적에 대항한 전쟁과 깊은 관련이 있다.

중국은 2018년 3월 응급관리부를 설치하고 국가 응급 총괄 예방책과 계획을 수립해, 각 지방과 각 부문이 돌발 상황에 대응할 수 있도록 지도하고, 응급 예방책 체계 수립과 예방책에 따른 훈련을 추진했다. 응급관리부는 원래 각 부 위원회에 속해 있던 응급 대응 직책들을 통합한 기구로 종종 다른 기구의 지도자를 겸임하는 자가 많았다. 우한에서 전염병이 발생한 초기에 응급 대응을 잘 하지 못했던 것은 응급 예방책에 따른 훈련이 제대로 이루어지지 않았음을 증명한다. 응급관리 시스템은 호흡을 맞추는 시간이 필요했고, 실전에서 검증의 시간을 거친 셈이다. 국가질병관리센터는 기술 부문으로서 행정 권력을 지니지 않아서, 공공위생 안전 사건에 노출된 초기에 단점들이 드러났다.

종합하면, 이번 코로나 바이러스에 대한 대응에서 중국의 전염병 예방과 통제 기제, 공공위생 체계 등에 일부 단점이 존재한다는 것이 드러났다. 따라서 질병 예방관리 체계를 개선하고, 평시와 전시를 결합한 중대 전염병 예방 및 치료 체계와 응급 물자를 보장할 수 있는 체계를 구축해야 한다. 평시 훈련은 실전에 닥쳤을 때 확실히 도움이 되지만, 인간의 본성, 감정에 대한 이해, 형식주의에 빠지기 쉬운 관료제에 대한 이해, 평시 훈련의 한계성에 대한 이해가 없으면 자칫 낭만주의에 빠지기 쉽다. 이와 관련하여 미국의 훈련 사례가 있다. 《뉴욕타임스》의 조사에 따르면, 미국 트럼프 정부의 위생 및 공공서비스부는 2019년 1월에서 8월까지 코드명 '크림슨 컨테이전' 모의 훈련을 진행했다. 모의 훈련에는 12개 주의 공무원과 적어도 12개 연방 기관에서 참여했다. 훈련은 중국에서 호흡기 바이러스가 창궐했고, 고열 증상이 있는 항공 여행자들을 통해 세계 각지로 빠르게 전파되었다는 시나리오로 이루어졌다. 바이러스는 미국에 전파된 후 시카고에서 처음 발견되었고 47일 후 세계보건기구(WHO)에서 팬데믹을 선포했다. 그러나 실제로 중국이 바이러스와 싸운 지 2개월 후 미국에서 바이러스가 퍼지기 시작했을 때, 미국은 속수무책이었다.

방역은 일종의 준(准)전시상황이다. 전쟁 중 기회를 놓치면 사람이 죽는다. 엄격한 방역과 정책 결정은 시간을 다투는 일이면서 동시에 냉정을 유지해야 한다. 전시 상황으로서 방역 작업은 권력을 단일하게 집중시키면서도 권력을 위임하고 분담하는 수평화 관리를 잘 해야만 제1선 지휘관의 기동성과 민첩성을 유지할 수 있다. 하지만 권력 집중과 권력 위임의 경계는 그렇게 뚜렷하지 않다. 특히 긴급 상황에서 제1선 집행자가 임기응변으로 결단을 해야 할 때에는 더욱 그러하다. 법률 규정만 만들어놓으면 만사가 해결된다고 보는 사람도 있겠지만, 이것은 정치의 본질이 아니다. 그게 가능했다면 로봇에게 맡겨버리면 될 일이다. 코로나 바이러스를 을(乙)류 전염병으로 분류하고 갑(甲)류의 조치로 엄격히 관리하겠다고 선포하는 상황에서 권력은 확실히 중앙에 있다. 하지만 초기 예방 조치를 어떻게 취할 것인지에 대해서는 지방이 알아서 할 수 있다. 물론 우한시가 직접 결정권을 가지고 선포할 수 없었지만, 지방정부로서 예방 조치는 할 수 있었다. 최소한 여러 사람이 모이는 '만가연(万家宴: 우한시 전통 축제)'과 같은 행사를 벌이지 않아야 했다. 반면 저장성(浙江省), 허난성(河南省) 정부는 중앙에서 선포하기 전에 일찌감치 우한으로 향하는 장거리 교통편의 운행을 멈추는 과감한 조치를 취해 더 나은 대처를 보였다.

중앙지도조는 우한의 방역 초기 단계에 전체 지휘 계통의 단계를 올리고 효율성을 더 높일 필요가 있음을 발견했다. 지휘 계통 업무가 여전히 평시의 리듬이라면, 전시 상황이라 말할 수 없다. 또한 전염병과의 전쟁에 효율적인 지휘도 불가능하다. 그래서 중앙지도조의 조장이자, 국무원 부총리 쑨춘란은 관련 업무의 개선을 요구했다.

후베이성 위원회 서기의 자리에 후임으로 온 잉용(應勇)은 취임하자마자 바로 목표를 종합적으로, 유능하고 효율적으로 달성하기 위해 다음

몇 가지를 강조했다. 우선 방역 지도 체제와 업무 시스템을 최대한 빨리 개선해 완비하도록 한다. 또한 지휘 체계를 최대한 압축하여 중간 단계에서 낭비되는 시간을 줄였다. 매끄러운 협업과 업무 인계가 가능하도록 최일선 현장에서 지휘한다. 방역 지휘부는 상황에 대처할 때는 신속하고 과감하게, 운영은 질서 있고 효율적으로, 집행할 때에는 단호하고 강력해야 한다.

3) 지도자의 지도력: 정치능력, 정치 발전과 작업방법

제도와 절차는 죽어있는 것이고 사람은 살아있는 것이다. 제도와 조직은 사람을 통해 작용한다. 여기에서 가장 중요한 역할을 하는 것이 지도자이다. 중국의 거국체제는 우선 지도자의 전략과 배치에서 구체화된다. 지도자가 위기에 침착하게 대응하는지, 아니면 허둥대는지에 따라 결과는 극명히 달라진다. 허둥대고 부주의한 지도자 혹은 무심한 지도자는 전염병과의 전쟁에서 이길 수 없다. 후베이성의 지도자들은 기자회견에서 각종 추태를 보였다. 시간을 지체하고, 그 이후에 폭로된 각종 문제들에 비추어볼 때, 지도자의 리더십이 부족했다는 것을 알 수 있다. 오크숏은 정치도 예술과 마찬가지로 실천지식이라고 보았다. 정치는 실천지식으로서 진정한 의미의 예술, 즉 리더십의 예술이라고 할 수 있다. 연주 수준이 아주 높은 실력 있는 예술가도 있지만, 듣자마자 형편없게 느껴지는 연주가도 있다. 조직의 지도자는 자신의 리더십을 발휘해 조직을 이끌고 인력을 동원해 설정한 목표를 달성할 수 있어야 한다.

이번 방역에서 몇몇 성은 우한보다 훨씬 빨리 경고하는 리더십을 보였다. 간부들의 리더십이 성마다 제각각이라는 것을 알 수 있다. 저장성 각급 당정 지도간부들의 자체 판단 능력은 전국에서도 가장 앞섰다.

중부 허난성의 리더십 또한 훌륭했다. 사실 후베이성만 놓고 보면, 일부 시에서는 첸장시(潛江市)처럼 상대적으로 훌륭히 대처하여 일찌감치 도시를 봉쇄하고 지도자의 결단력과 리더십을 보여준 곳도 있다. 지도자가 처한 환경적 제약과 조건이 서로 다르기 때문에, 각자 리더십을 발휘할 수 있는 공간은 남아 있다. 정치가 예술로서의 정치가 될 수 있는 이유이다. 정치는 풍부한 정치적 실천 속에 터득할 수 있는 하나의 학문이다. 그러므로 정치는 누구나 이해할 수 있는 것은 아니다. 왕푸쯔(王夫之: 명말 사상가)는 멀리 떠난 이후의 지식이야말로 진짜 지식이며, 정치는 쉽지 않은 것이고, 정치적으로 실력 있고 성숙한 정치가는 얻기 힘들다고 지적한 바 있다. 또한 그는 '지(志), 량(量), 식(識)'[5]을 큰 신하, 즉 정치가의 '큰 신하의 길(大臣之道)'이라 했다.

서양이 소국 정치를 해온 것과 달리 중국 문명은 역사적으로 대국 정치를 해왔다. 중앙의 각 부와 각 위원회, 지방의 성, 시, 현, 동부와 중서부마다 관원들의 소질은 천차만별일 수밖에 없다. 중국공산당의 전면 지도 정치 체제는 다양한 부문과 직위에 있는 관원들이 실질적인 경험을 쌓도록 요구한다. 방역 작업은 전국 각지 관원의 능력을 검증해 능력 있는 사람은 등용하고 능력이 없는 사람은 도태시키는 좋은 검증의 기회였다. 조직은 상벌 수단을 이용해 조직 구성원의 적극성을 끌어낼 필요가 있다. 특히 전쟁 상황에서 특별 등용, 특별 면직은 늘 있는 법이다. 전쟁터에서 전투의 기회를 놓친 자, 직무상 과실을 범한 자는 위기의 정도 및 지휘관의 과실 정도에 따라 공을 세워 만회하거나 즉각 면직 처분된다. 우리는 이미 많은 사람들의 호응을 받은 책임 규명의 사안을 알고 있다. 후베이성 적십자회 지도자에 대한 처분으로 후베이성 위생건강위원회 당조(黨組) 서기, 주임은 모두 그 자리에서 면직되었고, 후베이성

위원회 서기, 우한시 위원회 서기는 다른 사람으로 교체되었다. 전쟁터에는 시시각각 사람이 죽어나가고, 싸울 기회를 놓치는 실수가 있어서는 안 된다. 우매한 자는 내리고 실력 있는 자를 올려야 한다. 그래서 최초로 전염병 상황을 보고한 장지셴(張繼先)을 표창하고 말단 조직에서도 성과가 뛰어난 자를 표창했다. 방역 총력전에는 조직부, 기율검사위원회, 감찰위원회 모두 뛰어들었다.

후베이, 우한의 성 위원회, 시 위원회 서기는 모두 교체되었다. 재정 부문에 있다가 새로 부임한 인물은 공공위생 사안에 대한 응급 대처에 실력이 부족했다. 새로 온 두 명의 성, 시 지도자는 모두 정법(政法) 부문에 풍부한 정치 경험이 있었다. 그래서 이들은 도시 봉쇄를 엄격히 집행하고 지역을 촘촘히 구획하여 방역 대책을 제대로 집행할 수 있었다. 마오쩌둥은 1949년 3월 〈당위원회의 업무방법(黨委會的工作方法)〉이라는 글에서 '꽉 틀어쥐는' 방식에 대해 언급한 적이 있는데 그가 제시한 12개 업무 방법 중 하나이다. 그는 이렇게 해설했다. "당 위원은 주요 업무에 대하여 그냥 쥐는 것이 아니라 꽉 틀어쥐어야 한다는 것이다. 그 무엇이든 아주 꽉 잡고 놓지 않아야 제대로 붙잡을 수 있다. 꽉 잡지 않으면 잡지 않은 것이나 다름없다. 손을 내미는 것으로는 당연히 아무것도 잡을 수 없다. 손을 움켜쥐어야 한다. 그러나 꽉 움켜잡지 못하면 아무리 잡는 모양새를 하고 있어도 물건을 제대로 붙들 수 없다. 일부 동지 중에 주요 업무를 틀어잡기는 했으나, 꽉 틀어쥐지 못한 자가 있다. 그래서는 일이 제대로 진행되지 못했다. 틀어쥐지 않아도 안 되지만, 꽉 틀어쥐지 않는 것도 안 된다."[6]

2016년 2월, 시진핑은 각급 당위원회에 마오쩌둥의 〈당위원회의 업무방법〉을 다시 한 번 언급했다. 그리고 각급 당위원회(당조) 지도자 그룹의 구성원, 특히 주요 책임을 맡은 동지들에게 명확히 요청했다. 이 때문에 중공중앙 조직부는 2016년 2월 〈시진핑이 중요하게 언급한 정신을 실천하여 당위원회(당조) 지도자 그룹의 건설을 강화하는 것에 관한 통지(關於學習貫徹習近平重要批示精神加強黨委(黨組)領導班子建設的通知)〉를 인쇄하여 배포했다. 그리고 〈당위원회의 업무방법〉을 통해 업무방법과 리더십의 예술을 익혀 지도 역량과 수준을 높이도록 요청했다.

정치는 정치적 결단력과 집행력이 필요하다. 중국공산당은 오랜 정치 실천을 하는 과정에서 독특하고 우월한 정치 전통을 형성해왔다. 이것은 정치적 관례, 정치적 묵계, 정치적 본능 등으로 이루어진 정치 능력이다. 시진핑은 중국공산당의 정치 전통에서 업무의 관례가 중요하다고 강조하며,[7] 이것은 정치가의 예민한 감각에서 나온다고 했다. 이 방면으로는 아직 중국 정치학계가 주목한 적이 없는데, 이것이 바로 '탁상 정치학'에 존재하는 문제이다.[8]

당 중앙위원회에서는 중앙지도조를 우한에 주재시켜 방역 작업 중 격려와 문책이 제대로 이루어지고 있는지 감독하게 했다. 지도조는 우한 방어전을 치르면서, 실천하는 자는 격려하고 우유부단하게 결단을 내리지 못하는 자는 문책했다. 또 우수한 자는 전시 특별 등용을, 불합격한 자는 즉각 문책을 함으로써 간부들의 사기를 진작시켰다. 이렇게 상을 줄 자에게 상을 주고, 우수한 자를 특별 발탁함으로써 방역의 감독 업무를 '꽉 틀어쥐었다'. 중앙지도조 부조장 천이신(陳一新)은 다음과 같이 강조했다. "전쟁터에 유능하고 용맹한 장수를 선발해, 더 많은 당원 간부들이 적진 깊숙이 들어가 필사적으로 싸워 방역에 공헌하도록 격려해야 한다." 천이신은 전시 특별 등용에는 '파격'이 있어야 한다고 일침하며, 전시 상황에서는 절대로 보수적으로 온당하게 처리하거나 연공서열을 따지고 있어서는 안 된다고 지적했다. 전시 특별 등용의 대상은 최전선, 특히 위험한 직책에 있는 기층 간부와 현장 깊숙이 들어간 간부여야 하며, 선발 조건은 위기 시 위험한 일에 선뜻 나선 자, 시련을 견뎌 검증을 거쳤으며 품행이 우수하고 성과가 두드러져 대중이 인정하는 간부들로 한정해야 한다. 우한시는 아예 "방역전에서 위험한 직책을 맡아 고생하며 싸웠던 자, 품행이 특별히 우수한 자는 규정에 따라 전시 특별 등용, 파격 등용한다"고 공문을 발표했다.

2020년 2월, 우한에서 방역 상황이 가장 험할 때가 바로 간부들을 검증할 수 있는 가장 중요한 시기였다. 천이신은 문책 제도에 대해 명확하게 요구했다. 즉, 허위로 날조하거나, 속이거나 기만한 경우 발견 즉시 조사해 법률에 따라 엄격하게 처리하고 이 사실을 공개한다. 관료제는 쉽게 형식주의에 빠진다. 감독조는 각 선의 장들이 말단 조직에 중복해서 일을 시키거나 과하게 문서 작업을 요구하지 않도록 해야 한다며, 형식주의와 관료주의는 단호하게 바로잡아야 한다고 강조했다.

4) 중국과 서방의 정치 전통 및 방역 문책의 차이

방역 과정에서 발견한 현상이 하나 있다. 중국정부는 방역 기간 간부책임제를 실시하며 간부의 책임을 매우 중요하게 여겼다. 방역 작업을 성실히 수행해 우수한 성과를 보인 간부는 표창하고 승진시켰고, 반면 적지 않은 간부들이 방역 기간에 일자리를 잃거나 엄한 문책을 받았다. 이러한 중국과 비교하면 서방은 상대적으로 초기 대응부터 허술했다. 바이러스가 이미 퍼진 중반기에도 방역과 통제에 최선을 다하지 않았고, 이에 대한 책임을 지는 사람은 극소수였다. 심지어 책임은 다른 정당 혹은 다른 국가에 있고 마치 자신들이 공을 세웠다는 듯 큰소리를 치기까지 했다.

중국과 서방의 이렇게 당연한 듯 보이는 상반된 현상 뒤에는 중국과 서방 정치의 암묵적 지식이 숨겨져 있다. 이러한 현상은 중국과 서방이 생각하는 정부 관료의 책임과 관념의 차이를 반영한다.

첫째, 중국과 서방의 정치 문명 형태에 차이가 있다. '그리스와 히브리 문명'에서 출발한 서방의 문명은 초기 도시국가의 형태로 정치가 시작되었으며 소국 정치에 속한다. 소국을 통치하는 데에는 일반적인 법률, 규칙이면 충분했고, 통치자의 극도로 높은 정치적 능력을 필요로 하진 않았다. 반면 중국은 대국 정치다. 중앙에서 지방정부까지, 국가 관리의 역할은 비세습 사대부 관료가 맡았다. 즉, "관직을 설치하고 직위를 나누며, 재능이 뛰어난 인재를 등용했다(設官分職, 任賢使能)". 사대부는 가장 인구수가 많은 농민에서 나왔다. 이들은 과거제도를 통해 벼슬에 올랐고, 백성 전체의 이익을 대표하며 '사농공상'의 사민사회와는 (세상의 이치는 하나이나 다양하게 표현된다는 뜻인) '이일분수(理一分殊)'의 관계였다. 사대부는 '내성외왕(內聖外王)'을 추구하며 정치를 하기 위한 아주 높은 수준의 덕성과 능력을 갖추어야 했는데, 이는 대국 정치의 필수 요소였다. 명 말의 대 유학자 왕푸쯔는 '선(善)'을 "사람이 처한 곳에 따라 마땅히 해야 할 바(處焉而宜)"로 해석했는데,[9] 즉 일을 적절히 처리함을 의미하는 것이다. 이는 정치에서의 '선(善)'은 반드시 그 행위의 결과로 판단해야 한다는 점을 강조한 것이다. 그리고 이에 따라 민중은 사대부 관료의 정치에 대해 신임을 보냈다. 정치는 중국 사회의 주축이다.

일본계 미국학자 후쿠야마(Francis Fukuyama)는 중국에서 일찍이 2000년 전에 현대적 국가와 관료체제가 나타났다고 여겼다. 서방에서는 그보다 늦은 근대에 와서야 이러한 체제가 나타났다. 근대 이전의 서방 사회에서는 세습 국왕 및 영주, 기사가 정권을 장악했다. 15세기 이후, 상업, 자본은 점차 세습 귀족을 대체해 서방 사회의 주축을 이루었고, 정부는 상업, 자본을 중심에 두고 운영되었다. 중국 역사상 전국을 완전히 통일했던 봉건왕조는 대체로 200~300년의 수명을 유지했다. 그러다가 왕조 중·후반기에 위기를 겪으면 전성기를 지나 점차 쇠락해 갔다. 관료화가 심각해지고 정부는 제 기능을 못하며 사회 질서가 혼란에 빠졌다. 혼란 속에서 사회를 재건하겠다는 움직임이 나타났고, 그 안에서 새로운 세력이 나타나 미래의 청사진을 제시하며 민심을 얻고, 천하를 얻었다. 아편전쟁 이후 중국은 차츰 반(半)식민지 반(半)봉건사회로 전락하고 만다. 중국공산당은 역사의 새로운 세력으로서, 중국 혁명을 승리로 이끌어 사회주의 신중국을 건립했다. 민족 부흥을 위해 국가는 사회 전체의 목표와 단계별 목표를 명확히 설정한다. 이 목표를 실현하기 위해서는 정부 조직과 인력을 동원해 고도의 효율성을 발휘해야 한다. 정부는 각각의 소그룹 및 일상적인 회의를 통해 다음 업무를 확정하고 배치한다. 이것은 중국 정치 체제의 특징 중 하나이다.

둘째, 중국과 서방은 정치 관원의 책임을 다르게 이해한다. 서방 정치는 책임을 법률적 의미로 이해한다. 제 역할을 하지 못한 관원이 행정법의 법률 조항을 위반하지 않았다면 처벌을 논할 이유는 없다. 그러나 중국 정치에서 관원의 책임은 법률적 의미에 국한되지 않고, 도덕과 정치적 책임까지도 의미한다. 중국공산당은 당원, 특히 지도 간부에 대해 당기율을 법률보다 더 엄격하게 적용한다. 복잡한 국내외 정세 속에, 최근 중국공산당은 당원 간부에게 각종 위험과 도전에 맞설 수 있는 더 높은 수준의 능력을 요구하고 있다. 이번 방역 과정에서 많은 간부들이 문책을 당했다. 기율을 어겼기 때문이 아니다. 책임을 다하지 못했거나, 직무상 과실, 직무를 수행할 자격을 잃었기 때문이다. 당은 실력자는 올리고 무능한 자는 내려가게 한다는 핵심 원칙으로 간부들을 검증한다. 100년 간 비상시국을 겪으면서 중국공산당은 검증과 도태의 선발 기제를 끊임없이 강화해왔다. 이러한 내부 기제는 정책의 연속성을 유지하는 동시에 도태의 효율을 고도로 높였다. 실질적으로 매번 교체되는 서방의 정당에 비해 훨씬 강력하다. 공산당의 전면 지도 덕분에 당의 관리가 닿지 않는 중국의 공무원은 단 한 명도 없다. 이것이 최선을 다해 방역 임무를 수행하지 않는 관원을 처벌할 수 있는 체제적 요소이며, 서방의 정치 형태에서는 문제 공무원에게 처벌이 미치지 못하는 원인이다.

셋째, 중국과 서방은 정부와 민중의 관계에 차이가 있다. 중국은 역사적으로 관료 정치의 전통이 있어 정부에 대한 백성들의 신임이 서방보다 앞선다. 중국인들은 정부가 격리 조치에 취할 시 자발적으로 협조한다. 서방 문명은 오랜 세월 자유주의의 전통이 있었기 때문에 민중은 관의 제약 조치를 쉽게 받아들이지 않는다. 정부가 장악한 행정 자원도 엄격한 제한 조치를 지지하기 어렵다. 자유주의 논리는 정부에 의심을 품게 만들고 동시에 정부의 능력을 약화시킨다. 이러한 정부는 당연히 중국정부와 동일한 책임을 부담할 필요가 없다. 정부는 방역 위험을 고지하고, 격리 조치를 받아들일지 말지는 민중의 자유이다. 하지만 선택으로 인한 방역의 뒷감당은 민중 자신이 부담해야 한다. 정부도 방역을 제대로 하지 못한 책임을 질 필요가 없다. 여기서 또 한 가지, 서방 자본주의 국가는 이미 전 세계로 뻗어나갔다. 자본주의의 번영에 문제가 발생하여 내부의 불공정과 사회 양극화 문제가 두드러지면, 정치 체제는 엉성해지고, 산만해지고, 문란해지면서 정치가 제 기능을 못할 수 있다. 더 나아가 사회의 조직과 인력 동원 능력이 손상될 수도 있다. 그러나 중국의 정치 체제는 전염병이 유행하는 급박한 상황에서도 신속하게 관원을 현장에 투입시킬 수 있고, 가장 빠른 속도로 사회적 역량을 동원할 수 있다.

5. 중국의 '일시동인'과 서방의 '적자생존'

중국과 서방의 방역을 비교하면 각 문명의 본능과 바탕색이 얼마나 다른지, 또 사회주의와 자본주의의 차이가 얼마나 다른지를 여실히 느낄 수 있다. 이 차이는 한 마디로 말하면, 중국의 '일시동인'과 서방의 '적자생존' 논리의 차이이다.

처음 전염병을 마주한 서방의 엘리트들은 집단면역론을 들고 나왔다. 서방 문명의 잔혹한 '적자생존'의 사회다윈주의의 논리를 드러낸 것이다. 소수의 강자만이 생존하고, 약자는 스스로 살길을 도모해야 한다. 역사적으로 유목 민족은 생존과 경쟁의 압박을 받으며, 늙어서 쓸모없게 된 사람을 버려서 그들의 생사를 자연에 내맡겨버렸다. 서방 문명의 '적자생존' 논리는 유목문명, 상업문명, 해양문명 삼자의 합작이다. 전염병이 퍼져버린 상황에서 노인을 구할 것인지, 젊은이를 구할 것인지 선택해야 하는 순간, 서방 국가들은 젊은 사람들을 먼저 구하는 방식으로 부족한 의료자원을 분배했다. 이것은 공리주의가 고도로 이성화한 결과로 보인다. 반면 중국은 일시동인의 방식을 취했다. 노인을 구하느냐, 젊은이를 구하느냐 선택해야 하는 문제 앞에서, 중국은 약자를 먼저 구하는 논리에 따라 젊은이들은 자체 면역력으로 버티게 했다. 서방의 고도화된 공리 이성만 못한 것처럼 보이지만, 사람을 돌보는 선한 마음은 공리를 넘어서 인간이 훨씬 오랫동안 추구해온 가치로 문명을 영속할 수 있게 한다. 이것은 중국 문명이 세계에서 유일하게 원생(原生)문명과 단절되지 않고 지속되어온 이유이다.

'일시동인' 논리를 가진 문명의 밑바탕에는 '예(禮)'가 깔려 있다.[10] 이 문화에서는 가까운 사람에게 더 잘해야 한다는 친친(親親), 존중해야 할 사람을 더 존중해야 한다는 존존(尊尊)의 차이가 있는 세계에서 인(仁)과 의(義)의 가치를 중시한다. 역사적 위기의식을 가지고 장기적인 이익과 사회 전체와 국가를 위해 개인이 희생할 수 있다는 정서가 깔려 있다는 점에서 서방의 개인주의와는 다르다. 이러한 문명을 밑바탕으로 하여 중국 문명은 오랜 세월을 살아남아 지금까지 이어왔다. 불교가 중국에 유입된 후 '일시동인'의 논리는 대승불교의 참된 평등심이 상호 결합하여 중국식 대승불교로 발전했다.

세계 여러 나라의 방역 상황을 비교해보면 중국 문명, 유가문명의 영향을 받은 동아시아, 일본, 한국, 싱가포르의 방역이 서방 국가들보다 훨씬 효과를 발휘하고 있다. 서방 국가 중에서는 천주교 국가가 개신교 국가보다 더 잘 대처했다. 그 이유는 개신교가 개인주의와 자본주의를 최고로 여기며, 권위, 질서, 정부를 의심하는 태도가 상대적으로 더 많기 때문이다. 막스 베버(Max Weber)는 프로테스탄트 윤리와 자본주의 정신의 관계에 대해 언급하면서, 천주교는 자본주의와 대립하는 것은 아니나 개신교에 비해 천주교의 자본주의는 지나침이 없다고 했다.

"사람이 도를 넓히는 것이지 도가 사람을 넓히는 것이 아니다(人能弘道, 非道能弘人)"라고 했다. 중국 문명 전통은 전염병과 싸우는 과정에 힘을 발휘하고 있다. 중국공산당이 중국 문명 안의 전통을 활성화시키고 인력을 동원해낸 것과 무관하지 않다. 중국 방역의 성공은 조직, 리더십, 정신, 그리고 문명 기층 구조가 전체적으로 작용한 덕분이다. 중국공산당과 인민은 한마음 한뜻으로 동고동락하며 중국 사회주의라는 새로운 제도·문명의 새로운 정신을 이룩했다. 〔장수지 옮김〕

미주

1. 馬克斯·舍勒,《資本主義的未來》, 劉小楓編校, 羅悌倫等譯, 北京: 生活·讀書·新知三聯書店, 1997, 19, 20, 62-82頁.
2. 〈孫正義被罵兩小時: 這 100萬個試劑盒, 我不捐了〉, 搜狐網, 2020年 3月 12日.
3. 관련 연구로 謝茂松·牟堅,〈文明史視野中的70年〉,《開放時代》, 2019, 第5期 참조.
4. 廷頓,《變動社會的政治秩序》, 張岱雲等譯, 上海: 上海譯文出版社, 1989, 341頁.
5. 관련 연구는 謝茂松,《大臣之道: 心性之學與理勢合一》, 北京: 中華書局, 2013, 84-93頁.
6. 毛澤東,〈黨委會的工作方法〉,《毛澤東選集》(第四卷), 北京: 人民出版社, 1991, 1442頁.
7. 관련 연구로 謝茂松·牟堅,〈從中國文明之連續性看'以德治黨', '黨紀嚴於國法'以及黨的政治建設的文明史意義〉,《開放時代》, 2018 특집호 참조.
8. 謝茂松,〈重建政治學的實踐性:實踐智慧在當代中國政治學中的缺席〉,《東方學刊》, 2019 春.
9. 王夫之,〈禮記章句〉,《船山全書》(第4冊), 長沙: 嶽麓書社, 1996, 1471頁. 관련 연구로는 謝茂松, 앞의 책, 91頁 참조.
10. 관련 연구로는 謝茂松,〈面向世界的中國文化價值〉,《中國評論》, 2020. 4 참조.

6장

탈중국화와 중국의 대응

야오양

전 세계적으로 코로나 바이러스 감염증(COVID-19, 이하 코로나19)이 대유행하는 가운데, 최근 중국에서는 국제경제 및 정치영역의 '탈중국화'가 화두가 되고 있다. 그런데 흥미로운 것은 국제사회에서는 이러한 논의가 활발하지 않다는 점이다. 예를 들어, 구글(Google)에서 'de-sinicization' 내지 'de-sinification'을 검색하면 대부분의 결과는 중화문화의 영향을 받은 국가 및 지역의 문화적 '탈중국화'이다. 이러한 차이는 중국 안팎에 다르면서도 연결되어 있는 상황을 반영하고 있다. 국제적으로는 중국 제품에 대한 무역 의존도를 줄이고, 중국 정치의 권위주의 모델과 거리를 두려는 움직임이 일고 있다. 중국 내의 일각에서는 중국이 점차 세계 체제에서 배제될지도 모른다는 불안감, 심지어 공황까지 느끼고 있다.

과연 국제정치경제에서 '탈중국화'가 발생할 것인가? 그럴 가능성은 희박하다. 그러나 기술, 지정학, 이념 영역에서의 신냉전이 이미 시작되었으며, 미중 양국이 완화 조치를 하지 않는 이상 앞으로 더욱 심각해질 것으로 전망된다. 미중 신냉전은 당사국뿐만 아니라 전 세계에 불이익을 가져다줄 것이다. 따라서 미중 양국이 지혜와 용기를 발휘하여 신냉전을 막아야 한다.

1. 경제관계가 단절될 것인가

1) 글로벌 가치사슬에서 중국의 위상

글로벌 가치사슬(Global Value Chain, 두 개 이상의 국가가 참여하는 생산 네트워크로서, 다국적 기업이 주도하여 국경을 초월한 분업과 특화가 이루어지는 것을 의미한다—옮긴이)은 제2차 세계대전 이후 구미 선진국이 해외로 제조업 생산기지를 이전하면서 형성되었고, 20세기 말 중국이 '세계의 공장'으로 부상하면서 더욱 심화 및 확대되어왔다. 중국이 당시 '세계의 공장'이 될 수 있었던 것은 저렴하면서도 어느 정도 교육 수준을 갖춘 대량의 노동력, 방대한 토지 자원을 보유했기 때문이다. 또한 일반적인 개발도상국보다 높은 생산력을 지녀 저부가가치 제조업에서 경쟁력을 확보할 수 있었다. 또한 때마침 산업구조의 전환에 들어간 '아시아의 네 마리 용(한국·싱가포르·홍콩·타이완)'이 노동집약형 제조업의 생산기지를 해외로 이전한 것도 중국에 유리하게 작용했다. 동시에 1997년 아시아 금융위기로 인해 역내 및 주변 국가는 화폐가치가 대폭 평가절하되었고, 중국대륙에 중간재를 수출하게 되었다. 이로써 동아시아 지역은 중국을 허브로 하는 생산 네트워크를 형성했다. 즉, 중국이 주변의 상대적으로 발전한 국가와 지역, 구미국가로부터 중간재를, 원자재 생산국으로부터 원자재 및 에너지를 수입하여 제품을 조립한 후 다시 구미 및 일본 등지에 수출했다. 이 같은 글로벌 가치사슬의 교역망은 20여 년 동안 더욱 견고해지며 중국뿐만 아니라 전 세계에 큰 영향을 미쳤다.

먼저 중국에 대한 영향은 수출품 구조의 비약적 진화로 나타났다. 20여 년 전 중국의 주력 수출품은 의복, 신발, 모자, 완구 등이었지만 점차 전자제품으로 대체되기 시작했다. 지난 10여 년간은 다시 기계가 전자제품을 대체했고, 동시에 단순 조립생산에서 점차 하이엔드 산업으로 나아가는 추세이다. 중국은 개혁개방 후 계획경제 시기 우세종목이었던 기계제품을 부분적으로 포기한 바 있다. 그러나 기계는 다시 중국 공업의 핵심으로 복귀하고 있으며, 전자과학, 원거리 전기통신 기술 등의 기초 위에서 비약적으로 발전했다.

중국의 가공무역은 많은 국가에 의해 비판의 대상이 되어왔다. 하지만 가공무역은 중국의 경제발전에 막대한 공헌을 했다. 중국은 가공무역을 통해 거액의 자금을 축적했고, 다시 풍부한 자금력을 사용해 해외의 선진기술을 유치했다. 그리고 선진기술을 학습하여 마침내 기존의 단순 조립에서 자주적인 창조로 전환할 수 있게 된 것이다. 가장 대표적인 예가 스마트폰이다. 스마트폰이 출현한 이래 10여 년 동안 중국의 스마트폰 생산은 선전(深圳)의 '중국전자거리(中國電子一條街)'인 '화창베이(華强北)'에서 단순히 (모방해서) 조립 생산하는 수준이었다. 그러나 오래지 않아 화창베이는 샤오미, 화웨이와 같은 대형 과학기술기업에 의해 대체되었다. 현재 중국은 자주적인 스마트폰 브랜드를 보유하고 있다.

둘째, 중국은 세계 제일의 제조업 국가로 부상했다. 중국은 세계에서 유일하게 유엔(UN) 산업 분류에 기재된 모든 공업 분야를 보유하고 있다.

또한 2018년 중국의 세계 제조업 점유율은 28.4%로, 2, 3위의 미국과 일본을 합한 것보다도 큰 수치이다.[1] 이처럼 자랑스러운 성과를 거둘 수 있었던 이유는 중국이 거대한 인구와 시장 규모를 기반으로 제조업의 확장과 성장을 가속했기 때문이다. 중국이 우수한 기술 및 인재를 기초로 높은 학습능력을 지닌 것도 중요한 이유이다.

중국 제조업의 굴기는 전 세계적으로도 중대한 영향을 미쳤다. 선진국의 경우 생산과 소비 모두 중국에 의존관계를 형성하게 되었다. 한편으로 중국은 선진국의 첨단기술부품 수출에서 가장 중요한 고객이다. 일례로 2019년 퀄컴(Qualcomm)의 총매출은 53%가 중국 시장에서 온 것이다. 또한 2020년에는 중국이 5G(제5세대 이동통신기술)칩의 40%를 점유하려고 계획하고 있다고 한다.[2] 다른 한편으로 중국 브랜드는 전 세계 민중들이 우수한 품질의 제품을 염가에 소비하는 것을 가능하게 만들었다. 개발도상국의 경우 중국 제조업에 대해 의존관계를 형성하지는 않았지만, 중국에서 수입한 제품이 민중의 소비 수준을 상승시키면서 현지 공업에 압력으로 작용하고 있다. 또한 중국의 개발도상국 투자 및 원조의 규모가 빠르게 확대되면서 일부 국가들이 의존관계를 형성했다.

미국은 중국 제조업 굴기의 영향을 가장 많이 받은 나라이다. 미국 경제학계에서 이른바 '중국 충격(China shock)'에 대한 격렬한 토론이 벌어졌는데, 중국 제품이 미국의 취업 상황에 부정적인 영향을 주었는가의 문제를 놓고 의견이 첨예하게 대립했다.• 반대의 목소리에도 불구하고 현재 미국의 조야에서는 '중국의 수출이 미국인의 실업을 초래했다'는

• MIT의 데이비드 아우터(David H. Autor), 대런 애쓰모글루(Daron Acemoglu) 등이 긍정의 입장이라면, UC 데이비스(Davis)의 로버트 핀스트라(Robert C. Feenstra), 콜롬비아대학의 화교 학자 웨이샹진(魏尚進)은 반대의 목소리를 내고 있다.

주장이 주류이다.[3] 그러나 실제 상황은 이러한 단순한 결론과는 달리 매우 복잡한 것이다. 1970년대 미국의 기업은 해외로 생산기지를 이전하기 시작했는데, 이는 미국 경제의 구조적인 전환이 초래한 후과(後果)이다. 경제발전의 기본 규칙에 따르면 공업 발전의 궤도는 M자 패턴을 보인다. 다시 말해 공업은 일정 수준 발전한 후 탈공업화 단계로 진입하고 개방경제 속에서 해외로 이전된다. 미국은 1990년대 재무부 장관 로버트 루빈(Robert Rubin)의 지휘하에 금융업 자유화를 가속했고, 1999년 〈금융서비스현대화법(financial services modernization act)〉이 통과되며 금융업의 전성시대, 즉 레닌이 말한 '금융자본' 사회가 되었다. 금융이 경제의 핵심이 되었고, 대학의 우등졸업생은 월가(Wall Street)로 모여들었다. 따라서 미국 제조업의 해외 이전은 바로 이러한 전환이 추동한 것이지 단순히 이른바 '중국 충격'에 의한 것이 아니다. 요컨대, 미국 제조업의 해외 이전은 경제발전 규칙이 반영된 구조적 현상이자, 미국 엘리트의 금융자본주의 편향 정책이 초래한 결과이다.

2) 국제경제의 '탈중국화'는 일어날 것인가

국제경제에서 '탈중국화'가 발생할 가능성은 희박하다. 첫째, 글로벌 가치사슬의 노동 분업은 각국의 생산 효율성을 극도로 상승시켰으며, 중국은 바로 이러한 분업 네트워크를 지탱하는 핵심적인 허브 중 하나이다. 만약 중국을 배제하면 전체 네트워크가 파괴될 것이다. 설사 다시 건설한다고 해도 매우 오랜 시간이 걸릴뿐더러, 현재의 효율성은 회복하지 못할 것이다. 현대경제학의 아버지 애덤 스미스(Adam Smith)는 일찍이 200여 년 전 노동 분업에 의한 생산성 향상을 주장했는데, 글로벌 가치사슬은 바로 이 생산 효율성을 극대치까지 끌어올리는 것이다. 각

기업은 글로벌 가치사슬 속에서 소수 상품의 생산 효율을 극대화하여 글로벌 시장에서 절대적인 경쟁력을 확보하고자 한다. 이때 한 상품의 생산은 여러 국가에 걸친 제조 공정으로 나누어지게 된다. 제품 생산에서 한 국가는 그저 한두 공정만을 맡을 뿐이다. 사실상 소위 '메이드 인 차이나', '메이드 인 저팬'도 '메이드 인 월드'라 할 수 있겠다.

지난 20여 년간 중국 제조업은 기술과 영역 양 측면에서 모두 비약적으로 발전했고, 글로벌 가치사슬에서 중국의 위상을 확고하게 했다. 중국의 이동통신, 네트워크, 인공지능 기술 등은 이미 세계의 일류 대열에 들어섰다. 또한 중국의 생산 네트워크는 다양한 산업과 연계되어 있어 기업의 생산원가를 크게 낮추고 있다. 일례로 만약 애플(Apple Inc.)이 아이폰 생산라인을 미국으로 이전한다면 20%의 이윤을 잃게 될 것이다. 테슬라(Tesla Inc.)의 경우 전기자동차 모델 3의 생산을 완전히 중국화한다면 상하이 생산라인의 원가를 미국에서보다 20% 절감하게 될 것이다. 요컨대, 제조업의 약진으로 글로벌 가치사슬에서 중국이 차지하는 위상이 크게 상승한 상황에서 외국기업이 중국을 떠날 동기는 크지 않다.

둘째, 중국의 거대한 내수시장은 외국기업에 매우 매력적인 진입 요인이다. 예를 들어, 중국의 승용차 판매량은 2019년 현재 전 세계 1위인 2144만 대로, 2위부터 7위까지의 합계를 상회한다.[4] 해외 자동차 제조업자가 중국에 진입하는 목적은 생산라인의 이전을 통한 제조원가 절감 외에 바로 이 거대한 내수시장을 노리는 것이다. 일본의 경우를 보자. 일본 자동차 제조업자는 가장 늦게 중국 시장에 진입했는데, 그와 함께 관련 부품업체도 들어왔다. 그런데 코로나19 발발 이후 일본 정부는 중국으로 이전한 부품업체가 일본으로 복귀한다면 재정적으로 지원하겠다고 발표했다. 하지만 현재까지 이 정책에 호응한 업체는 없다. 왜냐하면 일본의 자동차 제조업체가 중국에서 판매를 시작한 이상 그들과 함께 들어온 부품업체는 중국을 떠날 동력이 없기 때문이다. 미국의 경우도 마찬가지이다. 백악관 국가경제위원회 위원장 로런스 커들로(Lawrence Kudlow)가 미국 기업이 중국에서 철수한다면 이전 비용을 지원하겠다고 호소했지만, 기세만 요란할 뿐 실제 효과는 거두지 못했다. 중국의 1인당 평균소득이 더욱 높아질 것으로 전망되는 가운데, 중국의 시장 규모는 앞으로 더욱 확대될 것이다.

셋째, 미국의 중국 기업에 대한 거래금지 조치는 오래가지 못할 것이다. 주지하다시피 미국은 지난 몇 년간 자국의 관할권을 미국 영토 밖에까지 적용하는 〈확대관할법(Long-arm jurisdiction)〉을 휘둘러왔다. 일례로 화웨이 등의 중국 과학기술기업을 거래제한명단(Entity List)에 추가해 미국 부품의 구매 경로를 차단했고, 중국 대학 및 연구기관이 미국과 교류를 중단하게 했다. 그런데 주목할 점은 화웨이에 대한 거래금지가 수차례나 연기되었다는 점이다. 그 원인은 미국 기업이 금지 조치를 원하지 않기 때문으로 보인다. 글로벌 가치사슬 속에서 각국은 상호 의존관계에 놓여 있다. 그 안에서 현재 중국은 생산의 가장 말단에 위치해 외국에서 중간재를 수입하고 있으며, 미국은 생산의 가장 선단에서 중국의 시장에 의존하고 있다. 근래 들어 국내에서 '탈중국화'에 대한 우려의 목소리가 높아지는 것은 중요 기술을 장악하고 있는 외국이 공급을 끊으면 중국 기업의 생산이 중단되는 '치명상'을 입게 될 것이라고 보기 때문이다. 그런데 이러한 우려가 간과하고 있는 것은 미국 역시 생산사슬의 반대편에서 유사한 걱정을 하고 있다는 점이다. 바로 중국이라는 구매자를 잃게 될까 하는 우려이다. 비단 미국뿐만 아니라 많은 국가에서 중국은 가장 중요한 고객이다. 중국의 방대한 시장을 포기하는 것은 심지어 어떤 기업에게는 사형선고와도 같을 수 있다. 만약 퀄컴이 중국의 칩 시장을 포기한다면 매출이 즉각 반 토막 날 것이며, 결코 이 손실을 감당하지 못할 것이다. 따라서 트럼프 정부는 결코 거래금지 조치를 고집할 수 없다. 트럼프 정부에도 비교적 온건한 입장을 지닌 인사〔예를 들어, 재정부 장관 스티븐 므누신(Steven Mnuchin)〕가 있다. 트럼프는 몇몇 참모〔예를 들어, 무역제조업정책국 국장 피터 나바로(Peter Navarro), 국가안전보장회의 선임보좌관 매슈 포틴저(Matthew Pottinger)〕의 극단적 주장만을 따를 순 없을 것이다.

코로나19 사태로 인해 각국 기업이 생산을 중단함으로써 가치사슬이 단절되었고, 전지구적 산업사슬도 일련의 조정이 불가피해졌다. 그럼에도 불구하고 앞에서 말한 원인으로 인해 글로벌 가치사슬 자체가 재구성될 가능성은 낮다. 한편 중국은 코로나19 사태에서 상대적으로 일찍 벗어나서, 중국 기업은 더욱 일찍 조정을 단행할 수 있었고, 한 발 더 나아가 해외에서 공급이 중단된 업계에 진출하기까지 했다. 이러한 점으로 미루어볼 때, 코로나19 사태 이후 중국이 글로벌 가치사슬에서 차지하는 위상은 더욱 상승할지도 모른다.

2. 신냉전의 시작

국제경제에서의 '탈중국화'는 발생하지 않았지만, 신냉전은 이미 시작되었다. 즉, 미중 양국은 기술, 지정학, 이념의 측면에서 서로 양보할 수 없는 경쟁을 진행 중이다. 1972년 리처드 닉슨(Richard Nixon) 대통령이 중국을 방문한 이래 미중 양국의 관계는 네 단계를 거쳐 왔다. 1972~79년 미중 양국은 관계를 개선하면서 1979년 수교를 맺었고, 1979~89년 경제·문화·군사 등의 영역에서 협력을 강화하는 밀월 관계를 형성했다. 1989~2010년은 이성적인 교류 단계로 미국은 중국에 대해 '포용(engagement)' 정책을 펼쳤다. 이러한 정책의 이면에는 중국을 미국 주도하의 세계체제 안으로 끌어들이면 중국이 미국을 닮아갈 것이라는 신념이 자리하고 있었다. 그리고 2010년 이래 미국은 '포용' 정책을 포기하고 '위험회피(hedging)' 정책을 채택했으며, 트럼프 취임 이후에는 '경쟁(rivalry)' 정책으로까지 나아간 상황이다.

미중 신냉전이 처음으로 그 실마리를 드러낸 것은 2010년 오바마 정부의 '아시아로의 회귀(pivot to Asia)' 정책으로, 미국은 지정학적으로 중국을 포위하기 시작했다. 이와 동시에 서구 사회에서 중국의 거버넌스 모델에 대한 비난의 목소리가 등장했다. 트럼프 취임 이후 미국은 기술 분야에서 중국을 봉쇄하기 시작했다. 그리고 코로나19 발발 후 '중국모델'에 대한 성토는 서구의 주류적 목소리가 되면서 중국과 서구의 이념 대립이 나날이 격화되어가고 있다.

1) 기술 경쟁

리카르도 모형(Ricardian model)에 따르면 국제무역은 노동생산성의 비교우위로 인해 발생하기 때문에 후진국도 선진국에 제품을 수출할 수 있다. 개혁개방 초기 중국이 생산할 수 있는 제품은 마침 미국이 생산하고 싶지 않은 품목이었기에 미국은 중국을 대수롭지 않게 여겼다. 또한 당시 중국은 기술력 방면에서도 미국에 전혀 위협이 되지 않았다. 그렇기 때문에 20세기의 위대한 경제학자 폴 새뮤얼슨(Paul A. Samuelson)이 세상을 떠나기 전 마지막으로 발표한 글에서 중국의 기술진보가 미국에 부정적인 영향을 미칠 수 있다는 의견을 제시했지만,[5] 미국에서 별다른 반향을 일으키지 못했다.

그런데 지난 10여 년간 상황은 자못 달라졌다. 미국 경제는 2008년 글로벌 금융위기의 여파 속에서 힘겹게 분투해온 반면 중국은 승승장구하며 괄목할 만한 발전을 거두었다. 《포천(Fortune)》지가 선정한 세계 500대 기업 목록을 보면, 2008년 중국(홍콩 포함) 기업은 37개에 그쳤지만 2010년에는 119개에 달했다. 일본을 추월하고 미국을 단지 2개 차이로 바짝 추격하고 있다. 인터넷, 이동통신, 인공지능 방면에서 세계적인 중국 기업이 부상했고, 기술력 역시 세계를 선도하고 있다. 2005년 미중 간 거대한 무역 불균형이 발생하면서 미국은 비로소 중국 제품의 압박을 체감하기 시작했다. 그러나 중국의 기술진보에 대한 지탄으로까지 이어지지는 않았다. 상황이 근본적으로 변한 것은 트럼프 취임 이후이다. 2018년 미국은 지적재산권 보호에 관한 '슈퍼 301조(Special 301 Report)'를 내세워 중국이 미국의 기술을 대규모로 훔치고 있다고 비난하고, 이를 핑계로 무역 분쟁을 발동했다. 사실 이러한 행보의 근저에는 미국 엘리트집단의 심리, 즉 중국에 대해 속았다는 느낌이 존재하고 있다. 그들이 중국을 미국 주도의 세계체제 안으로 끌어들였지만, 기대처럼 중국이 미국의 편에 서기는커녕 '잘난 척(自大)'하며 미국의 리더십에 도전하고 있기 때문이다.

지난 몇 년간 미국은 중국을 상대로 기술 봉쇄의 강도를 부단히 강화해왔다. 미국 내에서 중국 기업의 인수합병을 제한하고, 화웨이 등을 거래제한명단에 추가하여 기술 수출을 금지했다. 또한 중국 측과 협력한 과학자를 조사하고, 과학기술 분야의 중국 유학생 정원을 대폭 축소했다.

이뿐만 아니라 동맹국에 대해서도 중국으로의 기술 이전을 자제하도록 권유하거나 심지어 간섭하고 있다. 이처럼 미중의 기술 냉전은 이미 진행 중이다. 그렇다면 그 영향력은 어디까지 미칠 것인가? 일부 중국인이 걱정하는 것처럼 미중 간 서로 다른 표준을 채택하는 평행적 체제가 형성될 것인가? 그럴 가능성은 희박하다. 오늘날 첨단기술(예를 들어 5G)은 매우 복잡한 기술들로 구성되어 있고, 따라서 다수의 기업이 공동으로 장악하고 있다. 다시 말해 만약 표준이 통일되어 있지 않으면 기술 자체를 사용할 수 없고, 기술 표준의 제정 또한 관련된 선도적 기업들이 공동으로 참여한다. 미국정부가 자국 기업에 대해 '중국 기업이 표준 제정에 참여할 경우 미국 기업은 참여할 수 없다'라는 식의 금지령을 하달하지 않는 이상 양국 기업의 관계는 단절되지 않을 것이다. 일례로 현재 통신 및 인터넷은 미중 양국이 모두 강세를 보이는 분야로 어느 일방이 기술을 독점적으로 장악하지 않고 있기 때문에, 관련 기술 표준은 앞으로도 양국의 선도적 기업이 공동으로 제정할 것이다. 그리고 미중 사이에 기술 표준을 공유하는 이상 상호 교류는 발생할 수밖에 없다. 요컨대 미중 양국 사이의 완전한 결별(decoupling)은 불가능하다.

가장 유력한 시나리오는 미국이 계속해서 대중국 기술 이전을 제한하는 가운데, 동맹국은 미국에 대해 제한적으로 동조하고 중국은 제한에서 벗어나려고 노력하는 것이다. 다시 말해 중국과 미국은 기술 표준을 공유하면서 기술 경쟁을 지속할 것이다. 중국은 기술진보를 위해 더욱 큰 비용을 지불해야 할 것이지만, 미국 역시 손해를 피할 수는 없을 것이다. 중국은 기술진보를 가속하여 더욱 많은 분야에서 미국 기업을 밀어낼 것이다. 중국은 또한 이후 미국 기업이 중국의 신기술을 획득하지 못하도록 제한하는 등 반격 조치를 취할 것이다. 중국은 이미 일부 분야에서 미국을 넘어서는 기술들을 보유하고 있으며, 그 수는 계속해서 증가하고 있다. 앞으로 미중 간의 경쟁은 더욱더 치열해질 것으로 전망된다.

2) 지정학적 경쟁

미중의 지정학적 경쟁은 2010년 미국이 '아시아로의 회귀' 전략을 내놓은 이래 시작되었다. 미국은 남중국해상의 활동에 간섭하기 시작하면서 '항행의 자유'를 명분으로 군함을 정기적으로 파견하여 중국의 섬과 암초 근처 수역까지 드나들었다. 근래 들어 중국의 정부와 민간은 국력이 강화됨에 따라 남중국해에서 영향력을 더욱 확대하길 기대하고 있다. 이에 부응하기 위해 중국정부는 지난 10년간 항공모함과 대형 구축함 건설 등에 예산을 대폭 확대하며 해군력 증강에 힘써오고 있다. 현재 (전지구적 해양으로 진출하고자 하는—옮긴이) 중국의 대양해군(藍海海軍) 건설은 이미 확고한 국책이 되었다. 이후 남중국해에서 군사력 경쟁, 심지어 대립은 피할 수 없을 것이다.

2014년 시작된 '일대일로(一帶一路)'는 중국이 처음으로 주도하는 국제적 의제다. 중국은 남해와 동해에서 미국과의 직접적인 대립을 피하고자 시선을 서쪽으로 돌려, 미국의 위세가 위축된 유라시아 대륙 깊숙이 '일대일로'의 연결선을 구상했다. 이곳의 국가들과 아프리카의 인프라 건설을 돕고 지역 내부의 '상호간 연결되고 통합(互聯互通)'을 실현하는 것이 그 구상의 내용이다. 한편 '일대일로'를 위해 출범한 아시아인프라투자은행(AIIB, Asian Infrastructure Investment Bank)은 미국, 오스트레일리아, 일본 등의 소수 선진국을 제외하고 100여 개에 달하는 국가의 참여를 끌어냈다. 이는 '일대일로'가 연결선상의 국가들로부터 환영받고 있음을 의미한다. 미국의 경우 처음에는 '일대일로'가 실질적인 성과가 없을 것이라며 경시와 견제의 태도를 보였다. 그러나 점차 '일대일로'에 호응하는 국가가 늘어나고, 실질성 있는 프로젝트도 시행되자 미국은 여론 봉쇄로 대응하고 있다. 아프리카에서 중국의 신식민주의 이미지를 가공하거나, '부채의 덫' 이론을 내놓는 식이다. 일부 수원국의 경우는 이 기회를 이용해서 '부채의 덫'에 대응하기 위함이라며 국제금융기구(예를 들어 세계은행)에 원조를 요청하기까지 하고 있다. 한편 중국 내에서도 '일대일로' 구상의 실행 과정에서 여러 문제가 발생하고 있다. 지나친 규모 확장, 효과를 경시하는 형식주의, 관리 시스템의 비효율성 등이 그 예이다. 이러한 문제들은 현재 '일대일로'의 비판 세력에게 좋은 먹잇감이 되고 있다. 중국은 반드시 '일대일로'의 전략을 조정해야 한다.

현재 트럼프 정부는 일방적인 '미국우선주의' 정책을 펼치고 있다. 국제사회의 협력에서 미국의 책임을 축소하는 것이 그 대표적인 예이다. 그런데 이는 결코 다른 국가가 국제질서의 리더 자리를 빼앗는 걸 좌시하겠다는 것은 아니다. 미국의 전략은 '탈퇴'를 통해 다른 국가 및 국제기구가 미국의 요구에 따라 개혁을 진행하도록 위협하는 것이다. 중국의 일각에서는 미국의 전략적 의도를 세력 쇠퇴로 오독하고, 중국이 보다 급진적인 대외선전 전략을 펼쳐 글로벌 리더의 위치를 점해야 한다고 주장하고 있다. 그러나 이런 식의 접근법은 일방적으로 경제적 지구화만을 강조하면서 정치적, 사회적 교류 및 융합은 도외시하는 것이다. 서구 엘리트의 긍정적인 응답을 끌어내지 못할뿐더러, 오히려 중국이 이 기회를 이용해 정치 모델을 수출하려는 것이라는 의심만 불러일으킬 수 있다.

사실 이 같은 의심은 코로나19 팬데믹 속에서 더욱 강해지고 있다.

중국은 코로나19가 가장 먼저 발생한 국가로, 당시 각국은 중국에 많은 인도주의적 지원을 보내왔다(그중 많은 부분은 해외 화교 조직이 보내온 것이다). 중국은 또한 가장 먼저 코로나19 사태에서 벗어난 국가로, 유럽의 일부 국가에 원조를 제공하고 의료 지원팀을 파견하여 현지의 방역 방침 수립에 협력했다. 이는 중국이 선진국에 보낸 최초의 인도주의적 지원으로 그 상징적인 의미가 자못 크다. 그러나 바로 이 점 때문에 유럽은 중국의 지원에 신중한 태도를 보이고 있다. 일각에서는 중국이 유럽을 지원하는 것이 자국의 영향력을 확대하기 위한 것이라고 경계하고, 유럽이 중국의 지원으로 인해 분열될 수 있다는 우려까지 하고 있다.[6]

결국 중국의 대외 영향력은 서구와의 이념적 차이 때문에 제한을 받고 있다. 서구는 중국의 지원을 종종 권위주의 체제를 위한 선전 공세로 받아들인다. 또한 중국의 지원을 받은 개발도상국이 중국 정치 체제의 영향을 받아 권위주의 체제로 돌아설 것이라 우려한다. 만약 중국이 대외 영향력을 확대하고자 한다면 반드시 중국 체제와 세계의 주류적 이념 사이에 상통하는 지점이 있음을 밝혀야 한다.

3) 이념 경쟁

세계의 모든 역사는 승자에 의해 쓰인 것이다. 제2차 세계대전 이후 반세기에 걸친 미소 냉전은 글로벌 정치를 지배했고, 그 최후는 미국을 리더로 하는 서구 진영의 결정적인 승리로 끝났다. 프랜시스 후쿠야마(Francis Fukuyama)의 저서 《역사의 종말(The End of History and the Last Man)》이 승리에 원만한 마침표를 찍으면서 '민주적 정부와 자유자본주의'가 역사를 종결하려는 것처럼 보였다. 하지만 후쿠야마를 포함한 서구 엘리트는 한 가지 사실을 간과하고 있었다. 바로 유구한 역사를 지닌 중국이 쉽사리 자신의 문화 전통을 포기하고 서구가 희망하는 궤도에 맞추지 않을 것이라는 사실을 말이다.

경제적 측면에서 볼 때, 중국은 2008년 세계 금융위기에서 홀로 선방함으로써 전 세계에 영향력을 발휘했고, 중국인의 자신감 역시 크게 상승했다. 세계 금융위기 발발 전까지 중국은 기본적으로 덩샤오핑의 '도광양회(韜光養晦)' 전략을 따르고 있었다. 국제사회와 미중 관계에서 몸을 낮추며 미국의 경제발전과 제도 건설을 본보기로 삼았다. 그러나 세계 금융위기를 통해 중국은 자신의 '스승'도 오류를 범할 수 있음을 깨달았고, '도광양회'에서 '유소작위(有所作爲)'로 전환했다. 미국인의 시선에서 보면 중국이 '잘난 척'하게 된 것이다.

한편 2001년 세계무역기구(WTO) 가입 후 10여 년간 중국의 경제는 비약적으로 발전했지만, 동시에 국내 개혁의 동력은 감소했다. 중국정부는 2013년 제18회 삼중전회(三中全會)에서 개혁의 의제를 다시 추진하고자 했지만, 현재까지 여러 원인 때문에 큰 진전을 이루지 못하고 있다. 이 때문에 미국 엘리트, 특히 중국에 대해 우호적인 태도를 지녔던 학자까지도 '중국이 점차 미국을 닮아갈 것'이라는 믿음에 회의적이게 되었다. 점차 확대되어가는 미국과 중국의 제도적 차이는 종종 '워싱턴 컨센서스'와 '베이징 컨센서스'라는 구도로 요약되고 있다. 전자는 '민주주의 정부와 자유자본주의', 후자는 '권위주의 정부와 국가자본주의'를 대표한다. 사실 이 같은 도식화는 중국과 미국의 정치경제모델이 지닌 주요한 특징을 온전히 개괄해내지 못한다. 그럼에도 불구하고 '워싱턴 컨센서스'와 '베이징 컨센서스'는 국제사회에서 양자의 제도 차이를 상상하는 가장 편리한 틀로 자리 잡았다.[7]

이념의 측면에서 볼 때, 이번 전염병 사태는 중국과 서구의 경쟁을 더욱 확대하는 계기가 되었다. 2020년 1월 코로나19가 중국에서 발생했을 당시 서구사회는 일반적으로 그것이 자신과 무관한 '낙후'한 중국의 일이라고 여겼다. 일부 평론에서는 심지어 황인종만이 코로나19에 감염된다는 식의 인종주의적 환상까지 내비쳤다. 우한 봉쇄령을 내렸을 때도 서구의 여론은 인권 유린이라는 비판으로 가득했다. 그러나 코로나19가 점차 유럽과 북미에서 확산되고 3월 중순에 이르러 폭발적으로 증가했을 때, 중국에서는 반대로 전염병을 효과적으로 통제했다. 코로나 사태 초기 서구의 엘리트집단은 중국의 방역 조치(도시 봉쇄나 강제적인 마스크 착용 등)가 시행할 가치가 없다며 오만한 태도를 보였다. 그러나 점차 상황이 심각해짐에 따라 그들은 태도를 바꾸어 강제적 격리 조치를 선택할 수밖에 없게 되었다. 그들 자신이 비난했던 중국의 방역 방법과 유사한 조치를 취해야 하는 고뇌에 직면한 것이다. 그러자 이제는 중국이 중요한 정보를 은폐했다는 데에 비난을 집중하고 있다. 이러한 비난은 서구에서 특히 효과가 있다. 서구에서 중국 권위주의 체제에 대해 가지고 있는 고유의 관념에 들어맞기 때문이다.

서구의 비난에 대해 중국은 공세적인 '늑대전사(戰狼)' 외교('람보' 스타일의 중국 액션 영화 〈특수부대 전랑 2〉에서 유래—옮긴이)로 반격했다. 중국의 해외 주재 대사와 외교관은 앞 다투어 서구에 대해 '독설'을 가했다. 중국 외교부 대변인은 러시아에서 온 불확실한 정보에 근거하여 미국 군인이 우한에 바이러스를 가지고 들어온 것일 수 있다고 주장했다. 이 주장은 일파만파의 연쇄 반응을 초래하여, 서구는 이구동성으로 중국의 책임을 추궁했고 심지어 일부는 중국에 대한 손해배상 소송을 제기하기도 했다. 그러나 중국이 서구의 그 어떤 나라와 논쟁하든 간에 문제의 초점을 중국의 체제 문제로 가져올 것이며, 또한 서구가 연합하여 중국에 맞설 이유를 제공할 뿐이다. 중국 외교부는 이러한 사실을 모르는 것인가?

서구 지식계에서는 격리 정책을 둘러싸고 격렬한 논쟁을 벌여왔다. 일각에서는 격리가 민주와 자유를 위협할 것이라고, 특히 격리 조치가 일상화되면 사회의 자유와 개방을 파괴할 것이라고 우려를 표명했다. 비록 이러한 우려에 일리가 없는 것은 아니지만, 중국 내에서 그에 공감하는 목소리는 찾기 힘들다. 팬데믹이 종식된 후에도 서구에서 중국 체제에 대한 논란은 사그라지지 않을 것이며, 오히려 더욱 커질 수도 있다.

앞에서 보았듯이 미중 신냉전은 오바마 정부 시기 이미 그 실마리를 드러냈다. 오바마가 비교적 이성적인 태도로 미중 관계에 대처했다면 트럼프는 미중을 냉전의 국면으로 밀어 넣었다. 미국 퓨 리서치 센터(Pew Research Center)의 여론조사에 따르면 미국인 가운데 중국에 대해 부정적 태도를 지닌 사람의 비율은 트럼프 정부 들어 47%에서 66%로 20% 가까이 상승했다.[8] 이러한 변화의 배경에는 트럼프가 발동한 무역분쟁이 있으며, 미국 언론의 중국에 대한 보도가 부정적으로 변한 것도 있다. 그리고 무엇보다도 이번 팬데믹 가운데 트럼프 정부의 중국에 대한 오명 씌우기 전략이 원인으로 작용했다. 요컨대, 미국의 정부와 민간 모두에서 중국에 대한 부정적인 시각이 강화되고 있으며, 이는 신냉전의 기초가 되고 있다.

3. 중국의 대응

지금 진행되고 있는 미중 신냉전은 과거 미소 간의 냉전과 같지 않다. 미소 양국 사이에는 경제무역과 인적 연계가 전혀 없었고, 양자의 이념 역시 양립 불가능한 것이어서 하나가 다른 하나를 대체하려 했다. 게다가 미소 냉전은 시시각각 열전으로 발전할 가능성이 있었다. 미중 신냉전은 그런 단계와는 거리가 멀다. 중국은 그에 따른 단기적, 장기적 대응 방안을 설립해야 한다.

1) 미소 냉전과의 차이

미소와 달리 중국과 서구는 지난 40여 년의 시간 동안 융합해왔다. 양자의 경제적 연계는 이미 '너 안에 내가 있고, 내 안에 네가 있는' 경지에 이르렀다. 물론 경제적 상호 의존관계가 전쟁의 가능성을 완전히 배제하는 것은 아니다. 제1차 세계대전 이전의 독일과 영국의 관계가 예증하듯 말이다. 그럼에도 불구하고 경제적 연계는 전쟁 발발 전 극단적인 주장을 견제하는 작용은 할 수 있다. 현재 미국에서 트럼프 정부의 대중 무역 분쟁이 모든 엘리트의 공감을 얻고 있는 것은 아니다. 중국을 마땅히 '징벌'해야 한다는 데 찬성하는 엘리트조차 무역 분쟁에 대해 완전히 동의하는 것은 아니다. 더욱이 중국에서 트럼프는 '시비 거는' 망나니로 묘사되고 있다. 그런데 무역 분쟁은 오히려 미중 신냉전 가운데 양국을 연결해주는 유일한 역량이 되고 있다. 첫째, 무역 분쟁 자체는 미국이 아직 중국과의 경제무역 관계를 필요로 함을 보여준다. 그렇지 않았다면 트럼프는 일찍이 공언한 바대로 중국과의 모든 관계를 끊어버렸을 것이다. 둘째, 미국은 1단계 무역 합의에서 2년 내에 2000억 달러의 미국산 제품 및 서비스를 추가 구매할 것을 요구했는데, 이는 양국 사이의 경제무역 연계를 더욱 강화할 것이다. 미국 측이 요구하는 2단계 담판의 핵심은 중국의 국내 경제개혁이다. 이러한 요구가 합리적인지의 여부는 차치하고, 적어도 요구 자체는 미국이 중국과 결별하려는 의도가 없음을 보여준다. 셋째, 오바마 집권 시기 양국 정부는 의사소통 채널을 제도화하여 상당한 빈도로 상호작용해왔으며, 민간 차원의 교류는 더욱 활발했다. 그러나 트럼프 취임 이후 소통 채널이 거의 없어짐으로써 무역 담판만이 양국의 유일한 소통 기회가 되었다. 2단계 담판은 중국의 제도 문제와 관계되기 때문에 1단계보다 더욱 험난하리라 예상된다. 하지만 전망이 어둡기만 한 것은 아니다. 미중은 주기적으로 담판 테이블 앞에 모일 것이기 때문에 두 정부 간 연락이 완전히 끊어지지는 않을 것이다.

현재 미중 간의 이념 차이는 계속 심화되고 있다. 미국의 주류는 이미 중국을 변화시키는 걸 포기했고, 중국도 이후 정치경제 제도에 관한 청사진을 명확하게 확정하지 않은 상태이다. 그럼에도 불구하고 양자의 이념 차이는 미소 냉전 시기만큼 심각하지 않다. 오히려 경제제도 방면에서 양자는 유사한 점이 더욱 많다. 경제 영역에서의 중국정부의 역할은 서구에 의해 과장되었을 뿐인데, 그것을 중국 국내에서 정치적인 이유로 의식적 혹은 무의식적으로 받아들이고 있는 것이다. 중국 경제에서 주도적 작용을 하는 것은 시장과 민영 경제이다. 지면의 제한 때문에 자세히 설명하지는 않겠지만, 적어도 중국 경제에 대해 약간의 통찰이 있는 자라면 중국 경제에서 가장 활력 있는 부분이 결코 정부의 통제가 아니라 민영 경제 및 기업의 시장 활동이라는 점을 알 것이다.

정치제도와 관련해, 앞으로 중국공산당의 집정이 바뀌는 일은 없을 것이다. 그렇지만 중공은 부단히 스스로의 정치 체제 변혁을 진행해왔고, 지난 40년간 적지 않은 성과를 거두었다. 국가 거버넌스에서 당대 중국의 정치 체제가 지닌 장점은 서구에서 과소평가되고 있다. 중국 내에서조차 그러하다. 그러나 중국의 거버넌스 경험은 선진국을 포함한 국가들이 충분히 고찰해볼 만한 대상이며, 참고의 대상이 될 수도 있다. 비록 중국의 지도자가 '중국모델'을 수출할 의도가 없다고 거듭 말했지만 말이다. 문제는 현재 서구에서 민주/권위의 이분법하에 중국의 거버넌스 경험을 토론하는 것 자체가 금기시되어 버렸다는 점이다. 따라서 서로 다른 정치 체제의 상호 참조의 가능성도 막혀버린 상태이다.

《예정된 전쟁》[9]의 저자인 정치학자 그레이엄 앨리슨(Graham Allison)의 지적처럼, 미중 관계가 ('투키디데스 함정'에 빠짐으로써 — 옮긴이) 전쟁이 발발할 위험성이 존재하는 것도 사실이다. 그런데도 그 가능성은 미소 냉전 시기에 비하면 훨씬 낮다. 소련과 미국은 모두 전지구적 야심을 지닌 초강대국이었지만, 중국의 군사전략은 여전히 근해 방어를 중심으로 하고 있기 때문이다. 남중국해에서 미중 간 군사적 충돌이 발생할 수도 있겠다. 하지만 남중국해의 중요성은 냉전 시기 쿠바에 비할 것이 못 된다. 미국이 남중국해 제해권을 위해 중국과 전쟁도 불사할 것으로는 보이지 않는다. 또 다른 분쟁 지역인 타이완과 관련해서는 트럼프 정부일지라도 중국정부의 레드라인을 침범할 움직임은 보이지 않고 있다. 타이완은 미국이 중국을 견제하는 카드이지만, 만약 미국이 레드라인을 침범해 양안의 무력통일을 초래한다면 미국은 득보다 실이 더 클 것이다.

2) 단기적 대응 방안

미중 신냉전에 대해 중국은 장·단기 전략을 나누어 대응해야 한다. 먼저 단기적 대응으로 중국은 바이러스 발원지 및 책임 소재 규명에 대한 국제사회의 요구에 성실하게 응답해야 한다. 현재의 '늑대전사' 외교와 같은 방식은 바꿔야 한다. 외교의 목표는 적을 만드는 것이 아니라 우군을 얻는 것이어야 한다.

바이러스 발원지는 과학적 문제이다. 이후 유사 바이러스의 유행을 예방하기 위해서 코로나19의 발원지 규명은 매우 중요한 작업이다. 발원지 규명에 대해서는 미국정부뿐만 아니라 유럽의 여러 국가수반과 유엔 사무총장 안토니오 구테흐스(Antonio Guterres)도 제기한 바 있다. 현재 관련 연구들이 심화함에 따라 더욱 많은 사실이 밝혀지고 있는데, 그에 따르면 코로나19는 이미 예전부터 인체에 존재하고 있었으며, 우한은 바이러스의 발원지가 아니다. 따라서 국제조사는 중국만을 겨냥할 것이 아니라 바이러스가 전파된 모든 국가를 대상으로 진행해야 한다. 설사 바이러스 발원지가 중국에 있다고 증명될지라도 중국에 모든 책임을 물을 이유는 없다. 다른 국가들이 미국에 대해 H1N1 바이러스 전파의 책임을 묻지 않은 것과 마찬가지이다. 2020년 5월 18일 열린 세계보건총회의 개막 연설에서 시진핑 국가주석은 WHO의 지도하에 "코로나19 팬데믹이 통제된 후 전 세계의 대응 작업을 전면적으로 평가하고, 경험을 총괄하며, 부족한 점을 보충하자"고 제안했다. 이와 같은 표명은 바이러스 발원지 규명의 필요성을 긍정함으로써 중국의 주도권을 확보해주었다.

책임 소재와 관련 중국은 더욱 적극적인 방식으로 대응할 필요가 있다. 현재 미국 등지의 정객의 발언에 대해 중국은 '주먹구구식 공격'으로 대응하고 있다. 더욱 장기적인 시야를 갖고 적극적으로 대응하기 위해서는 '방역백서'를 발표하여 2019년 11월 말 이래 코로나19의 발생과 확산, 그에 대한 방역 조치를 설명해야 한다. '백서'는 2020년 1월 23일 이전 중국정부가 주저하면서 바이러스 전파의 예방과 제어를 지체했던 실제 상황을 솔직히 인정하고 설명해야 한다. 전염병 앞에서는 어떠한 정부도 주저할 수 있다. 서구의 정부도 우한이 봉쇄된 후 2개월이나 되는 시간을 허비했다. 반면 중국정부는 전염병 상황을 밝히고 적극 대처했다. 관련 규정에 따라 WHO에 전염병 상황을 보고했고, 1월 20일에는 국가위생건강위원회의 고위급 전문가그룹 조장이자 중국 공정원(工程院) 원사 중난산(鍾南山)이 인터뷰에서 바이러스가 사람 간 전파될 수 있다고 밝혔다. 1월 23일에는 우한 봉쇄를 선포했다. 따라서 중국이 코로나19 상황을 은폐했다는 서구의 공격은 불합리한 것이다. 백서는 적극적으로 중국정부의 효과적인 방역 성과를 명시해야 한다. 우한 등의 도시 봉쇄조치 덕에 감염률이 대폭 감소했고, 임시병원 건설로 사망률이 대폭 감소했으며, 결과적으로 중국 전체의 감염자 및 사망자 수치가 하락했다. 이러한 사실은 이미 국제사회의 과학적 연구에서 설득력 있는 증거로 뒷받침되고 있다. 마지막으로 백서는 중국 내 방역 조치의 엄격성과 관련해 정부의 거버넌스 능력과 민중의 정부에 대한 신뢰에 초점을 맞춰 서술해야 한다. 중국의 제도가 어떻게 '역량을 집중하여 큰 일을 해냈는가' 식의 논술이어서는 안 된다.

중국의 '늑대전사' 외교는 많은 부분 트럼프 정부의 '무도한' 외교가 도발한 것이기도 하다. 그러나 트럼프와 똑같은 방식으로 대응하는 것은 중국의 국제적 이미지를 하락시키는 결과를 가져올 뿐이다. 세계 각국에서 트럼프의 명성은 이미 형편없다. 중국이 그와 누가 더 '못났는지

경쟁하는' 것은 자신의 이미지를 더욱 망치는 길이다. 이뿐만 아니라 트럼프와 '못남을 경쟁하는' 중국의 일부 외교관들의 발언이나 그들이 내세우는 증거 자체도 문제투성이다. 더욱 심각한 문제는 현재 중국의 '늑대전사' 방식이 미국뿐만 아니라 다른 나라와의 외교에도 만연하다는 점이다. 일부 중국 외교관들은 타국의 정부 관료뿐만 아니라 의원과 공인까지도 '공격'하고 있다. 이처럼 정부와 민간을 구분하지 못하는 작태는 국제사회에서 중국의 '낙후', '전제 정치'의 고정관념을 강화하는 결과를 낳는다. 중국의 대외적 이미지를 개선하기 위해서는 올바른 외교 방식을 회복하는 것이 급선무이다.

3) 장기적 대응 방안

장기적으로 볼 때 중국은 새로운 서사를 만들어 자신의 체제가 세계의 주류적 가치와 상충하지 않음을 설명해야 한다. 이 작업은 대내적·대외적 측면 모두에서 급선무이다. 서구는 중국을 지탄할 때 항상 자유주의 체제를 근거로 하는 반면 중국은 적절한 이론적 토대를 갖고 있지 않다. 그래서 중국 외교관의 발언이 그저 원칙 없이 이익만 좇는 '욕지거리'로 여겨지게 되는 것이다. 대내적으로도 중국 정치 체제에 대한 서사의 결여는 정부와 민간 모두를 초조함에 빠뜨리고 있다. 민중(특히 지식인)은 당대 정치 체제가 과도기적인 것이라 보고 중국이 자유민주주의로 이행하기를 초조하게 기다린다. 관방의 경우는 국내외에서 밀려오는 민주주의 서사에 직면하여 자기의 합법성을 지키는 데 급급해한다. 그래서 결국 여론을 통제하려 하는 것이다.

새로운 서사를 만들기 위해서는 중공의 이론적 전환에서 시작해야 한다. 사실 중공은 '서세동점(西風東漸)'의 산물이다. 초기 중국공산당은 마르크스의 계급투쟁이론을 지도 이념으로 하여 정권을 얻고자 했다. 그러나 건국 70년, 건당 100년 기념을 맞이하는 현재 중공은 혁명당에서 체제당으로 변한 지 오래이며, 이에 상응하는 새로운 이론을 필요로 하고 있다. 문헌상 중공의 이론적 기초는 여전히 마르크시즘이지만, 중공이 실제 개혁개방에서 거둔 성공은 마르크시즘으로 설명할 수 없는 것이다. 오히려 개혁의 성공은 마르크시즘과 정반대의 방법으로 이루어졌다. 또한 마르크시즘은 중화민족을 부흥시키고자 하는 공산당의 웅대한 뜻을 지도할 이념이 되지 못한다. 마르크스는 '마'씨 성을 가진 중국인이 아니며, 그의 투쟁철학도 중국 문화의 화이부동(和而不同) 이상과 전혀 어울리지 않는다. 마르크스는 일생을 영락하여 유랑한 진정한 의미의 국제주의자로, 오늘날 중국의 민족주의적 바람을 절대 지지하지 않을 것이다. 마르크스는 위대한 사상가였지만 그의 시대는 지나간 지 오래이다. 그의 조국 독일이나 《자본론(Das Kapital)》의 연구 대상인 영국, 혹은 당대 자본주의의 대본영 미국에서 마르크시즘 이론은 이미 주변화되었다. 중국은 서구에서조차 따르지 않는 일개의 이론을 고수하면서 어떻게 세계무대에서 서구의 존중을 얻을 수 있겠는가? 마오쩌둥은 일찍이 "중국은 응당 인류에게 더욱 큰 공헌을 해야 한다"(1956년 11월 12일 마오쩌둥이 쑨원 탄생 90주년을 기념하여 한 발언—옮긴이)라고 말했다. 여기서 '더욱 큰 공헌'이 남의 주장을 도용하는 것이 아님은 분명하다. 그것은 중화민족 고유의 것이어야 한다. 요컨대, 중공은 중국 전통을 기초로 한 서사를 만들어야 하며, 중국 민중의 인격과 심리에 적합한 이론을 창조해야 한다.

4. 중국의 새로운 서사

중공의 새로운 서사가 구체적으로 어떤 내용인지는 이 글의 범위를 벗어나는 것이기 때문에 대체적인 방향만 제시해보겠다. 유가사상은 중국 역사상 가장 유효한 정치철학이자 오늘날까지도 찬란하게 빛나는 사상이다. 중국에서는 체계적인 본토 종교가 출현하지 않았는데, 대신 우리 선인들은 일찍이 인간이 세속 생활에서 평화롭게 공존하는 방법을 찾아냈다. 그 방법의 집대성이 바로 유가사상이다. 유가의 인성(人性)에 대한 관점은 구성된 이성과 이론에 기초한 자유주의와 달리 현실에 대한 관찰과 경험에 토대하고 있다. 따라서 유가사상의 인성은 다양하고 또 변화할 수 있는 것이다. 즉, 한 사람이 어떠한 사람이 되는가는 그가 처한 환경과 개인의 노력에 달려 있다. 이러한 연유로 유가사상의 정치구조는 등급이 있으며, 한 등급에 속하기 위해서는 그에 부합하는 덕성과 능력을 필요로 한다. 여기서 정치 현능주의(賢能主義, meritocracy)가 유래했다. 주의할 점은 현능주의가 반드시 전제(專制) 정치를 초래하지는 않는다는 것이다. 왜냐하면 유가사상에서 통치자는 인정(仁政)을 실시해야 하기 때문이다. 현대 사회가 인민에게 주권을 부여하는 것도 유가정치의 관점에 부합한다. 또한 소위 자유민주주의만이 독점하고 있다고 말해지는 분권과 상호 견제 역시 유가정치에서 자연스럽게 실현될 수 있다. 유가가 자유주의를 완전히 배척하는 것은 아니다. '자기가 싫은 것은 남에게 강요하지 마라(己所不欲, 勿施於人)'라는 유가의 원칙은 자유주의의 사적 영역에 대한 보호 원칙, 민주주의의 타협 원칙과 상통한다. 국제관계의 측면에서 유가는 국가의 크기에 관계없이 상호를 존중해야 한다고 보며, 서로 공통점을 구하면서도 차이점을 보류함으로써 세계의 다양성을 보존하고자 한다.

오늘날 중국의 체제는 많은 부분 유가정치를 계승했다. 특히 유능한 인재를 선발하여 등용하는 점이 그 대표적인 증거이다. 지금 우리의 급선무는 유가정치를 틀로 삼아 당대 중국의 정치 체제를 설명할 서사를 건설하는 것이다. 또한 새로운 서사에 따라 필요한 정치 개혁도 단행해야 한다. 개혁개방이 성공을 거둔 가장 중요한 원인은 바로 덩샤오핑이 중국공산당을 중국화했던 데 있다. 즉, 마르크시즘의 계급투쟁이론을 포기하고, 중국 전통에서 실용주의, 정치 현능주의과 같은 자양분을 흡수한 것이다. 개혁개방 이래 40년간이 기본적으로 '해체하는(破)' 과정이었다면 오늘날 중국이 소강(小康)사회에 진입하고자 하는 때, 그리고 건당 100주년을 앞둔 지금 이 시점에서 중공의 아젠다는 '세우는(立)' 것이 되어야 한다. 〔송가배 옮김〕

미주

1 Felix Richter, "China Is the World's Manufacturing Superpower," 18 Feb. 2018, https://www.statista.com/chart/20858/top-10-countries-by-share-of-global-manufacturing-output.

2 "Qualcomm's Revenue in FY 2019, by Region," 16 Apr. 2020, https://www.statista.com/statistics/737844/revenue-of-qualcomm-by-region.

3 David H. Autor, David Dorn, Gordon H. Hanson, "The China Shock: Learning from Labor-market Adjustment to Large Changes in Trade," *Annual Review of Economics*, vol. 8, Oct. 2016, pp. 205-240; Daren Acemoglu et al., "Import Competition and the Great US Employment Sag of the 2000s," *Journal of Labor Economics*, vol. 34, supplement 1, 2016, pp. 141-198; Robert C. Feenstra and Akira Sasahara, "The 'China Shock', Exports and U.S. Employment: A Global Input-Output Analysis," *Review of International Economics*, vol. 26, no. 5, 2018, pp. 1053-1083; Zhi Wang et al., "Re-examining the Effects of Trading with China on Local Labor Markets: A Supply Chain Perspective," *NBER Working Paper*, no. 24886, Aug. 2018, pp. 1-64.

4 "Passenger Car Sales-Country Rankings," https://www.theglobaleconomy.com/rankings/passenger_cars_sales.

5 Paul A. Samuelson, "Where Ricardo and Mill Rebut and Confirm Arguments of Mainstream Economists Supporting Globalization," *Journal of Economic Perspectives*, Vol. 18, no. 3, 2004, pp. 135-146.

6 "Covid-19 in Europe-China Relations: A Country-level Analysis Special Report of the European Think-tank Network on China(ETNC)," 29 Apr. 2020, https://www.ifri.org/en/publications/publications-ifri/ouvrages-i%20fri/covid-19-europechina-relations-country-level-analysis.

7 Yang Yao, "Beijing Consensus," in *The Wiley Blackwell Encyclopedia of Race, Ethnicity, and Nationalism*, John Stone et al(ed.), Chichester, England: John Wiley and Sons, 2015, pp. 1-4.

8 Kat Devlin, Laura Silver, and Christine Huang, "U.S. Views of China Increasingly Negative Amid Coronavirus Outbreak," 21 Apr. 2020, https://www.pewresearch.org/global/2020/04/21/u-s-views-of-china-increasingly-negative-amid-coronavirus-outbreak.

9 Graham Allison, *Destined for war: can America and China escape Thucydides's trap?*, Houghton Mifflin Harcourt, 2017(그레이엄 앨리슨, 《예정된 전쟁: 미국과 중국의 패권 경쟁, 그리고 한반도의 운명》, 정혜윤 옮김, 서울: 세종서적, 2018).

7장

국가별 방역모델 비교, 그리고 전지구화 2.0 시대

쉬지린

1. 방역의 세 가지 모델

코로나19 사태에서 세계 각국은 서로 다른 방역모델로 대응했고, 초기 단계에서의 성패는 이미 명확하게 드러났다. 하지만 전염병 사태가 1~2년간 장기전으로 이어질 것으로 예상되는 가운데, 누가 최후의 승자가 될지는 예측하기 이르다.

현재까지의 가장 모범적인 방역모델은 세 가지로 나눌 수 있다. 중국 정부의 엄격한 통제하의 충격(쇼크)모델, 집단면역을 특징으로 하는 영국의 방임모델, 그리고 양자 사이에 자리한 '동아시아 네 마리 용(싱가포르·홍콩·한국·타이완)' 모델이다. 현재까지 이들을 제외하고 또 다른 유형의 방역모델은 형성되지 않은 것으로 보인다. 미국과 독일은 혼합형이고, 이탈리아나 스페인은 실패했다.

중국의 경우는 다른 나라가 모방할 수 없는 모델이다. 그 원인은 먼저 제도의 차이에 있다. 중국은 권력집중형 체제로 고도의 행정 동원 및 관리통제 능력을 발휘할 수 있는데, 이러한 능력은 러시아를 제외한 그 어떤 국가도 갖추고 있지 아니하다. 두 번째 이유는 문화전통의 차이이다. 중국 민중은 중앙집권적 정부의 권위에 대해 순응적이면서 동시에 봉건할거(封建割據)의 전통 속에서 살아왔다. 역사적으로, 그리고 현재까지도 중앙집권 체제와 봉건할거가 공존하는 중국의 역설적인 상황은 기이한 현상을 초래해왔다. 코로나 사태에서 볼 수 있듯이 민중 모두가 봉쇄되어 분리된 진지 속에 틀어박혀 있으니, 바이러스는 질식사할 수밖에 없는 것이다.

중국의 대척점에 있는 방역모델은 영국의 집단면역이다(그러나 영국도 나중에는 강경책을 취하다 다시 완화하는 주기적 변화를 되풀이하지 않을 수 없었다—엮은이). 그 역시 다른 나라가 완전히 모방하기는 어렵다. 방역모델이 앵글로색슨 민족의 독특한 개성에 기대고 있기 때문이다. 이들은 정부가 개인을 대신해 선택하고 통제하는 것을 불신하고 배척한다. 이들은 모든 개인이 이성을 지닌 경제적 동물로, 자신의 이익에 따라 가장 이성적인 선택을 할 수 있다고 믿는다. 따라서 정부의 역할은 개인에게 진실한 정보를 알려주는 것에 한정되어 있다. 보리스 존슨 총리는 옥스퍼드대학 출신의 우등생으로 윈스턴 처칠 이래 영국에서 가장 똑똑한 수상이다. 그는 최악의 결과를 영국 대중에게 알려줌으로써 강제명령으로도 도달하기 어려운 외출 금지 효과를 거두었다. 물론 영국의 방임적인 집단면역 요법은 부득이한 측면도 있다. 초기 방역의 최적기를 놓쳐서 바이러스가 이미 대규모로 전파된 상태였기 때문이다. 이처럼 대유행이 기정사실화된 불리한 상황을 받아들이고 최대한 이용하기 위해 영국은 공리주의적 방식을 택했다. 바로 소수의 희생을 대가로 전체의 이익을 최대화하는 것이다.

양 극단에 있는 중국과 영국의 모델 중 어느 것이 더욱 뛰어난가? 중국모델은 지속하기 어렵고, 영국모델은 대가가 비싸다. 현재 비교적 성공적인 방역모델로 인정받고 있는 것은 양자의 중간에 있는 '동아시아 네 마리 용' 모델이다. 특히 한국모델이 모범적이다. 한국은 한때 일부 지방에서 폭발적인 유행을 겪었으나 성공적으로 통제했다. 그런데 중국과 다르게 통제 과정에서 사회 교류와 기업의 생산을 정지시키지 않았다. 성공의 원인은 무엇인가? 기술적인 측면은 대량의 검사와 신속한 격리 조치로, 이미 잘 알려진 바이다. 필자가 주목하는 것은 성공의 제도적, 문화적 배경이다. 1980년대 '동아시아 유교자본주의'가 경제성장 뒤에 존재했던 것처럼 방역의 성공 역시 유교식 자유민주(원문은 '儒家式的Z由M主'라고 되어 있다. '자유민주'라는 용어가 중국의 인터넷상에서 자동 검열되는 금칙어임을 추측할 수 있다—옮긴이)와 관계가 있는 것은 아닌가? 필자가 보기에 '네 마리 용' 모델이 성공한 원인은, 먼저 코로나19 통제 단계에서 정보를 투명하고 신속하게 전달함으로써 영국인처럼 현명하고 이성적인 선택을 할 수 있었기 때문이다. 또한 유구한 유교문화 전통도 배경으로 작용했다. 즉, 정부가 비교적 권위를 지니고 있고, 민중은 상당히 자기규율적이며, 정부와 민간사회가 모두 유교의 엘리트주의 전통을 계승하여 전문가의 의견을 존중한다.

2. 방역모델의 정치적·문화적 배경

한 국가의 방역모델은 기술적 요소뿐만 아니라 정치적, 문화적 요소와도 관계된다. 다시 말해 방역 방식은 그 나라의 정치 체제와 문화전통의 제약을 동시에 받는다. 따라서 같은 자유민주 체제에 속할지라도 문화와 전통의 차이에 따라 다른 방역 결과를 보인다. 예를 들어, 영국, 미국, 독일 등의 개신교 국가와 유교 전통을 공유한 '동아시아 네 마리 용'은 천주교 국가보다 뛰어난 방역 성과를 거두었다. 반면 이탈리아 및 스페인이 방역 전선에서 궤멸하다시피 한 것은 천주교 문화전통과 무관하지 않다. 라틴어 문화권의 민중은 본래 낭만적이고 자유분방한 성격을 지녔고, 정부는 약하고 무능하다. 따라서 법치질서와 시민의 자기규율 수준이 모두 개신교 국가에 미치지 못한다.

비록 미국은 현재 가장 많은 확진자 수를 보유한 나라이지만, 필자는 미국에 대해 조심스럽게 낙관적인 태도를 지니고 있다. 그 근거는 일단 미국이 세계를 선도하는 완전한 의료체계를 갖고 있다는 점이다. 더욱 중요한 것은 미국이 국가의 동원능력과 사회의 자치능력을 모두 보유하고 있다는 사실이다. 미국처럼 두 능력을 모두 갖춘 나라는 절대 많지 않다(필자의 낙관적 전망과 달리 미국의 의료시스템에서 공공의료와 보험제도의 문제, 그리고 트럼프 정부의 방역대책의 문제점은 이미 널리 드러난 사실이다—엮은이).

현재 세계 각국의 방역모델은 다원적으로 경쟁하는 양상을 보이고 있다. 각국의 모델은 결코 양립 불가능한 것이 아니므로 서로 참조하고 모방할 수 있다. 중국의 경우 1단계에서 엄격한 통제 수단으로 방역에 성공했지만, 그렇다고 반드시 장기전에 완벽하게 대응할 수 있는 것은 아니다. 중국은 반드시 '동아시아 네 마리 용'의 경험을 참고해야 한다. 현재 코로나 바이러스는 점차 대규모 유행성 감기로 변해가고 있다. 따라서 중국모델과 영국모델은 구체적인 방법은 다르지만, 최종적으로는 모두 집단면역이라는 지점에 도달할 것이다. 중국은 자기만 옳다고 착각하며 경로의존성에 빠지지 않도록 경계해야 한다. 새로운 방법을 학습하면서 상황의 변화에 따라 유연하게 대처할 수 있어야 한다. 이번 코로나19 방역에서 얻은 가장 중요한 경험과 교훈은 바로 전염병 사태가 발전하는 내재적 규칙을 파악해야 한다는 것이다. 가능한 한 정치화, 행정화를 탈피하고, 직업의식을 갖추어 전문적으로 대처할 수 있어야 한다.

3. 전지구화 2.0 시대

1980년대 시작된 전지구화는 트럼프 취임 이후 위기에 봉착했고, 그 정도는 영국의 유럽연합 탈퇴, 미중 무역 분쟁을 등을 거치며 더욱 가중되었다. 그리고 현재 코로나19 팬데믹은 이번 전지구화에 마침표를 찍을 것으로 보인다. 물론 이후 각국이 완전히 폐쇄주의나 보호무역으로 돌아서지는 않을 것이다. 그보다는 일종의 '포스트 지구화 시대(後全球化時代)'로 진입할 가능성이 크다. 새로운 '전지구화'는 이전의 (글로벌 생산사슬 속에서—옮긴이) 분업이 효율성 최대화 법칙을 따랐던 것과 달리, 이념과 국가안보를 우선적으로 고려할 것이다.

세계가 중국과 완전히 결별(脫鉤)하는 일은 발생하지 않을 것이다. 하지만 국제사회의 중국에 대한 의존도는 크게 하락할 것이며, 중국의 세계 공장으로서의 위상도 함께 내려갈 것이다. 코로나 사태가 종식되어도 그 이전의 원상태로 돌아가기보다는 완전히 새로운 '2.0' 버전의 전지구화, 즉 '포스트 지구화 시대'로 진입할 것으로 예상된다. 이 같은 흐름은 이미 불가역적이다. 새로운 '전지구화'의 구체적인 형태, 교류방식, 네트워크 구조 등과 관련해서는 경제학자, 정치학자, 국제관계 전문가들의 예측을 기대한다. 그 예측이 정확할수록 중국은 더욱 능동적인 위치를 점할 것이고, 또한 방향 설정에서 범하는 실수를 피할 수 있을 것이다. 과거 중국이 저지른 착오는 종종 관념이 변화를 따라가지 못해, 시대적 변화의 추세와 방향을 제대로 읽어내지 못함으로써 발생한 것이었다. 〔송가배 옮김〕

8장

전염병 이후의 전지구화: 코로나19 사태와 '제도'의 문제

친후이

1. 민주의 약점: 방역 상황이 반전된 배경

코로나19 사태 초기 중국의 피해는 막대했다. 우한은 가혹한 봉쇄조치로 인해 한때 생지옥과 다름없었다. 전염병으로 인한 희생은 어쩔 수 없다 하더라도 있어서는 안 될 죽음까지 발생했다. 정부가 살길을 전혀 남겨놓지 않은 채 건물과 개별 주거지까지 모두 봉쇄해버리고, 적십자사가 마스크를 독점하여 간부에게 우선 공급하는 등 사태를 더욱 악화시켰던 것이다.

그러나 사태 후반부에 이르러 전 세계적인 대유행으로 확대된 가운데, 중국은 오히려 방역에서 성공을 거두었다. 5월 중순, 유럽과 미국에서 코로나19가 걷잡을 수 없이 퍼져나간 것과 대조적으로 중국의 1차 유행은 기본적으로 종식되었다. 5월 이후 한때 러시아로부터의 유입, 베이징의 재발생 등 위기를 연달아 겪었지만, 당국은 경계를 늦추지 않고 엄격하게 대처하여 상황을 신속하게 통제했다. 반면 미국과 일부 유럽 국가의 상황은 잠시 진정세를 보였다가 6월 중순 업무 정상화 후 다시 악화했는데, 그 정도가 중국의 2차 사태와는 비교할 수 없을 만큼 심각하다. 비록 4월에 중국이 우한의 코로나19 사망자 수를 50% 상향 조정함으로써 '허위 보고'했다는 비판을 받았지만, 중국의 확진자 및 사망자 수는 유럽보다 훨씬 적은 것이었다. 그리고 그 차이는 4월 이후 계속 벌어지고 있다.

6월 27일 당시 중국정부에서 공표한 누적 확진자 수는 8만 5151명, 사망자 수는 4648명이다. 이에 반해 전 세계 누적 확진자 수는 401만 9768명, 사망자 수는 48만 9423명이다. 중국의 코로나19 사망자 수는 2월 당시 전 세계의 90% 이상을 차지했지만, 6월 말에는 1% 이하로 떨어졌다. 통계 기준의 차이와 정확도 요소를 고려할지라도, 또한 여러 가지 이유로 중국정부가 발표한 수치보다 사실 몇 배 더 높다고 가정할지라도, 그 수치의 차이는 결코 부정될 수 없는 것이다. 한편 일본과 한국의 방역은 구미 국가와 비교하면 성공적인 것으로 보인다. 하지만 인구 대비 평균 확진자 및 사망자의 수는 여전히 중국보다 높다. 현재까지 코로나19의 감염자와 사망자의 수가 중국보다 낮은 곳은 절댓값과 인구 대비 평균값을 막론하고 베트남, 태국 등 일부 아시아 국가뿐이다. 아니면 믿을 수 있는 통계가 존재하기 어렵고 인구 유동성도 낮은 일부 소규모 후진국과 내륙의 빈곤국뿐이다.

절대 다수의 선진민주국가는 코로나19 사태로 엄청난 피해를 보았으며, 그 정도 역시 사태 후반부에 이르러 중국보다 악화되었다. 일본, 한국은 중국보다 늦게 코로나19가 유행했지만, 얼마 안 되어 중국보다 심해졌다. 곧이어 서유럽, 미국의 순서로 사태가 더욱더 심각해졌다. 미국의 경우, 6월 27일의 시점에서 누적 확진자와 사망자의 수가 각각 255만 명, 12.7만 명에 도달했다. 인구 대비 값은 이미 대부분의 서유럽 국가를 넘어섰다. 미국은 인구 규모가 중국의 23%이지만 코로나19 누적 사망자는 중국의 27배이며 누적 확진자 수는 50% 이상 높다.• 한발 양보해서 중국이 정보를 '은폐'했다고 할지라도 중국과 미국 간의 이처럼 큰 차이는 논란의 여지가 없는 것이다. 혹자는 코로나 바이러스가 점차 감염력이 높아지면서 치사력은 낮아지는 변이 추세를 보인다며, 최종적으로는 유행성 감기와 같이 사망률이 낮지만, 박멸이 어려운 전염병이 될 것이라고 본다. 이를 근거로 코로나 사태가 구미에서 더욱 심해진 현상을 설명해낼 수도 있겠다. 하지만 이 설명이 코로나 사태 후반기에 민주국가의 방역 효과가 중국보다 못하다는 점 자체를 부정하지는 못한다. 이러한 논리에 따른다면 오히려 '동아시아 문화'의 방역이 더욱 효과 있다는 주장이 성립하지 못하게 된다. 즉, 일본과 한국이 미국보다 피해가 작은 것은 그 방역 효과 덕분이 아니라, 코로나19 바이러스가 감염력이 상대적으로 낮은 초기 때 유행했기 때문일 수도 있는 것이다. 결국 중국의 전염병 사태가 다른 국가보다 덜 심각한 것은 중국 체제의 '낮은 인권의 우위(低人權優勢)'••로 설명될 수밖에 없다.

• 이상의 수치는 모두 인구 대비 평균값이다.

•• '낮은 인권의 우위' 개념은 필자가 사용하기 시작한 것이 아닐까 싶다. 필자는 과거에 이 개념을 사용하여 일부 인권 수준이 낮은 국가가 경제 일체화 속에서 인권 수준이 높은 국가의 시장, 투자, 그리고 창조성에 자국의 저렴한 생산원가를 결합하여 더욱 빠른 경제성장을 이루는 현상을 설명했다. 필자가 경제성장으로 낮은 인권 수준을 정당화하려는 것은 아니다. 따라서 따옴표를 붙여 '낮은 인권의 우위'로 표기했다. 하지만 사람의 생명이 걸린 방역 속에서 강제적 격리에 필요한 낮은 인권은 따옴표를 붙이지 않은 우위가 될 수 있을지도 모른다(이상은 생략된 원문에서 가져온 것이다—엮은이).

타이완은 민주제도를 시행하는 곳 가운데 유일하게 중국 대륙보다 사태가 심각하지 않다. 6월 말 현재 타이완의 누적 확진자 수는 447명, 사망자 수는 7명으로,[1] 절대적·상대적 수치 모두 중국 대륙보다 낮다. 이처럼 민주제도 아래의 타이완이 보여준 기적과 같은 방역 효과는 연구할 가치가 있다. 그런데 주의할 점은 방역 성공의 원인이 민주제도와 별개로 양안관계에 있을 수 있다는 점이다. 민진당 정부 집권 이래 양안관계는 심각하게 악화했고, 대륙의 제재로 인해 양안의 교류가 크게 위축되었다. 만약 몇 년 전 '삼통(三通)', '자유행(自由行)'이 왕성했던 시기에 코로나19 사태가 발발했다면 타이완이 지금과 같은 방역 성과를 낼 수 없었을 것이다. 이 점에서 근년 간 대륙의 제재가 타이완에는 오히려 '전화위복'일지도 모르겠다.

현재 민주국가의 방역 정책은 두 가지 극단으로 나뉜다. 대중의 자발적인 방역과 집단면역(자연면역)에 기대는 '방임식〔혹은 부처식(佛系)〕 방역'과 강제격리에 의존하는 '통제식(혹은 철혈) 방역'으로 각각 일본과 스위스, 이탈리아와 스페인을 대표로 한다. 그리고 대부분의 나라는 두 방법을 번갈아 시도하면서 통제의 강약을 조절하고 있다. 일례로 영국은 초기에는 방역을 강제하지 않겠다고 공표했으나, 전염병이 급속도로 확산되고 보리스 존슨 수상마저 감염되자 강경한 통제로 돌아섰다. 이와 반대로 인도의 경우는 비교적 강력한 통제식 방역을 시행하다가 경제적 압박으로 인해 강도를 낮춰 업무 복귀를 꾀했다. 미국은 '방임식'에서 통제, 완화의 단계를 거쳤다. 또한 연방제의 특성상 주마다 다양한 정책을 선택하고 있다. 전체적으로 볼 때, 이상의 민주국가들은 방역 정책에서 차이가 있지만, 모두 고강도의 통제를 수용하기 어려워하여 가능한 한 '방임식' 방역을 채택하고 있다. 또한 통제할지라도 중국과 같은 강도의 방역은 불가능하다.

한 네티즌은 북부 이탈리아에서 '중국보다도 엄격한' 도시 봉쇄를 시행했다고 지적한다. 사실 민주국가 역시 의회가 엄격한 도시봉쇄법에 동의할 수도 있다. 하지만 어찌 중국에 비할 수 있겠는가? 중국의 방역 조치는 결코 도시 봉쇄로만 끝나지 않았다. 코로나 사태 초기 중국의 일부 관원은 '위아래를 기만하며 수단과 방법을 가리지 않고' 정보를 봉쇄함으로써 크나큰 실수를 범했다. 그 후 마찬가지로 '수단과 방법을 가리지 않고' 도시를 강제 봉쇄했다. 그 봉쇄의 정도와 수준 역시 구미보다 훨씬 강력하여, 많은 지역에서 가도(街道), 마을(村), 단지(小區), 건물, 심지어 개인의 집(戶)까지 봉쇄했다. 3월 중순 우한에서는 시진핑이 시찰할 때 집마다 2명의 경찰을 주둔시켜 베란다에 사람이 접근하는 것을 막았다.[2] 대체 어느 민주국가가 이와 같은 강도로 통제할 수 있겠는가?

중국의 재외 교민 또는 유학생에 대한 태도 역시 민주국가에서는 찾아보기 어려운 것이다. 코로나19가 먼저 중국에서 대유행하던 때, 중국은 우한을 강력하게 봉쇄했고, 일부 국가는 중국에 대해 국경의 문을 걸어 잠갔다. 이러한 조치에 대해 중국과 세계보건기구(WHO)는 비우호적인 방식이라며 항의했다. 그러나 머지않아 사태가 반전되면서 중국 역시 외국에 대해 입국 금지 조치를 취했다. 사실 이 모든 것은 정상적인 조치이다. 어느 국가가 전염병의 유입을 두려워하지 않겠는가? 그런데 문제는 일반적으로 국경을 봉쇄할 때 외국인의 입국을 거절할 뿐, 재외 국민에 대해서는 귀국의 권리를 인정하고 적극적으로 돕는다는 점이다. 귀국 후 격리를 해야 할지라도 말이다. 사태 초기 중국에서 코로나19 유행이 정점에 달했을 때 서구는 중국에 대해 국경의 문을 닫으면서도 여전히 방법을 강구하여 중국에서 귀국하길 희망하는 자국민을 받아들였다. 반면 중국은 국경문을 닫자마자 자국민의 입국까지 막았다. 또한 중국의 해외 주재 대사들은 귀국 희망자를 강도 높게 비난하면서, 법률을 위반한 경우 가차 없이 처벌했다.• 이러한 조치는 소위 도시봉쇄법이 '중국보다도 엄격하다'고 하는 나라들도 취할 수 없는 것이다.

중국의 엄격한 통제는 경찰 및 모든 곳에 있는 '조직'뿐만 아니라 공전의 과학기술에 의존하고 있다. 이번 사태에서 중국이 스마트폰을 이용해 실시한 '빅데이터'의 개인별 방역은 극도로 치밀한 수준을 보여주었다. 특히 5~6월 헤이룽장 등지에서 소규모로 확진자가 나온 후, 일부 지방에서는 본래의 통행증 제도에서 경로 추적식 건강QR코드로 조치를 강화했고, 또한 핵산검사에 기초한 빅데이터와 전 경로 감시까지 나아감으로써 매우 강력한 추적 기능을 구현했다. 이는 물론 근래 중국 첨단기술의 발전 상황을 보여주지만, 중국이 관련 기술을 창시한 것은 아니다. 서구 역시 기술적으로는 가능하지만, 사생활의 권리를 존중하기 위해 사용하지 않는 것뿐이다. 베이징대학 국가발전연구원(北京大學國家發展研究院) 원장 야오양(姚洋)은 다음과 같이 지적한 바 있다. "중국에서 사생활에 대한 보호는 비교적 취약하다. 이는 어떤 면에서는 중국의 인공지능 기술 발전에 우위를 확보해주었다. 그러나 첨단기술기업은 여

• 국내에서 널리 유행하는 시각에 따르면 자비유학생이 '귀국하여 독을 푸는' 것은 국비유학생이 하는 것보다 더욱 죄가 악랄하다. 왜냐하면 자비유학생은 애초에 스스로 원해서 출국한 것이기 때문이다. 이런 식의 논리는 상식에 완전히 배치된다. 그들의 논리대로라면 오히려 국민 세금을 써서 파견 간 국비유학생이라면 더욱더 국가의 명령에 복종하고 국민 모두를 위해 스스로 위험을 감수해야 하는 것 아닌가? 출국할 때도 단물을 빨아놓고는 귀국하는 특권까지 누려야 하는가? 사실 필자 역시 코로나19의 중대재해지역에 거주하는 교민은 귀국을 자제하도록 권해야 한다고 생각한다. 그리고 그들이 중국 국내의 어려움을 이해하고, 자신의 권리를 희생하여 안전상의 위험과 경제적 손실을 감수하는 것에 감사를 표현해야 한다. 그들에게 악담을 퍼부을 것이 아니라 말이다.

전히 리바이어던식 국가가 출현하는 것에 대한 경각심을 지녀야 한다."[3] 이러한 '낮은 사생활 존중'이 지닌 우위는 필자가 지난 몇 년간 수차례 언급한 바 있는 '낮은 인권의 우위'의 하위 개념이며, 코로나19 방역에서 고도로 발휘될 수 있었다.

코로나19 사태로 중국 전역에서 스마트폰을 사용한 빅데이터 추적이 시행됨으로써 소외되는 자들이 생겨나고 있다. 빈곤층, 노인, 휴대폰을 사용하지 않는 자, 인터넷이 안 되는 구식 휴대폰 사용자, 스마트폰을 사용하지만 알리페이(支付寶) 사용을 거부하는 자 등이다. 이들은 현재 어디서 무엇을 하든 간에 난관에 직면하여 거의 생존할 수 없을 지경이다. 인터넷에 올라온 목격담(6월 17일)에 따르면, 안후이(安徽)성 보저우(亳州)의 한 노인이 혼자 저장(浙江)성 황옌(黃岩)에 와서 친척에게 의탁하고자 했지만, 스마트폰이 없어서 건강QR코드를 제시하지 못했고 따라서 가는 곳마다 차단당했다. 차를 탈 수도, 숙박할 수도 없어서 그저 등에 취사도구와 양식을 짊어지고 검문소를 피해 도보로 이동하며 처참한 지경으로 풍찬노숙할 수밖에 없었다. 〈내가 스마트폰을 사용할 줄 모른다고, 곧 죽으러 가라 할 작정이요?〉라는 제목의 글이다.[4] 필자는 5월 말 저장성에 갔었는데, 이곳의 건강QR코드는 반드시 알리페이를 사용해 내려 받아야 한다. 필자를 포함한 적지 않은 수의 방문객이 알리페이를 사용하지 않아 비행기에서 내릴 수조차 없었다. 알리페이는 알리바바 그룹에서 개발한 금융 상품이다. 저장성 당국은 사실상 전체 저장 주민과 방문객이 모두 이 회사의 고객이 되도록 강제하고 있는 것이다. 이 상황은 '정말이지 너무한다'.

그런데 주목할 점은 이처럼 팬데믹이 기정사실화된 상황에서 민주국가의 너그러운 방역은 효과가 좋지 못한 데 반해 중국의 '악랄한' 격리 및 추적이 오히려 효과적이라고 증명되었다는 사실이다. 우리는 이 어쩔 도리가 없는 사실을 직시하고 깊게 연구해야 한다.

사실 이해하기 어려운 현상도 아니다. 인류가 맹독성 전염병에 대처하는 방법은 기본적으로 세 가지다. 바로 치료, 예방, 차단이다. 이미 감염되었거나 감염을 피하기 어려운 경우 항생제 등의 수단을 통해 체내 병원체를 제거해 치료한다. 제거가 어렵다면 백신을 사용해 예방하여, 병원체에 접촉해도 감염되지 않게 한다. 마지막으로 백신이 없다면 병원체의 전파를 차단하는 방법뿐이다.•

현재 인류는 절대다수의 병원성균에 대항하는 항생제를 발명했고, 대부분의 병원균과 일부 바이러스에 대한 백신을 발명했다. 바이러스는 백신만이 대응책인데, 코로나 바이러스의 경우 아직 백신이 발명되지 않았기 때문에 현재 격리만이 유일한 방법이다.

그런데 격리는 일시적으로 인권 일부를 제한하고 취소함을 의미한다. 쉽게 말해 공공의 이익을 위해 '죄 없는 감옥살이'를 하는 것이다. 격리라는 조치의 시행만 놓고 볼 때, '낮은 인권' 국가는 우위에 있고 '높은 인권' 국가는 열위에 있다. 논리적으로 분명한 사실이다. 지금까지 선진민주국가는 방역을 위해 온갖 지혜를 동원했다고 할 수 있다. 온건한 '부처식 방역'에서부터 강력한 '철혈 방역'까지 모두 시도했다. 현재 생존과 인권, 병사(격리하지 않아 전염병이 만연하게 됨)와 아사(장기 격리로 인해 경제가 붕괴함) 중 하나를 선택해야 하는 어려움 속에서 순수한 이념

• 네 번째 방법이 있다고 할 수도 있다. 바로 사망률이 높지 않음을 근거로 전혀 통제하지 않는 것이다. 전염된 다수 가운데 살아남은 자가 자연적인 면역력을 갖게 되는 것으로, '집단면역'이라고도 한다. 하지만 인류의 문명이 존재하기 이전 인류와 유인원이 줄곧 이렇게 할 수밖에 없지 않았던가? 이것은 사실 어찌할 방법이 없을 때의 '방법'일 뿐이다.

차이는 그다지 중요하지 않은 것으로 보인다. 민주사회주의의 스웨덴과 사회주의를 적대시하는 미국 대통령 트럼프는 모두 '부처식'이다. 유럽 내에서도 복지를 중시하는 남부 여러 국가와 자유를 중시하는 스위스는 모두 '철혈' 봉쇄를 선택했다. 그런데 이러한 차이에도 불구하고 민주제도가 시행되는 한 그 어떠한 '철혈' 조치도 중국만큼 강력하지는 않다. 현재까지 민주국가의 방역이 완전히 효과가 없다고 할 수는 없지만, 중국의 성과에는 한참이나 뒤떨어진다.

우한 봉쇄 직후 필자는 '정치적으로 올바르지 못한', 하지만 논리적으로는 성립하는 추론을 해보았다. 만약 한 체제가 전염병 지역을 아우슈비츠로 만들어서 모든 감염자를 화장터로 보낸다고 가정해보자. 잠복기에 있는 감염자 전부가 소멸할 것이다. 물론 현재 그 어떤 체제에서도 이러한 극악무도한 방법을 사용하지는 않고 있다. 하지만 이러한 체제에 근접한 곳일수록 '방역의 우위'를 점하는 것은 아닐까? 그렇다면 민주제도를 고수한다는 조건하에 이와 같은 문제의 최적의 해결방안은 있는가? 코로나 사태에서 막심한 대가를 치른 인류는 이 과제를 반드시 진지하게 사고해야 한다.

2. 권리, 옳음과 좋음: 인권의 정의 및 인권 '정지'•의 정당성 문제

최근 중국정부는 방역 승리에 힘입어 '전지구적 전염병의 예방과 통제,

• 원문에 나오는 중국어 '克減'은 'derogation'의 번역어로, 우리나라에서는 '(권리)정지' 외에도 '일탈'로 번역한다. 국제인권조약에서는 인권의 제한(limitation)과 일탈/정지(derogation)를 구분한다. '제한'이 평시나 비상사태 때 모두 허용되는 반면, 일탈/정지는

그리고 인권보장'이라는 주제로 일련의 국제화상토론회를 개최했다. 중국정부는 서구가 전염병 방역에서 무능하면서도 중국정부를 비난한 것에 대해 강력하게 규탄했다. 또한 서구가 종종 중국에 붙이는 '인권 무시'라는 꼬리표를 거꾸로 서구에 덧씌웠다.[5] 어떤 네티즌도 그와 유사하게 필자의 '낮은 인권의 우위' 용어를 서구에 적용했다. 서구에서 코로나19의 대유행으로 사망자가 급증함에도 불구하고 이를 외면하고, 엄격한 중국식 방역 방법을 채택하지 않는 것이 바로 그들의 '낮은 인권의 우위'를 보여준다고 비꼬았다.

이번 코로나 사태에서 서구가 보여준 무능함은 분명 비판받아야 한다. 동시에 중국이 도시 봉쇄를 통해 방역에 성공했던 점은 인정하고 본보기로 삼아야 한다. 모든 긴급사태 속에서 '높은 인권'과 '인간의 생존'은 충돌할 수밖에 없다. 그리고 인간의 생존을 위해 우선으로, 그리고 일시적으로 인권 일부를 동결해야 할 필요가 있다. 이번 사태에서 전지구적으로 유행했던 '격리하면 인권이 없고, 격리하지 않으면 인류가 없다'[6]라는 명언이나, 강제적인 방역 격리 시 일정 범위 내에서 인권에 대해 일시적인 '제한과 정지'를 시행해야 한다는 UN의 '시라쿠사 원칙(Siracusa Principles)'••이 이 점을 잘 보여준다. 중국은 바로 '낮은 인권' 때문에 방역에서 우위를 점했고, 반대로 '높은 인권'을 지닌 서구는 열

비상사태에 한하여 ICCPR(시민적·정치적 권리에 관한 국제규약)상의 의무를 지지 않는다. 필자는 국제법상의 의미에서 'derogation'을 'limitation'과 구분하여 엄밀하게 사용한 것으로 보이지는 않는다. 따라서 이 글에서는 독자의 이해를 돕기 위해 'derogation'을 '일탈'이 아닌 '정지'로 번역했다. —옮긴이

•• 'Siracusa Principles on the Limitation and Derogation Provisions in the International Covenant on Civil and Political Rights'(시민적 및 정치적 권리에 관한 국제규약상 조항의 제한 및 정지에 관한 시라쿠사 원칙)' —옮긴이

위에 처했다. 우리는 이 점을 인정해야 한다. 긴급사태 속에서도 고도로 '인권을 우선'하는 정책은 서구의 공권력을 심각하게 속박했다. 그 결과 응당 있어야 했던 강제적 조치가 실행되지 못하거나 지연되었고, 설사 실행되었다 하더라도 지나치게 일찍 종결되거나 효과를 발휘하지 못했다. 이처럼 서구는 코로나 팬데믹 속에서 자유와 인권을 지키기 위해 막대한 대가를 치렀다. 바로 이 점이 우리가 팬데믹 속에서 반성해야 할 문제이다.

최근 필자의 '낮은 인권의 우위' 개념을 둘러싸고 격렬한 논쟁이 발생했다. 비판의 이유는 다양한데, 혹자는 '낮은 인권'이 중국을 깎아내린다고 했고, 혹자는 '우위'가 중국의 '낮은 인권'을 변호한다고 지적했다. 또한 인권의 정의와 기준 자체가 논쟁의 여지가 크기 때문에 높고 낮음, 우위와 열위를 쉽게 정해서는 안 된다는 의견도 있었다. 필자도 물론 인권 개념이 지닌 논쟁성을 알고 있다. 만약 '문자를 써가며' 토론한다면 책 한 권을 쓰고도 남을 것이다. 다만 필자의 주장은 적어도 상식과 어휘의 의미 차원에서는 '인권'에 대해 명확하게 정의할 수 있다는 것이다. 만약 '인권'이라는 단어에 가치를 부여한다면, 혹은 무조건 긍정한다면 가치관의 충돌로 인해 단어의 의미 자체에 혼란을 가져올 것이다. 만약 어떠한 '권리'가 있어서는 안 되는 것이라면 그것은 과연 '권리'인가? '권리'가 아니라면 무엇인가, '의무'인가?

'인권'이란 말 그대로 인간의 권리이다. 여기서 '인간'은 개인이지 전체로서의 '국가', '민족' 등이 아니다. '국가의 권리'는 전문적으로 '주권'이라는 명칭을 사용한다. 또한 '주권과 인권 가운데 무엇이 더 상위의 가치를 갖는가'라는 논쟁이 존재하는 것은 그 답에 상관없이 양자를 별개로 생각해야 함을 알려준다. 한편 고대 중국어의 '권력(權力)'이 지녔던 뜻과 별개로 현대중국어의 '권력'은 영어 'right'의 번역어이다. 만약 어떤 사람이 어떠한 일을 할 수 있거나 혹은 할 수 없을 때 그 일을 할 권리가 있거나 없다고 말한다. 만약 하지 않을 수 없다면 그것은 '의무'이지 권리가 아니다.

인권에 관한 논쟁의 초점은 사실 '할 수 있는가, 할 수 없는가'의 능력이 권리인지 아닌지, 혹은 인간의 권리인지 아닌지의 문제가 아니다(만약 권리가 아니라면 의무인가? 또한 개인의 권리가 아니라면 국가의 권리인가?). 관건은 바로 이러한 권리들이 인권으로 지정되어야 하는가이다. 예를 들어 필자는 민주국가가 무조건 국민의 총기소지권을 허용해서는 안 된다고 생각한다. 그 이유는 총기소지권이 인권은 아니라고 생각해서가 아니라, 그러한 권리 자체를 가져서는 안 된다고 보기 때문이다. 국민의 총기소지권을 반대한다는 이유로 국가의 제한 없는 폭력의 독점과 행사를 '높은 인권'이라고 자랑한다면 분명 말도 안 되는 주장일 것이다.

현재 논쟁이 되는 총기소지권은 개인이 총기를 소지할 수 있음을 의미한다(국가가 무장하는 것에는 이견이 없을 것이다). 그런데 국민이 총기를 소지할 수 있는 것이지 반드시 소지해야 하는 것이 아니라면, 다시 말해 총기 소지가 의무가 아니라면 그것은 권리임이 분명하다. 그리고 모든 국민이 이 같은 권리를 가진다면 바로 인권이다.

물론 모든 선진민주국가에서 총기소지권을 인권으로 인정하는 것은 아니다. 왜냐하면 총기소지자가 증가하면 총기 관련 사상자가 증가할 것이기 때문이다. 자동차가 많아지면 교통사고 사상자가 증가하는 것과 같은 이치이다. 그런데 교통사고 발생 정도는 인권 수준의 높고 낮음의 척도가 될 수 없다. 그렇다면 총기범죄의 발생 정도는 인권 기록(human rights record)과 무슨 관계에 있는 것인가?

분명한 건 빈번한 총기범죄가 반드시 인권 문제가 되지는 않지만 미국 사회의 폐단 가운데 하나라는 점이다. '전통'이라는 이유로 오늘날 총기소지권을 옹호하는 주장은 근거가 취약하다. 왜냐하면 미국이 더는 개척 중인 식민지가 아니기 때문이다. 즉, 치안이 부재한 상태에서 개척민이 총기를 소지하여 자신을 보호하고 영국 국왕의 무기압수령에 저항하던 시대는 이미 지나갔다. 총기를 소지하여 야생동물과 원주민으로부터 자신을 지키고, 전제적인 폭정에 대비할 필요도 없다. 민주제도 아래에서 평시 '상비군을 보유하면 반드시 전제정치를 초래할 것이다'라는 말은 이미 성립하지 않음이 증명되었다. 지금처럼 총기 남용이 치안에 위협이 되는 상황에서 총기 소지를 국민 개인의 권리로 인정하는 것은 득보다 실이 더 크다. 물론 미국처럼 총기 보급이 오래된 사회에서 어떻게 총기를 금지할지는 많은 의논이 필요하겠지만, 총기의 엄격한 통제 자체는 의심할 바 없이 올바른 방향이다.

요컨대, 총기소지권은 하나의 인권이지만 오늘날 '마땅히 지녀야 할 권리'는 아니게 되었다. 어떠한 현상이 인권인가의 여부는 사실판단이며, 인권이 있어야 하는가의 여부는 가치판단이다. 그런데 문제는 영어에서 'right'가 '권리' 외에도 '옳은', '합법적인'의 뜻도 함께 지니고 있어, 긍정적인 가치를 내포한 단어가 된다는 점이다. 이 때문에 어떠한 권리가 '인권인가?'의 문제는 단순히 사실판단뿐만 아니라 가치판단까지 내포하게 된다. 비록 영어권에서는 일찍이 '옳음이 좋음과 동의어는 아니다(right isn't good)'라는 시각이 등장하여 논리상으로는 '나쁜 권리'도 존재할 수 있게 되었지만, '옳음과 좋음'의 관계는 윤리학의 기본 문제로 '옳음이 좋음에 우선한다'는 시각이 주류를 점해왔다.[7] 필자는 기본적으로 이러한 시각을 수용한다. 하지만 '옳음'과 '권리'가 'right'이라는 하나의 단어로 존재하는 영어권의 맥락에서, 이 말이 '권리(right)가 좋음(good)에 우선한다'로 이해되는 것은 반대한다. 그 경우 개인의 권리가 무한대로 확장되면서 '공적 영역과 사적 영역의 경계(群己权界)'가 무너질 위험이 있기 때문이다. 필경 개인의 권리는 일정한 경계 안에 있어야 하는 것이다. 현재 미국은 총기소지권을 인권 가운데 하나로 인정하지만, 개인이 원자폭탄을 보유할 권리는 인정할 리 없지 않은가. 그 이유는 개인의 핵보유 권리가 '좋지 않기' 때문이 아니라, '옳지 않다'고 보기 때문이다(같은 이치로 총기 소유를 옹호하는 세력은 '좋은 않음'을 근거로 개인의 총기소지권을 부정할 수는 없다고 주장한다).

여기서 한 가지 사실이 분명해진다. '좋지 않은' 권리뿐만 아니라 '옳지 않은' 권리도 존재할 수 있다는 점이다. 아마 조어법 때문일 수도 있겠는데, 미국인은 'right isn't good'에 대해서는 매우 활발하게 토론하지만, 'right isn't right'에 대해서는 그렇지 아니하다. 그 결과 '옳지 않은 human rights'에 대해서도 그것이 '인권'이기 때문에 무조건 옹호하는 자가 있게 된다. 혹은 평상시에는 옳지만 긴급사태 아래에서는 응당 '정지'해야 할 권리까지도 '정지'하길 거부한다. 이로 인해 사회 전체의 복지에 손실이 발생하게 되는 것이다. 이와 반대의 경우로 혹자는 어떤 권리를 부정하기 위해 그것이 인권임을 인정하지 않고, 심지어 '지나치게 높은' 인권조차 인권이 없는 것이라 간주해 반대한다. 또한 긴급사태 속에서 특정 인권을 '정지'하는 것 자체가 바로 인권이라며 '정지' 조치를 일상화하려 하며, 심지어 평상시 '정지'되지 않은 인권까지도 '인권을 무시한다'는 황당무계한 비난을 내놓는다. 또한 평상시의 진정한 인권 억압자가 오히려 인권을 자기 뜻대로 '정지'할 수 있으므로 긴급사태에 더욱 잘 적응할 수 있다며, 그를 인권 보호자로까지 탈바꿈시킨다.

사실 '권리'는 어떠한 일을 '할 수 있는가, 없는가'의 능력을 나타내기 때문에 '자유'와 동의어이기도 하다. 격리를 예로 들어보자. 평상시 나는 집에 있을 수도 있고 외출할 수도 있다. 다시 말해 나는 집에 머물거나 외출하는 권리를 선택할 자유를 지닌다. 하지만 전염병 상황에서 나는 '자가 격리'를 요구받음으로써 외출할 권리를 상실한다(혹은 반대로 집 밖에서 '집중격리'당한다면 집에 있을 권리를 상실한다). 이때 집에 머무르는 것(혹은 외출)은 더는 나의 권리가 아니라 반드시 준수해야 하는 '의무'가 된다. 나의 권리 혹은 인권이 전염병 상황 속에서 '정지'를 당한 것이다. 방역의 필요성을 위해 일시적으로 인권을 '정지'하는 것은 옳은 일이다. 이때 억지로 자신의 평상시 권리를 강하게 고수하는 것은 옳지 않으며, 그렇게 지켜낸다고 해서 자신의 인권이 더욱 많은 보장을 받았다고도 할 수 없다. 격리당한 개인이 더욱 자유로워졌다고 말할 수 없는 것처럼 말이다.

앞서 언급한 '전지구적 전염병의 예방과 통제, 그리고 인권보장' 토론회에서 많은 참가자는 중국의 엄격한 방역 조치가 '생명권'의 존중을 실현했다고 입을 모아 말했다. 나 역시 방역 조치가 정당했으며 '생명'을 존중했다고 생각한다. 그러나 '생명권'을 존중했다고 할 수 있는지는 의문이다. '생명권'의 주체가 누구인가? 만약 살아있는 자 본인이라 한다면 강제격리가 그의 개인적 권리를 존중했다고는 말할 수 없다. 그것이 공공의 이익을 위한 것이라고는 말할 수 있지만 말이다.

엄밀히 말해 생명권은 살아있는 자 스스로 지니는 권리로, 생명권과 생명을 지닌 상태는 별개의 것이다. 가장 대표적인 예가 안락사이다. 현재 '높은 인권' 수준의 선진국, 예를 들어 스위스, 네덜란드, 캐나다 등은 이미 안락사를 합법화하여, 불치병 환자가 적절한 방법으로 생명을 포기하여 고통에서 벗어날 수 있도록 허용하고 있다. '보수파'는 안락사가 생명을 존중하지 않는다고 비판하기도 한다. 하지만 안락사가 '생명권'을 존중하지 않는다고 비판할 수는 없다. 왜냐하면 한 개인이 '살도록 강요받는다면' 그의 생명은 권리가 아니라 의무가 되기 때문이다. 물론 종교처럼 생명을 일종의 의무로 이해하는 시각도 있다. 하지만 세속적 법률의 시각에서 볼 때, 안락사 합법화는 분명 생명권을 포함한 인권의 보호 측면에서 진일보한 것이다.

'살도록 강요받는' 가장 극단적인 예는 능지처참과 같은 가혹한 형벌이다. 능지처참은 수형자가 반드시 살아서 3600번의 칼질을 참아내도록 한다. 수형자의 가족은 종종 관리에게 뇌물을 주어 최대한 빨리 목숨을 끊어달라고 부탁하곤 했다. 그렇다면 그 죽고 싶어도 죽지 못하는 수형자가 수천 번의 칼질을 당하며 살아있는 동안 '생명권'을 보유했다고 말할 수 있는가? 당연히 아니다. 안락사는 생명권을 존중하는 반면 능지처참형은 짓밟는다.

그런데 '생존권'과 관련해 유사한 오해가 종종 보인다. 몇 년 전 필자는 다음과 같이 변론한 바 있다. "관방은 지금 우리의 발전 수준이 높지 않은 상태이기 때문에 '생존권'을 우선해야 한다고 말한다. 반면 인권을 중시하는 자들은 다음과 같이 비판한다. 지금 생존권이 너무 낮아서 인권이 아니라 '돼지의 권리'라고, 돼지도 생존은 하고 있다고 말이다. 하지만 … 권리는 자유와 관계되는 개념이기 때문에, '생존권'은 '생존해 있음'과 별개로 논해야 한다. 돼지가 생존해 있는 것은 단지 인간이 돼지가 생존해 있는 것을 필요로 하기 때문이다. 인간이 돼지를 죽이고자 하면 곧 돼지는 생존할 수 없게 된다. 요컨대, 생존해 있는 돼지에게 생존권은 없다." 마찬가지로 어떤 한 사람이 생존해 있고, 심지어 매우 풍족하게 생활하고 있다 할지라도 반드시 생존권을 갖고 있다고는 할 수 없다. "예를 들어 당 왕조 시기 양귀비는 (총애를 받을 때) 매우 윤택한 생활을 했다. 그런데 그녀가 생존할 수 있었던 이유는 현종(玄宗)이 그녀를 생존하게 했기 때문이다. 마웨이포(馬嵬坡)에 이르러 현종이 그녀의 생존을 허락하지 않자 그녀는 생존하지 못하게 되었다. 요컨대, 양귀비는 매우 풍족하게 '생존'했지만 생존권은 갖고 있지 않았다. 이 점에서 생존권은 우리가 추구해야 하는 중요한 인권이다. 지난날 우리에게는 '군주가 신하더러 죽으라 하면 죽을 수밖에 없는' 전통이 있었다. 이러한 전통 속에서 중국인은 비록 생존했지만 '생존권'을 갖고 있었던 것은 아니다. 오늘날 중국에도 그러한 예는 많다. 문화대혁명 시기 류샤오치(劉少奇)는 생존권을 갖고 있었는가? 린자오(林昭: 민주화운동가—옮긴이)는? 3년 대기근 때 '인재(人災)'로 인해 죽임을 당한 사람들은? 결국 '생존권' 문제란 자유를 쟁취하는 것이다. … 우리는 여전히 '군주가 신하더러 죽으라 하면 죽을 수밖에 없는' 유습 속에 살고 있다. 일반 민중의 생존권은 여전히 충분히 보장되지 못하고 있다. 여기서 '보장되지 못함'은 우리가 현재 생존할 수 없다는 것이 아니라, 생존이 다른 사람의 의지에 따라 결정됨을 뜻한다. … 이러한 의미에서 생존권과 언론권은 높고 낮음의 구분이 있지 아니하다. 양자는 모두 자유로움을 의미한다. 그리고 자유를 쟁취하기 위해서는 정부의 권력을 제한해야 한다. 생존의 자유, 언론의 자유 모두 그러하다."[8]

생존과 언론의 권리는 모두 '박탈되어서는 안 되는' 자유로, 이른바 소극적인 권리이다. 서구 전통에서 '우파' 혹은 자유방임주의자는 일반적으로 이러한 소극적 권리만을 인권으로 인정했다. 다른 한편으로는 서구 '좌파'가 추구하는 '사회주의' 색채를 띤 '적극적인 권리'가 존재한다.

현재 미국에서 쟁점이 되는 소수집단 우대정책(Affirmative action)의 흑인에 대한 각종 배려, UN의 '경제적·사회적 및 문화적 권리에 관한 국제규약(International Covenant on Economic, Social and Cultural Rights)'이 열거하고 있는 사회보장과 복지의 권리, '시라쿠사 원칙'에서 언급한 방역 시 보장해야 하는 '기본적인 수요, 예를 들어 식품, 물, 의료, 예방 보건'이나 '환자가 급료를 포함한 경제적, 물질적 손해에 대한 공평한 보상을 얻을' 권리 등이 그 예이다. 이러한 권리는 '요구할 수 있는' 자유이다.• 이러한 권리를 추구하기 위해서는 정부가 비교적 큰 권력을 발휘하여 이전지출(2차 분배)을 해야 한다. 그 결과 일부 집단의 '소극적 권리'와 충돌이 발생하여(높은 복지가 초래하는 높은 세금이 그 예이다), 우파의 반대를 초래한다.

그런데 '복지국가는 더욱 큰 권력을 필요로 하며, 적극적인 권리는 이전지출을 필요로 한다'는 명제의 역은 성립하지 않는다. 즉, '큰 권력이 바로 복지국가이며, 무거운 세금 부과는 적극적 권리를 보장한다'고 말할 수 없다. 좌파 입장에서도 그렇다. 사실 좌파가 말하는 적극적인 권리의 주체는 여전히 자유로운 개인이다. 이른바 큰 정부가 성립하는 전제는 책임을 물을 수 있는 정부, 즉 국민으로부터 권력을 부여받고, 국민에 대한 책임을 지는 정부이다. '적극적 권리'를 추구하는 나라에서 개인은 보장을 요구할 권리가 있으며, 정부는 그에 상응하는 서비스를 제공할 책임을 지닌다. 또한 그 제공은 당연한 것으로 고마움을 요구할 수 없다. 정부가 서비스를 제공하지 않으면 책임을 추궁당해 정권을 내

• 많은 자들이 이러한 추구를 이사야 벌린(Isaiah Berlin)이 말하는 '적극적 자유'라고 간주하지만, 사실 벌린의 적극적 자유는 다른 의미가 있다. 하지만 적극적 권리는 분명 진실로 존재하는 것이다.

려놓게 될 것이다. 만약 한 나라에서 황제가 '복지'를 베풀었고, 신민은 그 은혜에 감사해야 하며, 책임의 추궁이 존재하지 않는다면, 그것은 복지국가와 정반대의 '황은 국가'이다. 국민의 '적극적 권리'와는 추호의 관계도 없으며, 인권 자체도 논할 여지가 없다.

'생존권'과 생존해 있음이 별개인 것처럼, '복지권'도 복지를 누리는 것의 동의어가 아니다. 다시 양귀비를 예로 들어보자. 현종의 총애를 받은 그녀는 생존해 있을 뿐만 아니라 극진한 사치를 누렸다. 그녀의 높은 '복지' 덕에 친족까지 혜택을 누려, 천하가 그녀를 부러워하여 '여아선호' 사상이 생길 정도였다. 하지만 양귀비가 총애를 잃은 결과는 냉궁에 갇히는 것은 물론 친족까지 함께 멸해질 수 있는 것이었다. '복지권'을 가진 것과 복지를 누리는 것은 별개의 일이듯이, '민권관책(民權官責)'과 '관권민책(官權民責)'은 완전히 다른 것이다. 즉, 민중이 정부를 향해 취업 보장을 요구하는 것은 적극적인 인권을 추구함이다. 하지만 관청에서 백성을 잡아다가 일을 시키는 것은 요역 혹은 노동 개조라 한다. 가난한 자가 빈민굴에서 벗어나 보장성 주택에 살고자 요구하는 것은 복지이고, 관청이 빈민굴을 강제로 철거해 '하층인구(低端人口)'를 쫓아내는 것은 폭정이다. 유랑민이 수용을 요구하는 것은 구제이고, 정부가 농촌을 떠나 도시로 흘러들어온 '유입인구'를 가두는 것은 '피의 입법'(마르크스의 말)이다! 요컨대, 자발적으로 죽음을 택하는 것은 소극적 인권(여기서 '소극적'은 부정적인 의미가 아니다)이며, 반면 수형자가 칼질을 견디며 계속 살아있어야 하는 것은 잔인무도함일 뿐이다. 자유롭게 발언하는 것은 인권 가운데 언론의 권리이며, '침묵을 허락하지 않고' 발언을 강요하는 것은 인권에 대한 유린이다.[9]

여기서 정리하자면, '우파'의 소극적 권리와 '좌파'의 적극적 권리를 막론하고 모든 인권은 자유를 전제로 한다. 필자가 '좌우'를 초월하여 인권의 유무와 고저를 논하는 이유가 바로 여기 있다. 어떤 권리의 있고 없음, 높고 낮음은 모두 사실판단이며, 있어야 하는지 높아야 하는지는 가치판단의 문제이다. '박탈되어서는 안 되는' 소극적 인권(종종 우파의 인권으로 여겨지는)이든, 아니면 '요구할 수 있는' 적극적 인권(이른바 좌파의 인권)이든, 인권은 모두 그 범위의 한계가 있다. 따라서 평상시 인권이 높을수록 무조건 좋은 것도 아니며, 비상시에는 인권을 '정지'할 수도 있다. 게다가 이 두 권리도 모순점이 있다. 가난한 사람이 '높은 복지'를 요구하는 적극적 인권은 입헌정치하에서는 부유한 사람의 '(높은 세수에 의해) 박탈당하지 않을' 소극적 권리와 충돌할 수밖에 없다(하지만 비민주의 조건하에서 통치자가 자신을 위해 복무하고 가렴주구 할 때, 가난한 자의 복리에 대한 책임을 묻는 것과 부유한 자에 대해 세수를 제한하는 것 사이에는 모순이 발생하지 않는다). 헌정 국가는 평상시 바로 이러한 모순으로 인해 좌파와 우파 사이의 논쟁이 발생한다. 비상시에는 두 종류의 인권이 모두 일시적으로 '정지'될 필요가 발생하는데, 이때 좌·우 간의 논쟁이 더욱 가열될 수 있다. 한편 이러한 문제들이 서로 다른 정치 체제에서 어떻게 구체적으로 발현되는지 연구해볼 가치가 있겠다.

3. '높은 인권'이 인간의 '생존'을 위협할 때: '타이타닉호 사건' 분석

인권은 어떠한 일을 '할 수도, 하지 않을 수도 있는' 능력으로, 자유의 권리이다. 동서고금을 막론하고 모두 감옥살이(자유 박탈)를 죄인에 대한 징벌 수단으로 삼았던 데서 알 수 있듯이, 자유는 인간의 (기본적인) 욕구이며, 따라서 인권은 보편적 가치이다. 파시스트 전제주의 통치자일지라도 자신의 자유는 힘써 보호할 것이다. 다만 생명권을 빼앗는 등 타인의 자유를 박탈하고 인권을 침범할 뿐이다. 이 때문에 파시즘은 만인의 분노를 사는 것이다.

그러나 모두가 자유를 원한다고 해서 자유만 있다면 다른 것은 상관없다는 것을 의미하지는 않는다. '자유가 아니면 죽음을 달라'라는 고무적 외침과 달리 사실 절대다수의 사람들은 자유롭게 죽는 것보다 부자유하게 사는 것을 선택한다. 하물며 절대적인 자유는 존재하지 않는다. 물론 '절대적인 자유는 없다'라는 것을 이유로 자유의 많고 적음을 부정하고, 심지어 절대적인 부자유를 변호하는 전제주의적 수사는 옳지 않다. 내가 말하고자 하는 것은 인류가 종종 생존을 위해 다른 공공의 가치에 자유를 부분적으로 양보했다는 사실이다. 동시에 자유는 정(正)과 부(負)의 두 가지 '외부성'을 갖고 있다. 자유를 쟁취해가는 과정에서 존재하는 '중이 셋이면 자유가 없는(三個和尚無自由)'• 현상이나, 자신의 자유를 얻은 후 타인의 자유를 방해하는 것 등은 모두 방지해야 하는 현상이다. 이와 관련해 필자는 청말(清末)의 옌푸(嚴復)가 존 스튜어트 밀의 《자유론》을 '공과 사의 권리의 경계를 논함(群己權界論)'으로 번역한 것이 매우 정확하고 적절하다고 생각한다. 헌정민주주의의 본질은 바로 공적 영역과 사적 영역의 경계를 엄격히 구분함이다. 공적 영역의 권리는 민주이며, 사적 영역의 권리는 자유이다. 양자는 각자의 규칙에 따라야 하며, 혼동이나 전도되어서는 안 된다. 즉, 공적인 일을 개인에게 위탁해

• 중국 속담에서 '三個和尚沒水吃'는 '중이 셋이면 마실 물이 없다'는 뜻으로, 사람이 많으면 서로 책임을 회피하여 아무 일도 하지 않는다는 뜻이다. 필자가 쓴 〈自由, 烏托邦與強制〉에 이에 대한 상세한 설명이 있다. — 옮긴이

서는 안 된다. 아무리 성인군자가 와서 '자유롭게' 처리할지라도 말이다. 마찬가지로 민주정권일지라도 해도 공권력이 개인적 일을 좌우해서는 안 된다. 이것이 자유와 민주의 경계(權界)를 설정하는 것이다.

일반적으로 자유와 생존은 비례한다. 즉, 높은 인권과 양질의 생존은 고도의 상관관계를 지닌다. 하지만 비상시에는 상황이 달라진다. 소위 '격리하면 인권이 없고, 격리하지 않으면 인류가 없는', 공중의 생존이 위협받는 상황에서 평상시의 '공적 영역과 사적 영역의 경계'는 반드시 조정되어야 한다. 즉, 공공의 이익을 위해 인권을 '정지'하고, 사적 영역을 축소하여 개인의 자유를 제한해야 할 필요가 있다.

사실 평상시에도 '공적 영역과 사적 영역의 경계'는 종종 세밀한 조정을 필요로 한다. "민주제도 아래에서 '좌우'의 상호작용 자체가 바로 세밀하게 이루어지는 조정의 행위들이다. 보통 좌파가 집권하면 경제적으로 공적 영역을 확대하고 사적 영역은 축소하는 방향으로 기운다. 윤리적으로는 사적 영역을 확대하고 공적 영역을 축소한다. 반대로 우파는 경제적으로는 사적 영역을 확대하고 윤리적으로는 공적 영역을 확대한다. 좌·우파 가운데 누가 집권하는가는 민주적 기제를 통해 결정된다."[10] 물론 민주적 방법으로 공적 영역과 사적 영역의 경계를 결정하는 대상은 어디까지나 현대의 좌·우파가 논쟁을 벌이는 모호한 지대에 한정되어 있다. 언론의 자유를 포함한 '공적 영역과 사적 영역의 기본적인 경계'는 (전 국민 투표와 같은—옮긴이) 직접민주주의나 헌법으로 '정해지는' 것이 아니다. 가장 기본적인 인권 원칙은 공리와 같은 것이다.•

• 秦暉, 《共同的底線》, 江蘇文藝出版社, 2013. 혹자는 '자연법'이 그 경계를 결정하는 것이라 주장하면서, '민주적으로 권한의 경계를 결정한다'는 필자의 관점이 옳지 않다고 한다. 사실 필자는 이미 명확하게 말했다. 즉 공적, 사적 권리의 주체는 '공리'가 될 수 있다는 것

그러나 사회가 비상사태하에서 차악을 선택해야 하는 곤경에 직면했을 때 평상시의 논리는 적용되지 못한다. 이와 관련해서 필자는 일찍이 20여 년 전 '타이타닉호 사건'을 예로 논해본 바 있다. 타이타닉호는 조난 상황에서 구명보트가 부족했고, 어린아이와 여성을 우선하여 보트에 타게 했다. 이때 누군가 자신의 생존권을 이유로 강제로 구명보트에 탈 수 있겠는가? '타이타닉의 명제'는 모든 사람의 생존이 위협받는 심각한 위기 속에서 개인의 생존권이라는 '기본적 가치'가 '절대적'이지 않게 됨을, 즉 제한받을 수 있음을 보여준다. 이때 '형평성의 원칙(規則公平)'이 작용한다. 즉, 조난으로 인해 누군가의 생존권이 제한을 받아야 한다면 누구를 제한할 것인가? 앞에서 설명했듯이 "자유주의의 본질은 '공적 영역과 사적 영역을 구분'하는 것이며, 공적 영역에서는 민주, 사적 영역에서는 자유의 규칙을 따른다. 문제는 공과 사의 경계가 절대적이지 않다는 것이다. 타이타닉호에서는 생존권이라는 가장 기본적인 사적 권리도 공적 영역에서 처리되었다. 물론 공적 영역으로 다루는 것이 자의적인 처리를 의미하는 것은 아니다. 공적 영역은 민주라는 기본 원칙을 중시한다. 타이타닉호의 '아녀자 우선' 원칙은 투표를 통해 결정된 것은 아니지만, 분명 모두가 수용한 것으로 보이며, 이를 어기려 하는 자는 모두에 의해 제지되었다."[11]

이다. 예를 들어, 한 여자가 누구와 결혼해야 하는지를 다수결로 결정하는 것은 황당한 일이다. 혹은 의회에서 언론의 자유를 표결에 부쳐 취소하는 것도 불가능하다. 언론, 혼인과 같은 개인적 권리는 '민주적'인 것이 아니라 자유로운 것이다. 하지만 대표가 없고 납세를 하지 않으며, 국고를 황제가 멋대로 지배하는 일은 있어서는 안 된다. 국사는 반드시 민주적이어야 하지 개인의 '자유로운' 결정이어서는 안 된다. 이상의 사실은 모두 현대정치의 정상적 상황에서의 공리이다. 하지만 소득세 세율이 얼마여야 하는지, 세후 재산의 자유가 어디까지 허용되어야 하는지 등의 문제를 '자연법'에 근거해 판단할 수 있겠는가? 예산의 민주주의가 아니고서 누가 결정할 수 있단 말인가?

지금의 시점에서 볼 때 나의 두 번째 논증은 성립하지 않는다. 아녀자 우선의 조치가 민주적 표결을 거치지 않은 이상 '공적 영역이 민주를 중시'했다고 말할 수 없다. 배 안의 대중은 선장의 결정을 받아들이고 그에 협조했지만, 그 결정이 민주적인 방법으로 도출된 것은 아니다. 만약 두 번째 논증이 옳다고 한다면 대중의 반항을 초래하지 않은 폭정은 '민주'라고 주장하는 결과가 될 것이다. 사실상 타이타닉호 사고는 극단적 상황에서 개인의 권리가 공공의 이익에 의해 극도로 축소되었으며, 그 과정 또한 민주적 절차를 거치지 않은 사례이다. 다시 말해 사적 영역의 자유뿐만 아니라 공적 영역의 민주까지도 모두 희생된 것이다. 이렇게 된 이유는 상황의 긴박함 때문일 것이다. 모든 사람이 구명보트를 놓고 '자유롭게' 다툰다면 그 누구도 보트에 타지 못할 것이고, '민주적'으로 누가 탈지 표결하기에는 시간이 부족했을 것이다. 따라서 선장이 독단적으로 결정을 내릴 수밖에 없었다. 이러한 상황은 '문화'나 '주의'와는 관계없다. 승객들은 '자유방임'주의자로서 평소 자유롭게 경쟁하고, 국민이 총을 소지할 수 있다고 주장했을지도 모른다. 혹은 범민주론자로서 선장은 승객이 뽑아야 한다고 주장했을 수도 있다. 하지만 타이타닉호가 빙산에 충돌하던 그 순간, 그들은 모두 일시적으로 자신의 '주의'를 내려놓을 수밖에 없었다.

그렇다면 이처럼 개인의 자유를 박탈하고 민주를 파괴하는 결정을 왜 모두가 받아들였는가? 당시 승객 모두가 정말로 그 결정을 수용했는지의 증명 문제는 차치하고, 적어도 훗날 이 이야기를 듣는 청중은 동서양을 막론하고 가치관의 측면에서 선장의 결정에 동의할 수 있을까? 동의한다면 그 이유는 바로 "그 결정으로 인해 선장 본인도 자신의 생존권을 희생당했기 때문이다. 이 사실 때문에 누군가의 생존권을 희생시켜 일부를 구하는 방법이 받아들여질 수 있었다. 만약 선장 자신과 측근이 몰래 구명보트에 탔다면 사건의 성격 자체가 바뀔 것이다". 이것은 '재난 시 공공윤리'의 중요한 규칙이다. 이와 관련해서는 뒤에 다시 논의할 것이다.

4. '독재'와 '전제'의 역사적 검토

사실 이번 팬데믹의 긴급사태에서 드러난 민주제도의 단점은 결코 새로운 문제가 아니다. 고대 그리스 로마 시대 '민주', '공화'가 최초의 개념으로 등장한 이래, 지속할 수 있는 민주제도는 긴급사태라는 특수한 조치와 공존해왔다. 고대 로마공화국의 군사독재관(dictator) 제도가 대표적인 예이다. 군사독재관은 본래 로마공화국의 전시 비상체제로, 일시적으로 공화정을 중단하고 단기간 군사통솔자에게 로마법의 제한을 받지 않는 독재 권력을 부여했다. 독재관은 전쟁이 끝난 후 사임하여 의회에 권력을 반납하되, 의회는 독재 기간의 행위에 대한 책임을 추궁하지 않았다. 당시의 관례에 따르면 군사독재관은 반년의 권한을 부여받았고, 연기하려면 다시 권한을 부여받아야 했다. 하지만 공화국 말기 군사독재관이 점차 규칙을 어기기 시작했고, 옥타비아누스 시기에 이르면 아예 그 명칭이 원수(Princeps)로 바뀌었다. 로마제국 시기에는 군사독재관이라는 명칭 자체가 사라졌다.

서구 언어의 'dictatorship'이라는 단어는 바로 고대 로마의 군사독재관 제도에서 유래했다. 다시 말해 '독재'란 전시하의 임시 제도이다. 이와 달리 '전제(autocracy)'는 페르시아 등지에서 정식 제도로 존재하던 독재정치이다. '전제'는 로마제국 시대부터 중세 비잔틴 시대에 이르러 평상시의 제도가 되었고, 'dictator'라는 단어는 거의 보이지 않게 되었다. 그리고 근대의 폭력혁명 시기에 이르러 '독재'는 다시 본래의 의미로 사용되었다. 영국 혁명의 크롬웰, 프랑스 혁명의 자코뱅 체제가 그 전형적인 예이다. 로베스피에르는 다음과 같이 명백하게 말했다. 독재는 "적들에 대항하여 자유를 수호하는 전쟁이며, 헌법은 평화적으로 승리를 쟁취한 자유 질서"이다.[12]

여기서 '독재'와 관련한 세 가지 사실을 정리해볼 수 있다. 첫째, '독재(專政)'는 일종의 전시 독재(獨裁)로 민주의 단절을 의미한다. '민주적 독재(民主專政)' 같은 표현법은 '까만 흰색'처럼 성립하지 않는다. 둘째, '독재'는 평상시의 법치 상태와 양립할 수 없다. 레닌의 말처럼 "독재는 … 어떠한 법률에도 저촉 받지 않는 지배이다".[13] 그런데 레닌의 말은 단어의 본래 의미만 놓고 볼 때는 틀리지 않았지만, 독재가 무법천지의 정글과 같은 상태인 것은 아니다. 독재의 경우 평상시의 '높은 인권'의 법치를 일련의 군사관제법으로 대체한 것일 뿐이다. 셋째, '독재'는 일종의 긴급사태(일반적으로 전쟁)와 관계된 임시 조치이다. 즉, 공화제도가 일시적으로 중지된 것으로, 정상적인 집정 방식이 아니다. 이 점이 '전제'와 다른 부분이다.

마르크스-엥겔스가 프롤레타리아 전제 통치가 아닌 프롤레타리아 '독재'를 주장한 것, 1848년 혁명과 파리 코뮌 '내전'에 대해서만 '독재'를 주장한 것, 그리고 마르크스-엥겔스 지도하의 서부, 중부 유럽의 각 좌파조직이 독재를 강령이나 일반 문건에 집어넣지 않은 것, 그 이유는 모두 독재가 임시적인 수단이었기 때문이다. 로마 공화정하에서 독재는 공화제의 이념과 관계없는 일종의 예외상태였다. 러시아의 역사학자 로

이 메드베데브(Roy Medvedev) 역시 마르크스-엥겔스가 사용한 '프롤레타리아 독재'가 바로 '고대 로마의 독재'를 의미한다고 지적했다.[14] 레닌 이전까지 '독재'에 대한 일반적인 이해는 이와 같았다.

마르크스가 활동하던 시기 유럽 국가는 대부분 민주제도를 아직 설립하지 못한 상태였다. 설사 민주제도가 있다 하더라도 보편선거제는 존재하지 않았다. 민주의 권리를 갖기 위해서는 높은 '경제적 자격' 조건을 충족해야 했다. 프롤레타리아는 결사의 권리, 당을 조직하거나 선거에 참여할 정치적 인권을 갖고 있지 않았다. 엥겔스가 말한 대로 "대의제는 법률 앞에서의 부르주아적 평등 … 에 기초하고 있으며, … 오직 일정한 자본을 가진 사람만이, 즉 부르주아지만이 선거권을 가진다. 이들 부르주아 선거인들은 대의원을 선출하고, 그 부르주아 대의원들은 납세 거부의 권리를 이용하여 부르주아 정부를 선출한다".[15] 따라서 당시의 대의제는 '부르주아 민주'라 명명해야 정확하다.• 이러한 '민주'는 가난한 자의 뜻을 반영할 방법을 갖고 있지 않았다. 또한 당시 하층민중의 운동은 종종 폭력적으로 진압당했다. 그렇기 때문에 마르크스는 노동자에게 호소했던 것이다. "여러분들이 현존하는 생활조건을 바꿀 뿐 아니라 자기 스스로를 변화시켜 정치적 지배능력을 갖추도록 하기 위해서 15년, 20년, 50년에 걸치는 내전과 국제적 투쟁을 통과해야 합니다."[16] 마르크스는 "노동자계급은 반드시 전장에서 자력해방을 쟁취해내야" 하므로 다시 '독재' 상태를 초래할 수 있다고 했다.[17] 이처럼 폭력으로 폭력에 저항하는 사상은 이후 많은 사람에게 영향을 미쳤다.

• 레닌과 달리 마르크스-엥겔스는 후기에 발생한 보편선거제도를 부르주아 민주라고 부르지 않았다.

그런데 이후 '부르주아 민주'는 보편선거제로 나아갔고, 정치적 인권이 보급되면서 '계급 간의 경쟁(博弈)'이 입헌정치의 틀 안에서 진행되게 되었다. 따라서 엥겔스도 폭력혁명을 고취하지 않고 좌파운동의 합헌적인 형식을 강조했다. 물론 순수한 '간디주의'는 거의 받아들여지지 않았다. 현대정치에서 좌·우파 모두 통치자가 헌정을 폐지하고 폭정을 가할 때 폭력을 사용해 대항할 가능성을 배제하지 않고 있다. 오늘날 미국에서 '우파'• 적으로 여겨지는 총기소유권도 역시 무력적인 저항을 배제하지 않겠다는 뜻을 내포한다. 그럼에도 불구하고 폭력으로 헌정을 전복하는 것은 현대정치에서 용납할 수 없는 것임은 분명하다.

20세기 초 유럽의 유일한 전제정치 체제인 제정러시아에서 불법 신분이었던 러시아사회민주노동당은 강령에서 프롤레타리아 '독재'를 주장했다. 러시아 마르크시즘의 시조 플레하노프를 포함해 당시 일반인들은 보편선거제가 없는 상태에서 폭정에 대한 폭력적 저항의 방법으로서 '독재'를 생각했다. 그런데 레닌은 달랐다. 레닌이 말하는 '독재'는 전제통치하에서 프롤레타리아가 부득이하게 폭력으로 폭정에 맞선다는 의미가 아니었다. 그는 러시아의 절대다수가 낙후한 농민이기 때문에 프롤레타리아가 선거에 이길 수 없으며, 따라서 오직 폭력적인 방법으로 권력을 탈취할 수 있다고 보았다. 그는 또한 '독재'를 통해 낙후한 다수가 '선진적인 소수'에 복종해야 한다고 주장했다. 일찍이 1902년 레닌은 러시아가 농민국가이기 때문에, 즉 국민의 다수는 믿음직하지 못한 낙후한 농민이기 때문에 프롤레타리아 독재가 필요하다고 명확히 밝혔다. 그에 따르면 프롤레타리아가 농민의 지지를 얻을 수만 있다면 "'독재'를 말

• 엥겔스는 이 '우파'가 유럽이 모방해야 할 대상이라고 보았다.

하는 것은 무의미할 것이다. 왜냐하면, 그렇다면 압도적인 다수가 완전히 우리를 지지하게 되어 독재가 없어도 잘되어 갈 수 있기 때문이다".[18] 다시 말해 농민의 '낙후함' 때문에 민주가 프롤레타리아에 불리한 제도이고, 따라서 '선진적인 분자'가 전제적 차르의 탄압에 맞서 폭력혁명을 거행할 수밖에 없다. 또한 차르가 타도된 이후에도 '독재'를 이용해 민주를 전복하여 "60명의 농민이 무조건 10명의 노동자의 결정에 복종하도록" 만들어야 한다.[19] 같은 이치로 10명의 노동자는 1명의 지도자에 복종해야 한다.

요컨대, 레닌이 주장하는 '독재'는 고대 로마와 마르크스의 전시하 임시 조치, 즉 "안정된 시기가 다가오면 금방 민주주의에 자리를 물려주어야 하는 일시적인 응급수단"[20]이 아니라, 평상시에도 '영구히' 계속되는 통치방법이다. 그것은 "소비에트 공화국의 형태, 프롤레타리아와 (러시아의) 가난한 농민 계층에 의한 지속적인 독재의 형태"이다.[21] 레닌적 '독재' 이후 역사적 전개가 어떻게 되었는지는 모두 익히 아는 바이다. '프롤레타리아 독재'라는 명목하에 소련과 같은 국가는 자유, 민주, 헌정, 인권이 무엇인지 결코 알 수 없었다. 일당 독재체제에서 영수가 독재하는 통치 형태가 정상이 되었다. 국가 폭력의 남용 때문에 유혈 테러가 발생하고 많은 사람이 죽었다. 현대정치 문명에서 '독재'는 듣기만 해도 꺼려지는 대상이 되었다. 이처럼 원래는 긴급사태에서 민주를 구원하기 위해 만든 임시적 조치가 훗날에는 '전제주의'보다도 무서운 '전체주의'로 변했다. 로마 공화정 때조차 군사독재관이 권력을 이양하지 않고 평시까지 독단적으로 통치하여 공화제의 멸망을 가져왔다. 이러한 경험이 주는 교훈 때문에 사람들은 진정 긴급사태를 선택해야 하는 때조차 의심을 품게 된다.

그런데 '타이타닉호 사건'의 경우에는 비상조치 외에는 다른 선택지가 존재하지 않았다. 전염병 상황의 경우, 1918년 미국의 '스페인 독감' 사태 때 오늘날 서구에서는 실시하기 어려운 강제적 조치들을 사용한 바 있다. 그러나 이후 인류는 세균성 전염병을 성공적으로 통제했고, 또한 제2차 세계대전 시기 민주국가가 소련과 연합하여 히틀러를 제압하면서 민주적 통치에 대한 자신감이 크게 상승했다. 만약 제2차 세계대전이 민주국가가 한 종류의 전체주의(소련)와 연합해 또 다른 종류의 전체주의를 무찌른 것이라 한다면, 냉전의 승리는 민주주의가 전체주의에 대해 압승을 거둔 '역사의 종결'로 여겨지고 있다. 소련의 붕괴로부터 30여 년이 지난 지금, 민주국가는 오랜 시간 동안 정부와 민간 모두 안락한 태평성세를 누렸다. 그렇기 때문에 비상사태를 선포하는 것에 매우 신중하게 되었다. 설사 선포했다 하더라도 누차 망설이면서 '최적기'를 놓치고, 실행의 강도 역시 충분하지 못해 결국 재난을 되풀이하고 있다. 이번 방역 사태가 바로 이러한 교훈을 통감하게 해준다.

5. 긴급사태의 두 가지 유형: 방역은 전쟁과 다르다

역사적으로 독재관 제도가 적절하게 사용되었던 것은 사실이지만, 그 대상은 전쟁에 국한되어 있었다. 전염병 사태는 중대한 공공의 이익을 위해 평상시의 인권을 임시로 '정지'한다는 점에서 전시와 유사한 면이 있다. 그럼에도 불구하고 전쟁과 방역은 서로 다른 두 종류의 긴급사태이다. 특히 양자가 '정지'하는 인권의 범위, 특수한 권한의 부여와 책임의 추궁 기제는 결정적인 차이를 지닌다. 따라서 방역을 전쟁과 동일시해서는 안 된다. '방역전쟁에서 승리하자'는 비유적 용법일 뿐이다.

방역과 전쟁의 기본적인 차이는 역병이 자연재해라는 점이다. 인류가 싸우는 적은 의지를 갖고 있지 아니한 병원체이다(비록 바이러스를 종종 '적'이라 비유하지만 말이다). 따라서 방역은 전쟁에서처럼 '이기고 지는 것'이 없다. 동서고금의 흑사병에서 유행성 감기까지, 인류는 규모와 독성이 다양한 전염병을 수없이 경험했고, 그로 인해 막대한 피해를 입어왔다. 하지만 인류가 전염병에 의해 멸망하지 않은 이상 인류는 모두 '싸워서 이겼다'라고 할 수 있다. 예를 들어, (1975년 2월 4일 랴오닝성의—옮긴이) 하이청(海城) 지진에서 적은 사상자 수를 낸 것은 우리의 승리이다. (1976년 7월 28일 허베이성의—옮긴이) 탕산(唐山) 대지진은 유사 이래 가장 많은 사상자를 낸 재해이지만 최종적으로는 역시 우리가 '지진 재해의 구호에서 위대한 승리'를 거두었다.

극단적으로 인류가 '세균 전쟁', '바이러스 전쟁'을 한다고 가정해보자. 승패는 인간과 인간의 사이에 존재하는 것으로, 인간이 세균이나 바이러스에 굴복하는 것은 아니다. 세균과 바이러스는 일종의 무기일 뿐 '전쟁의 당사자'가 아니다. 예를 들어, 1860년 (제2차 아편전쟁 때—옮긴이) 청나라군은 영불연합군의 총포 아래 막대한 사상자를 내며 베이징조약을 체결했다. 이때도 청 왕조가 패배한 대상은 영국과 프랑스이지 총포가 아니다. 한편 몇십 년 후의 항일전쟁에서 우리가 승리할 수 있었던 것은 바로 일본인이 투항했기 때문이었다. 중국의 군민이 침략자의 화력 앞에 쓰러진 숫자는 1860년보다 훨씬 막대했지만, 여전히 승패는 인간이 사용한 무기(냉열병기든 생화학무기든)가 아니라 인간(영, 프, 일)에 대해 존재한다.

전염병이 인위적 '생화학전쟁'이 아닌 이상 승패는 존재하지 않는다.

다시 말해 방역을 '전쟁'에 비유한다면 이 '전쟁'에서 승자는 언제나 인류이다. 전염병에 의해 인류가 멸종되지 않는 한 말이다.

그런데 모든 방역 투쟁에서 인류가 승자라 할지라도, 방역의 성공 여부는 다르게 평가할 수 있다. 그 평가의 유일무이한 기준은 '대가'이다. 즉, 인명의 손실이 얼마나 발생했는가이다. 이 점에서 '어떠한 대가를 치러서라도' 방역 '전쟁'에 승리하겠다는 표현은 무의미하다. 만약 무엇이든 내놓겠다는 그 '대가'가 사람의 목숨이라면 황당하기까지 하다. 인간이 전쟁하는 이유는 일정한 대가(인명을 포함)를 치르고서라도 어떠한 목표를 달성하고자 하기 때문이다. 그리고 이 같은 목표의 전제는 '승리'이다. 전쟁은 그 성격의 정의와 불의와 관계없이 언제나 '승리'를 최우선 목표로 하기 때문에, '대가'의 크고 작음은 부차적인 문제이다. 승리를 위해서 적군을 죽이며 아군의 목숨을 그 '대가'로 내놓는다. 정의로운 전쟁이라 할지라도 '적을 1000명 죽이고 아군을 800명 잃는' 상황을 이론적으로는 받아들일 수 있다. 역사상의 전쟁을 봐도 그러하다. 제2차 세계대전 중 독일 점령지의 항독전쟁, 중국의 항일전쟁과 같은 정의의 전쟁에서 정의로운 일방은 적군보다 훨씬 더 막대한 수의 군민을 잃었다. 그럼에도 불구 최후에는 승리했다고 할 수 있다.

방역은 이와 다르다. 방역은 '반드시 승리'하기 때문에 그 쟁취의 대상은 승리가 아니라 '대가'의 최소화이다. 특히 맹독성 전염병의 경우 생명을 보호하는 것 외에 어떠한 목적이 있을 수 있단 말인가? '적을 1000명 죽이고 아군을 800명 잃는' 식의 승리는 방역에서 성립하지 않는다. 또한 감염자를 산 채로 화장터에 집어넣어서 감염자 몸에 있던 천백만의 바이러스를 박멸시킬 수 있다 하더라도 이러한 잔인무도한 행위는 방역이라 할 수 없다. 아무리 심각한 전염병도 언젠가는 끝난다. 인류는 바이러스를 대상으로 영토할양이나 배상금을 논하지 않을 것이며, 신하가 되어 공물을 바치거나, 항복 협정, '불평등조약'을 조인하는 일은 더욱 더 없다. 질병과 자연재해 앞에서 희생당한 개인의 수는 수천수만이 될 수 있지만, 최후의 승자는 언제나 인류이다. 승자로서 인류는 바이러스에 대해 '자유'나 영토, 어떠한 방식의 배상도 얻어낼 수 없다. 만약 전염병이나 재해와의 싸움에서 개인의 생명을 최대한 보호하지 못한다면 대체 무슨 의미가 있단 말인가? 생명을 '대가'로 바치고서 실패할 리 없는 '승리'를 얻는 게 무슨 가치가 있는가? 결국 '대가를 최소화하는 것'만이 방역의 성패를 평가하는 유일한 기준이다.

전쟁의 승패는 예측하기 어렵다. 이 때문에 전쟁에서 예외적인 권력을 부여받는 자는 보통 그에 대한 책임을 추궁당하지 않았다. 고대 로마의 군사독재관 역시 로마법의 제한을 받지 않는 전권을 행사했고, '독재' 기간의 조치에 대해 면책권을 가졌다. 군사독재관이 악행을 저지르지 않도록 방지하는 유일한 장치는 수권의 기한으로, 6개월 혹은 전쟁이 끝나면 그는 반드시 사임해야 했다. 이와 달리 방역이나 재해 구호와 같은 긴급사태의 경우 중요한 것은 권한에 대한 책임 추궁으로, 긴급사태 시 권력의 확대는 그에 상응하는 책임 소지 범위의 확대도 수반해야 한다. 또한 예외적인 권력에 대해서 예외적인 문책도 따라야 한다. 반대의 경우로 긴급사태에서 평상시의 권리를 박탈당한 자는 특별한 보장을 받아야 한다. 일반적인 질병에 대한 자발적 의료는 자비로 부담해야 하지만, 맹독성 전염병으로 의심되는 경우는 강제적인 치료를 통해 의료 책임을 실현해야 하며, 비용 역시 국가가 부담해야 한다(확진과 관계없이 국비로 부담해야 한다. 국비를 절감하기 위해 확진을 거부하는 일이 발생해서는 안 된다). 자유인은 스스로 생계를 도모할 수 있어야 하지만, 그 자유로운 생계 도모의 권리를 박탈당했을 때는 정부가 '요람에서 무덤까지' 전 방위적 보장을 책임져야 한다. 또한 정부는 권한에 수반되는 전 방위적 추궁 역시 받아들여야 한다.

방역은 권력의 행사 측면에서도 전쟁과 차이가 있다. 전쟁 중 군신은 반드시 위험을 감수해야 한다. 게다가 이러한 감수 행위는 자발적인 것이 아니라 '전쟁 규율'에 따른 것이다. 이와 달리 방역 제일선에서 싸우는 '백의의 전사'를 강제적으로 동원하는 것에 대해서는 '전쟁 규율'을 적용할 수 없다. 물론 '백의의 전사'가 전쟁터 속의 전사만큼이나 헌신과 용기를 지니고 있음은 의심의 여지가 없다. 하지만 전염성이 높은 질병의 예방 치료 작업에서 의료진이 충분한 보호 장비 없이 제일선에서 일하는 것은 의료진의 생명뿐만 아니라 의료와 간호의 대상, 환자, 나아가 사회 전체에 대해 무책임한 것이다. 제일선의 의료진은 감염에 가장 취약한 집단으로, 감염되는 순간 가장 강력한 감염원이 된다. 그들이 매일 모여서 일하며, 이동하는 것은 어쩔 도리가 없는 것이다. 의료진이 매일 대량으로 접촉하는 사람들 가운데 극소수만이 감염병 확진을 받는다. 그리고 내원자 대다수는 각종 편찮음으로 인해(그렇지 않다면 병원에 오지 않았을 것이다) 감염에 취약하다. 만약 의료진 스스로 감염 가능성을 차단하지 않는다면, 이들은 누군가를 치료하는 게 아니라 해치는 것일 수도 있게 된다. 또한 이들이 감염된다면 그 감염 범위는 높은 확률로 같은 업종의 의료종사자 집단에 집중될 것이다. 의료 인력이 부족한 전염병 유행 상황에서 의료진 감염은 재난을 막기는커녕 키우게 될 것이다.

군인은 위험을 무릅쓸 때 자신만을 책임진다. 반면 의료진이 감염된다면 자신뿐만 아니라 타인의 생명까지 위태롭게 한다. 따라서 의료진이 보호 장비가 부족한 상태로 제일선에서 방역에 종사하는 것은 무책임한 것만이 아니라 일종의 거꾸로 된 방법이다. 사실 이러한 그릇된 방법 때문에 일부 지방에서 의료진 감염률은 내원자의 그것보다 훨씬 높았다. 예를 들어 우한시 제7의원 중환자실의 경우 의료진의 3분의 2가 감염되었다. 보호 장비가 부족한 상태에서 "감염될 것이 뻔해도 반드시 진료하러 가야 한다"라고 말한 한 의사는 "벌거벗은 채로 달리는 듯"하다고 표현했다. 우한 중난의원(中南醫院)은 1월 1일 이후 28일 동안 138명의 코로나19 환자를 치료했는데, 그중 원내 감염이 57명이었고, 다시 그 가운데 40명이 의료진이었다(감염률이 29%에 달한다).[22] 우한 협화의원(協和醫院), 우한대학교 인민의원(武大人民醫院), 우한시 제1의원 역시 각각 262, 194, 125명의 의료진이 감염되었다. 이 사태에 대해 정부 관계자는 반드시 책임을 져야 한다.

방역으로 인한 긴급조치가 초래하는 후과(後果)도 다르다. 방역은 앞에서 말한 '타이타닉호 사건'의 '재난 시의 공공윤리'와 유사하다. 타이타닉호에서 아녀자를 우선해 구명보트에 태우겠다는 선장의 결정이 모두에 의해 받아들여진 것은 선장 자신도 희생자가 되기 때문이었다. 선장과 그의 측근도 몰래 구명보트에 탔다면 사람들은 그를 칭송하지 않을 것이며, 만약 그가 이득까지 얻었다면 그를 비난할 것이다. 비록 그가 타인을 희생함으로써 그 자신만이 아니라 많은 사람을 구했을지라도 말이다. 혹은 사람들이 이러한 아녀자 우선의 결단 자체가 지닌 정당성을 확신할지라도 말이다.

전쟁은 이와 다르다. 사령관이 무수한 군민을 희생하여 전쟁에서 승리한 후 그 자신이 다치지 않았을 뿐만 아니라 큰 이익까지 얻었다고 할 때, '장수 한 명의 공을 위해서 병사 만 명이 스러지는' 상황이 가능하다.

민주국가에서도 그러하다. 미국의 워싱턴, 그랜트, 아이젠하워, 프랑스의 드골과 같은 전쟁 영웅이 많은 사람의 촉망을 받으며 대통령직에 오른 것이 그 예이다. 왜냐하면 전쟁의 목적은 재난의 구호와 다르기 때문이다. 전쟁 역시 가능한 한 희생을 줄여야 하지만 더욱 우선적인 목표는 '승리'를 쟁취하는 데 있다. 전쟁은 패전의 결과를 감당해야 하며, 전쟁에서 승리한 자는 인적 희생을 다른 이익으로 교환해올 수 있다. 영토, 주권, 자유, 민주, 독립, 통일, 배상금, 존엄 등이 그것이다. 게다가 이론상으로는 전쟁 승리의 이득이 모두에게 돌아간다. 만약 모두가 이익을 얻었다면 사령관이 받는 혜택 정도는 부적절하지 않은 것이 된다. 심지어 일반인보다 더 많은 이익을 획득했다 할지라도 사람들은 수긍할 수 있다.

하지만 재난, 특히 방역과 같은 특수 재난은 상황이 완전히 다르다(지진, 가뭄, 장마 등의 재해와 비교할 때, 전염병의 가장 중요한 특징은 바로 사람이 죽을 뿐 직접 물질적 파손을 일으키지 않는다는 점이다). 방역의 유일한 목적은 바로 사망자를 줄이는 것이다. 어떤 의지를 지닌 적을 무찌르는 것도 영토와 자유, 배상금, 존엄 등을 얻기 위한 것도 아니다. 이번 강제적 방역의 결과 목숨을 잃은 일부를 제외한 대다수는 살아남았지만 모두 나름의 대가를 치렀다. 대부분의 사람은 이동의 자유를 금지당했으며, 수입, 소비, 오락이 감소했고, 학습과 취업의 기회를 제한당했다. 일부 방역 요원은 추가 근무를 하며 피로와 위험을 감수해야 했다. 온 국민이 전염병으로 인한 경제적·사회적·심리적 방면의 심각한 2차적 손실을 보았다. 이론적으로 말해 전염병 사태에서 이익을 얻는 자는 없다(전염병 사태를 이용해 돈을 버는 자는 전쟁으로 돈을 번 자보다도 더욱 후안무치하다). 이처럼 모두가 손해를 보는 상황에서 누가 무슨 근거로 이익을 얻을 수 있단 말인가? 그것도 크나큰 이익을 말이다.

사실 민주제도 아래에서 '장수 하나의 공을 위해서 병사 만 명이 스러지는' 상황은 별개의 조건을 충족해야 한다. 영국과 프랑스의 민중은 제2차 세계대전 승리 후 모두 '배은망덕'하게 처칠과 드골을 퇴진시켰다. 그들은 모두 다른 야당이 한 차례 집권한 후 선거에서 고투한 끝에 복귀할 수 있었다. 미국의 경우도 사령관과 전시 대통령을 거쳐 연임한 것은 워싱턴뿐 그랜트와 아이젠하워는 우여곡절 끝에 대통령이 되었다. 방역의 경우 관련 책임자가 긴급사태에서 이익을 얻고 피해를 본 민중에게 감사 인사를 들으며 심지어 이를 자본으로 삼아 긴급사태가 끝난 이후에도 권력을 지킬 수 있겠는가?

군사독재관의 경우 야심 때문에 전쟁 후에도 군사 권력을 이양하지 않고 '독재'를 '전제'로 만들 가능성이 컸다. 역사가 이 점을 증명한다. 반면 방역의 긴급상황에서 책임자가 부여받는 권한은 기껏해야 민사 관제, 경찰 및 치안 권력의 확대일 뿐이다. 국가의 군대가 그에게 넘어가지는 않는다. 따라서 민주국가에서 '독재 방역'을 실시한다고 해도 '독재정치'에서 '전제정치'로 변할 위험성은 매우 미미하다. 적어도 역사적 선례는 존재하지 않는다. 원래부터 전제국가라면 전제적 통치자는 방역을 기회 삼아 관제를 보다 강화할 것이고, 전염병 시대 이후까지 지속하려 할 것이다. 긴급사태가 일상화되고, 전제정치가 더욱더 전체주의화될 위험성이 크다.

6. 민주와 전제: 방역 경험의 장기적 영향

긴급사태 아래에서 정상적 인권을 제한하고 정지함은 방역과 전쟁 모두에서 발생한다. 단 그 범위와 정도가 다르다. 일반적으로 말해 맹독성 전염병으로 인한 긴급사태의 경우 전쟁에서보다 인권에 대한 타격이 더욱 크다. 전쟁 발생 시, 민주국가의 국민은 적의 포로가 되거나 패전으로 인해 학대당하지 않는 이상(사실 이것은 인권만이 아니라 주권의 문제와도 관련되는데), 전시 긴급사태가 인권에 미치는 영향은 세금의 증가, 복지의 감소, 징병의 확대 등이며 더 심해봐야 경제 관제, 언론의 제한, 민주제도의 동결뿐이다. 생계를 위한 영업을 금지하거나, 경제의 일시 정지, 도시와 집을 봉쇄하여 모두를 감옥에 가두는 식으로까지는 하지 않는다. 반면 강제적인 전염병 조사와 전파의 감시는 개인의 사생활 권리를 심각하게 침해한다. 그 침해 정도는 전시하에서 국가가 소수집단에 대해 행하는 안전조사보다도 크다.

더욱 정확하게 말하자면 방역과 전쟁에서 인권에 가하는 제한은 종류가 다르다. 예를 들어, 방역은 언론을 제한하고 민주제도를 동결할 필요가 없다. 반면 전쟁은 국민을 '감금처벌'할 필요가 없다. 전쟁은 파업을 금지하고 추가 근무를 강제할 수 있지만, 방역은 반대로 출근을 금지하고 '휴가'를 강제할 가능성이 있다. 그런데 절대다수의 사람들에게 있어 언론의 제한이나 파업 금지보다 '감금처벌'과 출근 금지가 더욱 무서운 일이다.

여기서는 특히 두 긴급사태가 언론의 자유에 대해 미치는 영향이 어떻게 다른지 살펴보겠다. 전시 긴급사태에서 민주국가는 언론의 자유를 평상시보다 더욱 제한할 필요가 있다. 그 이유는 첫째, 적군이 의도적으로 '유언비어'를 전파하여 공황을 꾀하는 '심리전'에 대비함이다. 둘째, 언론의 무제한 보도로 인해 군사기밀이 유출되는 것을 방지함이다. 그런데 이 두 가지 이유는 모두 '적'이 의지를 지니고 있으며, 또한 전쟁에서 실패할 위험이 존재함을 전제로 한다. 방역은 이와 달리 바이러스라는 적이 악성 유언비어를 전파하지도, '아군'의 언론이 기밀정보를 누설하지도 않는다. 사실 전시에도 '적군이 유언비어를 퍼뜨리는' 일만 일어나지 않는다면 언론자유의 전통 속에서 언론이 공황을 일으키는 상황은 매우 드물다. 구미의 코로나 사태에서 이 점을 충분히 알 수 있다. 구미 국가들은 많은 경우 방역을 위해 도시를 일시적으로 봉쇄했지만 민중의 입을 봉쇄한 적은 없다. 이처럼 언론의 자유가 보장되었지만 어떠한 공황이 발생한 적은 없다. 오히려 대중이 사태에 대해 신경 쓰지 않고 지나치게 '긍정적'이라 우려를 낳았을 정도이다.

여기서 과거에 유행했던 '미국인은 죽기를 두려워하지만, 중국인은 죽는 걸 두려워하지 않는다'라는 말도 다시 검토해보자. 사실 어떠한 민족에도 죽음을 두려워하는 자와 두려워하지 않는 자가 모두 존재한다. 목숨을 가볍게 여기는 자나 지나치게 죽음을 두려워하는 자는 소수로, 일반적인 사람들이 생명의 위협에 대해 수용할 수 있는 능력은 그 중간에 위치한다. 중국과 미국의 제도적 특성의 측면에서 볼 때, 양국의 진정한 차이는 '미국(민주제도 아래의 통치자)은 사람이 죽는 걸 두려워하고, 중국(전제적 통치자)은 사람이 죽는 걸 두려워하지 않는다'는 데 있다. 이 때문에 전쟁이 발생하면 미국인보다 중국인이 더 많이 죽었다. 그런데 이번 코로나 사태에서는 정반대의 말이 유행했다. '중국인은 말을 듣지만, 미국인은 말을 안 듣는다', '중국인은 죽음을 두려워하지만, 미국인은 죽음을 두려워하지 않는다'. 만약 정말로 '국민성'이라는 것이 존재한다고 가정한다면, 이번 방역 사태에서 국민성으로 인해 미국인이 중국인보다 더욱 많이 죽게 된 것이다.• 그렇다면 미국이라는 국가는 국민의 '생존'을 위해 적절히 국민의 '생존권'에 간섭해야 하는가? 국가의 역량을 통해 국민이 '죽음을 두려워하도록' 적절히 강제해야 하는가?

이번 코로나19 사태는 인류의 정치제도와 관련해 많은 문제를 제기했다. 현재 이 문제들은 중국과 서구 모두에게 매우 급박하고도 심각한 것이다. '낮은 인권의 우위'를 지닌 중국은 인권을 '정지'시키면서 방역에 성공했다. 그렇다면 긴급사태의 조치가 일상화될 때, 평상시의 인권이 더욱 악화하는 것을 어떻게 방지할 것인가? 서구는 비상시임에도 불구하고 '높은 인권'을 어떠한 조정도 가하지 않고 계속 추구함으로써 큰 피해를 보았다. 그들은 민주제도를 유지하면서 어떻게 효율적으로 긴급사태에 진입할 수 있을 것인가? 또한 어떻게 적시에 비상시의 관리조치를 멈출 것인가?

중국은 강력한 통제를 시행하기에 매우 편리한 체제이다. 그런데 코로나19 사태 초기 중국이 통제한 것은 바이러스가 아니라 '내부고발자'였다. 이와 관련해서는 개인의 책임을 물어야 한다. 반면 서구는 당쟁 속에서 개인의 책임 소지를 다투는 데 몰두하고 있는데, 그보다는 현행 민주제도가 긴급사태에 취약한 부분을 반성해야 한다. 이를 위해 민주국가는 과거에 그들이 경험했던 'dictator' 제도를 복습해야 한다. 중국은 코로나 사태 종식 후 '전제'와 '군주제'로부터 벗어나 정상 상황에서

• 혹자는 코로나 사태 동안 미국에서 교통사고가 감소하면서 전체 사망률이 오히려 하락했다는 이유를 들어 미국의 높은 코로나19 사망률을 변호한다. 하지만 이것은 황당한 주장이다. 교통사고 사망률 상승을 근거로 총기폭력 관련 사망률을 낮게 평가할 수 없는 것과 마찬가지이다.

의 인권을 존중하기 위해 노력해야 한다.

현재 일부 국가의 정객들은 코로나19 팬데믹이 누구의 책임인가를 놓고 심하게 싸우고 있다. 하지만 바이러스가 자연적 생물이기만 하다면, 그것의 발원지가 어디든 상관없이 그 누구의 공적과 과실도 존재하지 않는다. 공과를 논할 수 있는 것은 바이러스로 인한 전염병 사태에 대해 적절하게 예방과 치료를 했는가의 여부이다. 중국이 져야 하는 책임이 있다면 바로 초기 대응에서 실수하여 대유행을 초래한 것에 대한 일정한 도의적 책임이다. 바이러스가 어디에서 기원했는지에 관계없이 전염병 사태는 중국에서 시작되었다. 그리고 남들이 중국의 초기 실책을 비판하든, 혹은 후반부에 보여준 성공을 칭찬하든 그것은 모두 그들의 권리이지, 중국인의 권리도 그들의 의무도 아니다. 중국의 방역 성공 경험을 선택적으로 학습하는 것도 마찬가지다. 중국인이 반성은커녕 세계를 향해 감사를 요구하는 것은 황당하고도 적절하지 못한 행동이다. 과거 백인 식민자가 가져온 천연두는 아메리카 대륙에 재난을 초래했다. 훗날 서구가 천연두의 예방치료방법을 발견했고, 천연두는 점차 소멸했다. 그렇다면 아메리카 원주민들은 '백인에게 감사해야' 할까? 혹은 백인은 당당하게 아메리카 원주민에게 감사를 요구할 수 있을까? 모두 그렇지 않다.

문제의 관건은 제도에 있다. 서구는 자유민주가 이번 긴급사태 때 드러낸 제도적 결점들에 대해 진지하게 고찰해야 한다. 서구는 사태 초기 통제 부족으로 전염병을 외부로 유행하게 만든 것에 대해 중국을 원망할 수는 있다. 하지만 서구에서 유행이 기정사실이 된 이후, 그들은 높은 의료 수준과 강력한 국력을 가지고도 사태를 통제하지 못했다. 이것은 어떻게 설명할 것인가? 현재 전염병 사태 속에서 민주와 전제는 제도적인 경쟁을 벌이고 있다. 서구는 중국을 원망하는 것만으로 이 경쟁을 감당해낼 수 있겠는가? 최악의 경우로 민주주의국가와 전체주의국가 간에 '생화학전', '바이러스전'이 발생했다고 가정해보자. 전체주의국가는 바이러스 공격을 당한다 해도 극단적인 수단을 통해 그 전파를 완벽히 통제할 수 있다. 반대로 민주주의국가는 바이러스 공격에 어떻게 대처할 것인가? 지금처럼 그렇게 애를 먹는다면 과연 민주제도를 앞으로도 지속할 수 있겠는가? 민주제도가 지속할 수 있을지의 여부가 적수의 자비로움에 달려 있단 말인가? [송가배 옮김]

미주

1 이상의 수치는 모두 '바이두(百度)' 실시간 코로나19 상황보고를 참고했다. https://voice.baidu.com/act/newpneumonia/newpneumonia.

2 https://chinadigitaltimes.net/chinese/2020/03/%E3%80%90%E5%9B%BE%E8%AF%B4%E5%A4%A9%E6%9C%9D%E3%80%91%E9%83%BD%E6%98%AF%E5%81%87%E7%9A%84%E4%B8%8D%E8%AE%A9%E5%96%8A%E4%BA%86.

3 〈姚洋: 中國的低隱私保護狀態給AI發展提供了優勢〉, http://video.caixin.com/2019-11-09/101481276.html.

4 魔都囡, 〈我不會用智能手機, 你們是不是準備讓我去死?〉, https://mp.weixin.qq.com/s/mksgTD_fcXhT2j81MANNmA.

5 〈加強團結合作 尊重保障人權: '全球疫情防控與人權保障'系列國際視頻研討會綜述〉, 《人民日報》, 2020年 7月 15日.

6 Quarantine, no human rights, no quarantine, no human left.

7 William David Ross, *The Right and the Good*, New York: Oxford University Press, 1930.

8 〈秦暉 許章潤 王義桅 王文: 激辯人權與主權〉, https://www.legal-theory.org/?mod=info&act=view&id=20562.

9 秦暉, 《福利的'高低''正負'與中國的轉型》, 《二十一世紀》, 香港中文大學(雙月刊), 2013, 4-24頁.

10 秦暉, 〈'第三條道路', 還是共同的底線?〉, 《二十一世紀》, 2000, 106-117頁.

11 秦暉, 《共同的底線》, 江蘇文藝出版社, 2013.

12 막시밀리앙 로베스피에르, 《로베스피에르 덕치와 공포정치》, 배기현 옮김, 프레시안북, 2009, 207쪽. 1793년 12월 25일, 혁명력 2년 니보즈 5일, 로베스피에르의 국민공회에서의 연설, 〈혁명정부의 원칙에 대하여〉.

13 블라디미르 일리치 레닌, 《프롤레타리아트혁명과 배신자 카우츠키》, 허교진 옮김, 소나무, 1988, 20쪽. '카우츠키는 어떻게 마르크스를 평범한 자유주의자로 변색시켰는가'.

14 Roy Medvedev, *Leninism and Western Socialism*, London: Verso Books, 1981, p. 36.

15 《馬克思恩格斯全集》, 中文第一版, 第4卷, 362頁(마르크스 · 엥겔스, 《마르크스 · 엥겔스 저작선》, 김재기 편역, 거름, 1988, 19쪽; 엥겔스, 〈공산주의의 원리〉, 1847).

16 《馬克思恩格斯全集》, 中文第一版, 第7卷, 618頁(마르크스, 〈쾰른 공산주의자 재판의 진상〉, 1853).

17 《馬克思恩格斯全集》, 中文第二版, 第3卷, 126頁(마르크스, 〈국제노동자협회 창립 7주년 축하회에서의 연설〉, 1871. 9. 24. 또는 25).

18 《列寧全集》, 中文第二版, 第6卷, 215—216頁(V. I. 레닌, 《2차 당대회: 혁명주의와 기회주의 사이의 분열 1902~1903.9》, 레닌저작집 2권 1분책, 김탁 옮김, 전진, 1988, 61쪽;〈플레하노프의 두 번째 강령 초안에 대한 주석〉, 1902년 2~3월 초 쓰임).

19 《列寧全集》, 中文第二版, 제36卷, 350頁(〈자유와 평등의 구호를 이용해 인민을 기만함에 관하여〉, '성인교육에 관한 제1차 전러시아 대회'에서의 두 번째 연설, 1919년 5월 19일).

20 考茨基, 《無產階級專政》, 三聯書店, 1958, 79頁(카를 카우츠키, 《프롤레타리아 독재》, 강신준 옮김, 서울: 지만지, 2013, 171쪽).

21 위의 책.

22 https://hk.on.cc/hk/bkn/cnt/cnnews/20200209/bkn-20200209143032647-0209_00952_001_cn.html.

9장

팬데믹 상황에서 글로벌화 위기와 '중국방안'

원톄쥔

전염병의 세계적인 폭발은 산업자본의 구도와 금융자본의 유동에 모두 심각한 영향을 미쳤다. 이 글에서는 오늘날 전염병의 확산으로 인해 발생한 세계화 위기의 객관적 규칙과 중국의 국내외 정세를 분석하고, 현재의 위기에 대응하기 위한 중국의 거버넌스(治理) 방안을 제시하고자 한다.

1. 세계화의 3단계

1) 전자본주의의 식민주의적 세계화

서구 주도의 첫 번째 세계화는 전자본주의(Pre-Capitalism)의 식민화다. 이 단계에서 서구는 전 세계로 자원형 확장을 했다. 식민지를 통해 서구는 대량의 토지, 원자재, 노동력을 확보했고, 덕분에 1차 산업 생산을 증대시킬 수 있었다. 19세기 초, 산업자본은 주로 유럽의 본토에 집중되어 있었고, 식민지 국가들은 원자재 생산지로서 유럽의 산업자본을 뒷받침했다. 서구는 대량의 원시적 자본축적 과정에서 반인륜적인 범죄를 저질렀고, 총, 대포, 전염병으로 원주민을 몰살하고, 노예제를 통한 세계무역을 추진하여 산업을 확장했다. 아메리카, 오세아니아, 그리고 아프리카가 식민화되었다. 유럽의 토지와 자본의 몇 배에 이르는 네 대륙은 서구 산업화의 중요한 원시적인 토대가 되었다. 그러나 식민화된 대중, 특히 '부족화(tribalization)' 시대에서 살아온 원주민의 입장에서 풍부한 자원은 오히려 재앙과 상처였다. 견고한 함대와 강력한 대포를 통한 1차 세계화는 원주민 문화의 소멸이라는 값비싼 대가를 지불했다. 식민주의 세계화는 결국 강력한 내적 갈등을 폭발시켰고, 식민지 국가들이 지배국에 대항해 수많은 전쟁이 일어났다. 이렇게 전 세계에 200개가 넘는 주권 국가가 탄생했다.

2) 산업자본의 세계화

산업자본 간의 경쟁으로 인한 세계화는 식민주의 세계화와 달리, 초기 산업자본의 대부분이 현지화되었으며, 서구 산업 국가들에 집중되어 있었다. 산업자본은 국적이 분명했다. 즉, 자본가에게는 조국이 있었다. 마르크스는 노동자계급에게는 조국이 없고 모두가 착취당하고 있으며, 전 인류가 해방될 때 비로소 노동자계급에서 벗어날 수 있다고 말했다. 마르크스주의는 생산의 사회화와 재산의 사유화 간 갈등으로 인해 세계적으로 과잉 생산 위기가 발생할 것이라고 보았다. 노동자의 임금은 매우 적은 반면, 공장에서 상품은 대량 생산된다. 원래대로라면 상품을 구매할 수 있는 노동자의 소득이 적기 때문에 상품을 구매할 수 없다. 이것이 바로 자본주의의 내적 모순인 과잉 생산이다. 이러한 과잉 생산은 두 차례의 세계대전으로 이어졌다.

제2차 세계대전 이후, 미국과 소련은 각자가 지배하는 지역에서 산업자본의 재부상을 모색했다. 소련은 한국전쟁을 통해 동유럽 전체의 공업 생산을 회복시켰을 뿐만 아니라 중국에 대량의 군수 산업과 설비 제조업을 이전하여 중국을 군수 중공업 위주의 산업화로 이끌었다. 미국은 '마셜 플랜'을 통해 서구의 공업 생산을 회복시킨 동시에, 한국전쟁을 지원하기 위해 일본에 공업 기반을 구축했다. 이로 인해 제2차 세계대전 이후 미국과 소련을 중심으로 나뉜 산업자본 구도, 즉 '쌍기러기형 산업전이'[1]가 이루어졌다. 다국적 기업은 각기 다른 국가에 있는 산업자본을 통제하는 새로운 지정학적 구도를 형성했고, 초기 식민화로 말미암은 산업자본의 현지화가 조성한 "자본가에게 조국이 있다"는 생각, 나아가 과잉 생산으로 초래된 국가 간 악성 경쟁과 전쟁이라는 낡은 구도를 바꾸었다.

1960~70년대, 다국적 기업이 보편화되었다. 유럽과 일본 등 공업 지역에 과잉 생산이 다시 발생했다. 특히 노동집약형 가공업이 해외로 이전되기 시작했다. 서구 국가들은 생산지를 중남미의 브라질, 아르헨티나, 페루, 칠레, 멕시코 등지로 옮겼고, 소위 아시아의 '네 마리 용' 역시 일본의 노동집약형 산업을 받아들였다.

자본에 저항하는 노동집약형 산업의 대규모 이전에 의해 서구 국가의 다국적 자본은 세계 요소 거래에서 수익이 증가했고, 수익을 모국에 보냄으로써 모국이 가두 정치와 폭력성 혁명이 빈번하게 발생하는 어려움에서 벗어날 수 있도록 했다. 또한 저항과 충돌이 상대적으로 격렬하지 않은 새로운 시대에 진입하며 인권, 사회발전, 복지 등을 연구하기 시작했고, 발전도상국을 돌보는 도덕적 위상을 갖게 되었다. 또한 이로 인해 서구에서는 제3차 세계대전이 발생할 수 있는 조건이 만들어지지 않았다.

3) 금융자본의 세계화

1980년대 서구 국가들은 '신자유주의' 금융화 단계로 들어섰다. 세계화 역시 '금융자본의 세계화' 단계로 들어섰다. 이 단계의 특징은 통화 발행의 자유로, 서구 국가들은 화폐 가치의 신용도에 힘입어 산업을 발전도상국으로 이전하고 글로벌 무역에서는 자국 통화로 결제했다. 발전도상국은 산업 도입과 원자재 수입을 위해 부득이하게 달러를 통한 결제와 외환 비축을 하게 되었고, 달러가 세계 무역에서 공고화되었다. 이로써 미국을 위시한 서구 국가들은 빠르게 금융자본 단계에 진입할 수 있었다.

금융자본 단계에 진입한 대표적인 국가는 미국과 영국이다. 이 두 국가 GDP의 3/4 이상은 금융 중심의 서비스업이 원천으로,[2] 경제 구조의 현대화라고 불린다. 영미의 식민지 시대 앵글로색슨 모델이 세계화에서 발전했다. 이런 구조에서 주류로서의 발언권을 갖게 되면서, 금융자본 단계의 세계화가 이루어졌다. 즉, 금융자본에 의해 전 세계가 '변화되었다'. 구체적으로, 서구의 산업을 이전받은 모든 국가들은 '그들'의 금융자본 및 그에 조응하는 제도에 맞게 반드시 자국의 제도를 개혁할 수밖에 없었다. 이런 '세계화의 보편법칙'은 발전도상국에 관철되었다. 누군가 이해하고 가르치고 실행하며, 검사하고 지도해야 했다. 잘하지 못하면 다시 조정하고 수정했다. 그렇게 못하면 소위 '색깔 혁명'이라는 징벌을 겪어야 했다. 이런 것들을 다국적 '서비스 무역'이라고 부를 수 있지만, 이것이 바로 금융 세계화가 동반한 신자유주의식 제도적 세계화이다.

금융자본은 다국적 기업을 통해 세계를 장악했고, 이로써 거대한 수익을 챙길 수 있었다. 금융 세계화는 산업자본이 세계에서 요소 가격이 낮고 생산 수익이 높은 지역을 찾도록 한다. 그래서 제3차 산업자본의 전지구적 구도하에서 세계 분업이 이루어졌고, 노동집약형 산업은 중국, 베트남, 인도네시아, 방글라데시 등 인구가 상대적으로 많아 노동력이 풍부하고 임금이 저렴한 지역으로 이전되었다. 선진국들은 기술 개발, 브랜드, 포장 등을 담당하고, '스마일 곡선(smile curve)'의 양 끝에서 높은 수익을 얻었다. 발전도상국은 다국적 기업의 이윤 목표에 의거한 '제도 전환'을 구현했다. 예를 들면, 1990년대 이후 IT 산업의 대대적인 발전에 수많은 프로그래머가 필요했다. 이런 직업을 서구에서는 '3D 업종(Dirty job)'이라고 불렀고, 로우앤드(low-end) 노동이 인도로 이전되었다. 인도가 영어와 저렴한 노동력이라는 우위를 통해 기초 소프트웨어를 개발하는 지역으로 발전했다. 선진국들은 인도에서 기초적인 프로그램을 가져와 본국의 소프트웨어로 포장해 높은 가격에 판매한다.

금융자본이 주도하는 허구의 자본 금융화 과정에서 소위 새로운 세계화 규칙이 형성되었다. 현행 금융자본의 세계화는 자본주의가 더 높은 단계로 발전한 것이고, 이 단계에서 매우 중요한 구조적 변화가 발생했다. 다국적 기업이 세계적으로 형성한 산업 구도는 산업 가치사슬로 긴밀하게 연결되었고, 중간에 어떠한 한 부분이라도 단절되면 세계화의 위기가 발생할 수 있게 되었다.

2. 세계화 발전에서 중국의 위상 변화

1) 중국의 세계화와 그 영향

자본주의 경제 시스템에서 가장 높은 단계는 금융자본 단계이며, 그 아래는 산업자본 단계와 자원경제 단계이다. 1970년대 이래, 중국은 개혁개방을 시행했고, 수많은 이들은 중국이 발전 기회를 얻었다고 생각했다. 당시 세계는 중국을 자국과 대립할 국가로 여기지 않았고, 미소의 갈등을 틈타 국가 이익을 최대화할 수 있다고 생각했다. 요소 가격의 최저가를 추구하기 위해 다국적 자본은 산업의 세계화를 재촉했다. 중국은 양질의 인프라와 노동력 등 투자 유치에 유리한 조건을 갖추고 있었기 때문에, 수많은 해외 자본이 중국 시장에 진입했다. 중국과 미국은 각기 다른 단계에서 제1 대국이 되었다.[3] 미국은 금융자본 단계에서의 제1 대국으로, 금융 파생상품의 거래 규모가 세계 40%를 차지한다.[4] 산업자본 단계에서는 중국이 제1 대국으로, 세계 장비제조업에서 차지하는 비중이 3분의 1을 넘는다.[5]

세계무역기구(WTO)가 발표한 '세계 무역 데이터와 전망'에 따르면, 2017년 세계 수출입에서 중국의 기여도는 각각 10.2%와 12.8%를 기록하며 세계 2위와 1위를 차지했다. WTO의 통계에 따르면, 2018년 세계 무역 총액은 39조 3420억 달러였다. 중국은 최대 무역국으로 수출입 총액이 4조 6200억 달러로, 세계 수출입의 11.75%를 차지했다. 미국은 중국의 뒤를 이어 수출입 총액이 4조 2780억 달러로, 세계 수출입의 10.87%를 차지했다.[6] 세계 최대의 상품 무역국으로서 중국은 이제 세계 무역을 선도하게 되었다.

중국은 민족민주혁명을 거쳐 독립적인 자주 정권을 수립한 국가이다. 이 독립적인 정권에 의거한 중국은 주권 화폐와 세계에서 가장 완벽한 산업구조를 갖고 있기 때문에, 미국 주도의 세계화에 진입했음에도 불구하고 여전히 금융시장의 미개방, 위안화의 자유로운 태환 금지 등을 유지하고 있다. 외국 자본이 이 과정에서 중국으로부터 거대한 이윤을 챙길지라도 무역 흑자가 창출하는 외환 보유고가 모두 위안화 증발로 전환된다. 광의통화(M2)를 달러로 환산하면, 중국은 이미 세계 최대의 금융 총량을 보유한 국가이다. 이 과정 역시 위안화 금융자본의 굴기를 촉진했다.

2009년 범국경(cross-border) 무역 위안화 결산 시범 사업을 필두로 위안화는 국제화 단계로 들어섰다. 과거 십여 년 동안, 위안화의 해외 사용이 점차 확대되었고, 국제 시장에서의 가격 결정력도 완만하게 상승했다. 오늘날 위안화는 5대 기축 통화 중 하나이고, SDR(특별인출권) 바스켓에 편입되어 달러와 유로화에 이어 세 번째로 큰 비중을 차지한다. 중국의 해외 무역이 빠르게 발전함에 따라 그 위상 역시 함께 높아지고 있다.

2) 금융자본 세계화와 국가 간 경쟁

오늘날 자본주의 국가 사이에 나타나는 주요 갈등은 더 이상 서구 산업화 시기 자본과 노동 간의 갈등이 아니라 서구의 '탈산업화' 이후 주요 금융자본 사이의 악성 경쟁에서 비롯된 내생적 갈등이다. 즉, 총체적인 금융 과잉 및 그로부터 벗어날 수 없는 금융자본 독점 집단 간의 세계 화폐 패권을 차지하기 위한 저항적인 갈등이다.

중국은 미국의 금융 확대가 초래한 대가를 수동적으로 받아들일 수밖에 없었고, 이로 인해 중국의 국가안보 리스크가 대내외적으로 커졌다. 2008년 미국이 금융위기에 직면해 대규모 '양적 완화'를 시행했고, 증발한 달러가 신흥 시장에 유입되었다. 중국과 같은 신흥 경제체는 부득이하게 통화 증발을 헷징(hedging)했다. 이때 미국에는 인플레이션이 발생하지 않고, 오히려 중국에 수입 인플레이션(imported inflation)이 발생했다. 2014년 이후, 미국은 양적 완화를 마무리했지만, 오히려 세계적인 수입 디플레이션은 세계 수요를 감축시켰고, 이로 인해 중국에는 더 심각한 산업 과잉이 나타났다. 중국 연해 지역에서는 산업이 해외로 이전하는 '탈산업화'가 나타났고, 중국 경제는 급격하게 금융자본 단계로 이동을 추진할 수밖에 없게 되었다. 2014년 1월에 미국이 양적 완화 정책을 중단했고,[7] 2015년 11월에 중국은 공급 측 개혁을 제시하며[8] '공급 과잉 해소, 재고 소진, 디레버리징, 기업 비용 절감, 취약점 보강 정책(三去一降)'을 시작했다. 이와 같은 선(先) 인플레이션, 후(後) 디플레이션의 전환은 중국의 외적 모순이 비주류 분야에서 수동성을 지닌다는 점을 명확하게 보여주었다.

금융자본 단계에서 중요한 우위는 여전히 미국이 갖고 있었지만, 그 주요 경쟁 상대는 통일된 화폐는 있지만 통일되지 않은 재정을 가진 EU로부터 '모든 것을 완벽하게 갖춘' 중국으로 바뀌었다. 2013년 미국이 양적 완화를 중단하기 전, 유럽 중앙은행, 스위스, 영국, 캐나다와 일본 등 6개국 경제체는 기존의 잠정적인 양자 통화 스와프를 무기한 다자 스와프로 전환했다.[9] 이는 '1+5' 금융자본 세계화의 새로운 핵심 및 그 운용 메커니즘이 확립되었음을 의미한다. 앞에서 언급한 국가 중 어느 한 국가에서 유동성 공급에 문제가 발생하더라도, 즉 금융위기가 발생할 때 다른 국가의 금융 유동성이 곧바로 문제가 발생한 국가의 금융자본으로 전환되어 이윤을 제고할 수 없게 한다. 2020년 3월, 미국 증시가 폭락하자 한국, 호주, 뉴질랜드, 싱가포르, 브라질, 멕시코 및 북유럽

3개국과 통화 스와프 협정을 체결해 '1+9'라는 '반중심부'를 구성했다.[10] 오늘날 세계 화폐 결산 시스템에서 위안화가 차지하는 비중은 2%에 불과한 반면, 달러의 비중은 여전히 40%이다. 이로 인해 세계 각국은 달러를 본원 통화로 간주한다. 동시에 달러 중심의 화폐 시스템에 재조정이 나타나면서, 다른 일반적인 발전도상국이 '반주변부'가 되고, 중국은 미국 중심의 금융자본에서 '주변화'되는 상황을 피하기 어렵게 되었다.

따라서 주관적인 바람과는 달리, 중국은 이미 금융자본 단계의 주요 갈등에서 주요모순의 부차적 측면이 되었다. 미중 무역전쟁은 그것을 상징하는 현상 가운데 하나일 뿐이다. 진정한 문제는 21세기의 중국이 기존의 산업자본 단계 경쟁에서 금융자본 단계로 급격하게 진입하며 해외로 진출했고, 세계 금융자본 및 해외 투자에서 가장 빨리 성장한 국가로 전환했다는 점이다. 이는 중국이 주요모순에서의 대립 쌍방의 부차적 측면으로 떠오르도록 했다. 그에 따라 서구 여론의 '중국위협론'이 '중국붕괴론'을 대체했다.

3) 전염병 상황에서 중국이 직면한 위기

2019년 말 코로나 19가 우한에서 폭발해 전국으로 확산되면서 정부는 조업과 생산의 중단, 개강 연기, 도로 봉쇄 등의 조치를 취했다. '세계의 공장'이자 모든 산업의 공급사슬을 가진 중국의 조치는 전 세계 산업 가치사슬과 공급사슬에 직접적인 영향을 미쳤다. 유럽, 미국은 물론이고 한국과 일본도 중국 산업에 대한 의존도가 높다. 특히 미국의 의존도는 30% 정도로 가장 높다. 동시에 중국은 모든 산업을 망라하고 있고, 노동력이 풍부할 뿐만 아니라 다른 일반적인 제조업 국가보다 우수한 노동력을 갖고 있기 때문에 세계 산업 가치사슬에서의 중국의 위상을 당

분간은 어느 나라도 대체할 수 없다. 만약 전염병의 확산이 지속되면 해외 물류가 제약을 받게 되고, 국내외 산업 가치사슬이 단절되면서 에너지, 식량, 원자재 등의 수요가 없어질 뿐만 아니라 가격이 하락하며, 일부 공업 제품은 물량 부족으로 가격이 상승하게 된다. 이로 인해 과잉 생산의 압박에 처한 실물 경제는 더욱 큰 시장의 압박을 받게 된다.

중국 내에서는 중소기업이 전염병의 영향을 가장 크게 받았다. 기업이 정상적인 생산을 할 수 없게 되면서 노동자가 실직했다. 이로 인해 은행의 대출이 악성 부채로 전환되었고, 은행 대출의 불량률이 눈에 띄게 증가했다. 연해에 위치한 가공무역 지역에서는 해외 주문이 취소되면서 수많은 기업의 등기가 말소되었다.[11] 이런 국내의 환경에서 2020년 재정 적자는 더 증가했다.[12] 이 때문에 수많은 사회적 문제가 파생될 것이다.

대외적으로는 일부 서구 국가들이 이 기회를 틈타 중국에 대한 마녀 사냥을 하고 있다. 중국을 겨냥한 가짜 뉴스를 퍼뜨릴 뿐만 아니라 상식적으로 이해하기 어려운 조치를 취하고 있다. 정치적으로 미국정부는 홍콩의 독립관세구역 지위(특별지위) 취소를 입법화했다. 홍콩은 중국의 자금을 융통하는 창구로, 해외 융자 비율의 70%를 차지하고 있다. 일단 홍콩의 특별지위가 취소되면 수출입 제품에 내지 제품과 동일한 관세가 부과되며, 중국 자유무역의 환승역으로서의 홍콩의 위상이 사라지게 된다. 이는 중국은 물론 중국에 투자한 국가 모두에게 거대한 손실을 초래한다. 이 밖에 경제적으로 미국은 달러 결산 시스템의 탈중국화를 통해 거액의 '통행료'를 챙기는 한편, 중국이 주요 수출품(Bulk commodities) 무역에서 '경화(hard currency)'로 결산할 수 없도록 했다. 과학기술 분야에서도 압박과 제재를 가했다. 화웨이(華爲)의 5G 기술이 온라인 기술 분야에서 미국의 위상을 심각하게 위협하자 과학기술 발전의 '주도권'을 잃지 않기 위해 화웨이에 칼을 휘둘렀고, 화웨이에 대한 '기술 제한' 규정을 제정했다. 국내외의 엄중한 국면은 화웨이에게 중대한 시험이 될 것이다.

현재 중국은 전염병을 극복하고 순차적으로 조업과 생산을 재개하고 있지만, 일부 서구 국가들은 여전히 전염병을 통제하지 못하고 있다. 세계 산업 가치사슬의 붕괴로 인한 세계화 위기는 여전히 완화되지 않았고, 위기 이후 세계 산업자본은 산업 가치사슬의 재구축과 함께 '결별(decoulping)'로 인한 거대한 제도적 비용을 지불할 것을 강요하고 있다. 오늘날 정세로 보면, 코로나19가 도화선이 된 새로운 세계적 위기가 피할 수 없을 것처럼 보인다. 신냉전 상황에서 중국은 전염병 예방 및 통제라는 시험에서 중국의 답안이 얼마나 좋았는지 관계없이 비난을 받고 있다. 그렇다면 중국의 활로는 어디에 있을까?

3. 중국의 세계화 위기 대응전략의 전환

1) 생태문명 건설을 통한 새로운 방향의 세계 발전

서구 산업자본의 과잉은 서구의 자유주의 국가들을 대규모 전쟁으로 이끌었다. 그렇다면 3대 자본이 모두 과잉인 오늘날, 중국은 어떤 방향으로 나아가야 하는가? 위기를 초래한 자본주의 방식을 통해 문제를 해결할 수는 없다. 중국은 현재 전략적 조정을 하고 있고, 집단지도 체제 속에서 중국에는 생태문명으로 전환해야 한다는 공감대가 형성되었다. 과거 서구 주도의 자본주의 역사의 각 단계를 경험하지 못한 중국의 조정은 인류를 새로운 방향으로 이끌 수 있을지 모른다.

'이인위본(以人爲本: 인간이 모든 것의 근본)', '과학발전관'은 다시 '생태문명 이념'과 '생태문명 발전전략'이라는 사상으로 발전했고, 과거의 '금은보화도 원하지만 맑은 물과 푸른 산도 원한다'는 이념은 '맑은 물과 푸른 산이 바로 귀중한 금은보화'라는 이념으로 발전했다. 시진핑 총서기는 전국 생태환경 보호대회에서 산업 생태화와 생태 산업화가 주체가 되는 생태 경제시스템을 제시했고,[13] 자본이 생태에 공헌함으로써 '생태자본의 심화'를 실현하겠다는 의지를 표명했다.[14]

그렇다면 생태는 어디에 있는가? 바로 향촌에 있다. 산과 물, 밭과 숲, 호수와 초원이 향촌에 있기 때문이다. 국가 생태화에서 가장 중요한 변화는 과거 산업화 시대의 평면적인 자원 개발을 공간 자원의 입체적인 개발로 전환하는 것이다. 이는 기존 산업자본 위주의 산업화 시대와는 완전히 다른 개념이다. 물론 금융자본 시대의 허구적인 확장과도 다르다. "멀리 산을 바라보고, 물을 볼 수 있어야 하며, 향수를 간직한 아름다운 중국을 기억해야 한다"는 시진핑 총서기의 말과 같이, 공간 자원의 입체적이고 체계적이며 종합적인 개발이 요구된다. 향촌 사회가 있어야 비로소 자연 자원이 순환하고 회복하는 생명의 과정이 존재한다. 또한 향촌 사회는 자연 자원의 다양성과 인류사회의 다양성의 유기적인 조합이다. 따라서 향촌의 발전은 중국 생태문명 발전의 유기적인 매개체이다.

2) 향촌 발전이라는 '내수 브랜드'

과거 중국은 '인구 보너스'를 강조했다. 사실, 인구 보너스가 자랑할 만한 것은 아니다. 장기적인 인구 보너스는 요소의 자유로운 이동을 제약하여 노동자의 소득 감소를 초래한다. 그것은 내수 침체와 경제성장 동력의 약화로 이어진다. 지금처럼 전염병이 세계적으로 확산되고 무역전쟁까지 가중되면, 무역이 제약을 받기 때문에 내수에 의존할 수밖에 없다. 그러나 전국적으로 6억 명의 월평균 소득이 1000위안에 불과하기 때문에 내수는 부족해지고 소비가 침체되며 경제 동력이 상실된다.

전대미문의 도전에 직면해 정부는 국내의 대순환을 중심으로 하고, 국내외 쌍순환이 상호 촉진하는 새로운 발전 구도를 강조하고 있다. 대내적으로 향촌 발전은 세계 위기와 도전에 대응하는 시금석이자 국내의 대순환을 재구축하는 새로운 전략의 핵심이다. 지역경제에서는 향촌 발전과 도농융합의 새로운 힘이 될 수 있고, 생태문명 전략의 전환 과정에서 공간 생태자원의 가치 실현을 가능하게 하는 길을 조성할 수 있다. 향촌발전의 추진과 실물경제의 지속적인 성장을 통해 '산업자본의 과잉' 문제를 해결할 수 있다. 경제구조의 조정 실현, 내수 확대, 대대적인 '농촌진흥 전략'의 시행을 통한 '산업자본의 과잉' 해소는 난관을 이겨내기 위한 기본방침(國策)이다.

과거의 경험에 비춰볼 때, 생태화된 향촌사회는 객관적으로 '노동력의 발원지'였다. 또한 중국은 '삼농'정책(농업·농촌·농민 문제 해결책 — 옮긴이)을 통해 수차례 경제위기에서 '연착륙'에 성공했다. 향촌은 지난 60여 년 동안 중국의 현대화 과정을 꾸준히 지탱했다. 향촌발전으로 세계체제의 새로운 변화로 인한 경제 사회의 위기를 중국이 효과적으로 해소할 수 있다고 단언할 수 있다.

이번 코로나19 사태에서 대중은 향촌의 역할을 더욱 충분히 인식하게 되었다. 전염병이 도시에서 폭발했기 때문에 확진자 역시 도시에 집중되었다. 도시의 전염병 예방 및 통제에 필요한 단위 원가가 농촌보다 높으며 도시 규모가 클수록 전염병이 초래하는 손실 역시 크다. 동시에 수많은 시민들이 오랫동안 철근과 시멘트로 뒤덮인 협소 공간에서 생활하며 외출을 못하게 되면서 거대한 정신적인 스트레스를 받게 되었다. 반면 주거 공간이 상대적으로 분산된 향촌에서는 외출이 제한되더라도 충분한 생활공간으로 스트레스가 적을 뿐만 아니라 생산을 지체할 필요도 없었다. 전염병이 종식된 이후 농민공들이 귀농하게 될 것으로 보고 있다. 그렇게 되면, 향촌에는 수많은 창업과 취업 기회가 생길 것이고, '실직한' 농민공을 흡수할 수 있다. 요소(곧 노동력—옮긴이)가 환류된다면, 중국공산당 제19차 전국대표대회에서 제기된 향촌발전전략 역시 실현 가능하게 될 것이다.

3) 생태 공간 자원의 가치 실현

중국의 입장에서 보면, 농촌에 축적된 대량의 생태자원은 거대 자본의 '시야'에 들어가 있지 않다. 생태자원의 자본화는 긴급구제로 인해 신규로 증가한 대량의 유동성을 흡수할 수 있을 뿐만 아니라 위안화와 달러(외환보유고)의 일정한 결별(decoupling)도 가능하게 할 수 있다. 향촌발전의 관건은 생태자원의 자본화가 이끌고, '산업 생태화'와 '생태 산업화' 노선을 통해 농촌의 3차 산업의 융합과 발전을 추진함으로써 모든 산업을 번창시키는 것이다.

신시대 중국의 발전에서 불충분과 불균형이라는 기본적인 모순은 향촌에서 가장 두드러지게 나타난다. 이는 화폐화, 시장, 표준화되지 않은 자원형 자산의 가격 결정 등의 불충분으로 나타나며, 농촌의 자원, 토지, 제품, 비즈니스 서비스 등 가격은 도시에 비해 현저히 낮다. 중국에서 과거의 산업화된 농업은 석유와 비료 등 에너지와 원자재의 공급 및 원활한 물류라는 조건에서 이루어졌다. 그러나 세계 산업 가치사슬의 재구축과 신냉전으로 인한 '하드 디커플링(Hard Decoupling)' 상황에서는 지속될 수 없다. 국가의 통화 증발이 외화에서 주권 범위 안의 생태자원 자본화로 정착된다면, 합리적인 방식을 통해 자금이 농촌으로 향할 수 있고, 생태화 전략에 부합하는 금융 수단의 장점을 발휘할 수 있다. 자금이 농촌에 유입되면, 수백조의 공간 생태자원의 화폐화를 촉진하고, 생태 산업화를 실현할 수 있으며, 동시에 농민들이 생태 산업화를 통해 자산성 수익을 얻을 수 있다. 또한 하드 디커플링으로 인한 총체적인 제도 비용의 증가를 억제할 수 있다. 따라서 자금 이전의 '용기(容器)'를 사전에 마련하고 자본이란 지렛대를 매몰 비용이 가장 큰 지역인 향촌에 투입함으로써 6차 산업의 융복합된 다각적인 새로운 업종을 창출하는 것이 위기에 대응하는 '중국방안'이다.

따라서 전염병이 도화선이 된 세계 위기에서 중국이 위기를 기회로 전환할 수 있을지 여부는 중국이 기회를 잡아 국가 차원에서 생태문명의 전환을 추진하고 향촌을 발전시킴으로써 내부화를 통해 위기를 해소할 수 있는가에 달려 있다. 〔성균중국연구소 옮김〕

미주

1 溫鐵軍,《八次危機: 中國的真實經驗1949~2009》, 北京: 東方出版社, 2013, 196頁.

2 王立華,〈從百年發電量看美國: 將要發生巨變的臨界期〉, http://www.juzizhoutou.net/huanqiu/xuezhe/2020-03-27/5495.html, 2020年 3月 27日.

3 溫鐵軍·高俊·張俊娜, 〈中國對美'雙重輸出'格局及其新變化〉[J],《經濟理論與經濟管理》, 2015(7).

4 張建剛,〈美國衍生品市場發展啟示及我們的建議〉[EB/OL], http://futures.hexun.com/2012-10-24/147161164.html, 2012-10-24/2015-08-05.

5 龐革平·王雲娜,〈我裝備制造業產值居世界首位 占全球比重超過1/3〉[EB/OL], http://finance.people.com.cn/n/2014/0404/c1004-24820516.html, 2014-04-04/2015-08-05.

6 〈全球貿易數據與展望〉, http://tradeinservices.mofcom.gov.cn/article/lingyu/lyqita/201804/58811.html.

7 燕猛·張茜,〈美聯儲公布退出量化寬松政策新原則〉, 人民網, http://usa.people.com.cn/n/2014/0918/c241376-25686155.html, 2014年 9月 18日.

8 周楠,〈供給側改革大幕拉開 國務院三箭連發力促產業升級〉, 中國政府網, http://www.gov.cn/zhengce/2015-11/19/content_5014288.htm, 2015年 11月 19日.

9 郭建,〈招商宏觀: 美聯儲能否緩解全球美元荒〉, 新浪財經, http://finance.sina.com.cn/money/forex/forexinfo/2020-04-02/doc-iimxxsth3308521.shtml, 2020年 4月 2日.

10 於思洋,〈美聯儲擴大貨幣互換央行'朋友圈'〉, 新浪財經, http://finance.sina.com.cn/roll/2020-03-20/doc-iimxxsth0511804.shtml, 2020年 3月 20日.

11 梁施婷·盧潔萍,〈訂單被砍, 航班取消, 碼頭關閉 … 中國外貿企業遭遇'疫情全球化'危機〉, http://mp.163.com/v2/article/detail/F8LH4B9A0530KP1K.html, 2020年 3月 26日.

12 譚卓·王炳,〈2020年財政政策展望: 統籌收支 提質增效〉, 新浪財經, http://finance.sina.com.cn/zl/china/2020-01-14/zl-iihnzhha2426696.shtml, 2020年 1月 14日.

13 劉楊,〈習近平出席全國生態環境保護大會並發表重要講話〉, 新華社, http://www.

gov.cn/xinwen/2018-05/19/content_5292116.htm, 2018年 5月 19日.

14 溫鐵軍, 〈實現鄕村生態經濟'六產化'〉, 新華日報, http://www.zgjssw.gov.cn/lilunzongheng/201907/t20190709_6255412.shtml, 2019年 7月 9日.

10장

코로나 위기 이후 가속화될 인류사 4중 추세

주원한

1. 100년 만의 대봉쇄

2020년 4월 7일 미국에서 코로나 바이러스 감염증-19(이하 코로나19)가 심각하게 확산되고 있을 무렵 콜로라도 주 덴버에 사는 오랜 친구 자오후이성(趙穗生) 교수가 위챗 단톡방에 기사 하나를 공유했다. 덴버 센트럴 역 부근에 위치한 128년의 눈부신 역사를 자랑하는 '브라운플라자호텔'이 돌연 휴업했다는 가슴 아픈 소식이었다.

이 기사를 쓴《덴버포스트(The Denver Post)》기자는 이 화려하고 웅장한 5성급 호텔은 1892년 개업한 이래 지금까지 단 하루도 휴업을 한 적이 없었다고 감개무량한 어조로 보도했다. 브라운플라자호텔은 제1차 세계대전, 세계대공황, 제2차 세계대전을 비롯해 9·11테러와 2008년 발생한 국제 금융위기와 같은 수많은 역사적 사건의 충격에도 불구하고 덴버 시민들이 자랑하는 랜드마크로서 한 번도 문을 닫은 적이 없었다는 것이다.

어떠한 역사적 잣대를 들이대더라도 이번 100년 만의 팬데믹이 사회에 초래한 가치선택의 난제, 사회적 스트레스, 심리적 타격과 생계상의 손실은 전대미문의 일이다.

코로나19의 전파속도는 4개월이라는 짧은 기간에 전 세계 200여 개국을 휩쓸 정도로 전례 없이 빨랐다. 감염증이 야기한 세계 금융 불안과 채무 위기는 2008년의 금융위기를 넘어섰고, 실업률은 1929년의 세계 대공황을 따라잡았으며, 여러 나라에 미친 생활 질서와 생산 활동상의 충격 역시 두 차례의 세계대전에 버금간다. 이는 고도로 전지구화된 세계경제의 운용에 치명타를 입히고 있다. 원래 수많은 인파로 북적였던 시카고, 암스테르담, 두바이, 싱가포르, 홍콩 등의 허브공항들은 코로나19로 순식간에 적막해졌다. 빈틈없이 연결되어 있던 글로벌 공급사슬은 곳곳에서 끊어질 위기에 처해 있고, 주요 경제체의 경우 수개월째 쇼크 상태에 빠져 있다. 전 세계 인구의 40% 이상이 각기 다른 수준의 이동 제한 혹은 거리 두기 조치를 준수해야만 한다.

IMF는 4월 14일 발표한 최신 〈세계경제전망보고서〉에서 이번의 세계적 보건위기를 '대봉쇄(The Great Lockdown)'로 명명하고 '대공황(The Great Depression)'에 견주면서 코로나19가 세계 경제에 초래한 충격이 100년 만에 처음 있는 일임을 명확히 했다.

코로나19 사태가 향후 어떻게 전개될지 아직 장담할 수 없는 매우 불확실한 상황에 있고 전 세계가 언제 바이러스의 해악으로부터 벗어날 수 있을지 단언할 수 있는 전문가도 없다. 그럼에도 많은 국제 정치경제문제 전문가들은 이미 '코로나 이후의 세계'에 대한 각종 예측을 쏟아내고 있다.

세계적인 관측통들은 이번 사태를 역사의 분수령으로 규정하면서 코로나 바이러스가 인류역사를 새로운 시기로 이끌어 장차 구조적 변화가 발생하거나 새로운 추세가 만들어질 것이라고 예측하고 있다. 다음 네 가지 예측이 주목할 만하다.

2. 세계화의 전망에 대한 비관적 예측

가령, 로빈 니블렛(Robin Niblett) 영국 왕립국제문제연구소장은 《포린폴리시(Foreign Policy)》(2020.3.20) 지면을 통해 "우리가 익히 알고 있는 세계화는 돌이킬 수 없을 것"이라면서 코로나 사태가 경제 세계화라는 낙타의 혹을 터뜨리는 계기가 될 수 있다고 언급했다. 퓰리처상을 받은 저명한 평론가 로리 개릿(Laurie Garrett)도 같은 지면에서 다국적 기업들이 장거리 공급사슬의 재해 상황에서의 취약성을 재평가할 것이라면서, 다국적 기업들이 글로벌 공급사슬을 축소하여 생산자원을 공간적으로 더욱 빈틈없이 이전 배치시키는 등 돌발사고의 위험을 제어할 수 있는 유연성을 높이기 위한 방법을 강구할 것이라고 내다봤다.

1) 미국의 국제적 리더십 추락에 대한 예측

미국 국무부 동아시아태평양 담당 차관보를 지낸 커트 캠벨(Kurt Campbell)과 러시 도시(Rush Doshi) 브루킹스연구소 중국전략이니셔티브국장은 《포린어페어스(Foreign Affairs)》(2020.3.18)에 〈코로나19가 세계질서를 바꿀 수 있다(The Coronavirus could Reshape Global Order)〉라는 제목의 기고문을 발표했다. 그들은 1956년의 '수에즈 운하 위기'가 대영제국의 무력함을 폭로하고 영국의 초강대국으로서의 자격을 잃게 만들었다면, 이번 코로나 팬데믹은 미국의 '수에즈 순간(Suez Moment)'이 될 수 있다고 미국의 정책 결정자들을 향해 경고했다. 만약 이번 방역 과정에서 미국이 정치 체제의 효율적 거버넌스(治理)를 보여주지 못하거나 국제 방역 조치에서 국제 공공재의 주요 제공자로서의 역할을 담당하지 못한다면 중국이 미국이 남겨놓은 공백을 메울 것이라고 보았다.

미국 국제관계학계 현실주의학파의 리더인 스티븐 월트(Stephen Walt) 하버드대 교수는 《포린폴리시》(2020.3.23)에 〈미국의 역량 소멸(The Death of American Competence)〉이라는 제목의 신랄한 글을 발표했다. 그는 미국이 과거에 누려온 국제적 영향력은 크게 다음의 세 가지 축, 즉 미국이 가지고 있는 강력한 경제·군사복합체, 동맹국의 확고한 지지, 미국의 능력에 대한 다른 국가들의 신뢰에 의해 지탱되고 있었다고 지적했다. 그에 기반하여 미국이 각 전문분야에서 가장 적합한 능력을 갖추고 있고 가장 신뢰할 만한 기준을 제시하며 올바른 의사결정을 할 수 있는 국가라는 믿음을 갖게 되었다는 것이다. 그러나 이번 코로나 사태로 요구된 중요한 능력 검증에서 트럼프 행정부가 부주의, 직무유기, 무능함과 혼란을 노출하면서 미국 국가권력의 가장 중요한 3대 버팀목 가운데 하나가 완전히 붕괴되어 사실상 복구가 불가능할 지경이 되었다고 보았다.

월간 《애틀랜틱(The Atlantic)》의 주필은 "바이러스가 미국을 무너뜨린 것이 아니라 이미 무너진 국가를 드러냈을 뿐이다. 부패한 엘리트 계층, 경직된 관료 체제, 냉혹한 경제, 사분오열하고 혼란스런 대중과 같은 문제가 존재한 지는 오래다"라면서 오늘날 전 세계가 미국이 코로나19가 가장 심각한 국가라는 사실을 목격하고 있다고 지적했다.

옥스퍼드대의 저명한 유럽역사학자인 티모시 가튼 애쉬(Timothy

Garton Ash) 교수는 《뉴욕타임스》와의 인터뷰에서 "나는 극도의 슬픔을 느낀다"면서 이번 코로나 위기로 '미국 예외주의'의 기본 가설이 동요하고 있다고 언급했다. 즉, 과거 미국은 가치관과 국력에 기반을 둔 막대한 영향력하에 글로벌 리더이자 세계모델로서 제2차 세계대전 이후 수십 년간 일종의 특수한 역할을 담당해왔는데, 이번처럼 국제적 위기 상황에서 미국에 글로벌 리더로서의 역할을 기대하지 않는 경우는 전후 70년 만에 처음 있는 일이라는 것이다〔2020년 4월 23일 자 《뉴욕타임스》 카트린 벤홀드(Katrin Bennhold)의 기사 "'Sadness' and Disbelief From a World Missing American Leadership"—옮긴이〕.

2) 서구 자유민주 체제의 전망에 대한 예측

많은 관측통들은 이번 코로나 사태가 서구 민주주의 체제의 쇠퇴를 초래하여 서구 국가들은 좋은 거버넌스(good governance)의 발언권을 잃게 될 것이라고 예측하고 있다. 그들의 우려는 다음 두 가지 방면에서 기인한다.

첫째, 이번 재난으로 국가권력의 경계가 대폭 확장되고 개인의 자유가 제한받거나 사생활이 침해되는 등의 각종 조치가 합리화되거나 심지어 '일상화'될 수밖에 없다. 비상사태하에서의 권력의 확장은 필연적으로 집권하고 있는 지도자를 공고히 하거나 권위주의나 포퓰리즘 경향이 강한 정치인들의 정치토양을 확장시킬 것이다.

둘째, 정책 결정의 질, 학습과 정책조정, 임기응변과 유연성, 협조와 총괄, 집행과 관철, 관리와 배치, 동원과 호소, 국민의 정치신임에 걸친 정치 체제에 대한 가장 혹독한 이번 시험에서 서구 민주주의 체제는 명백히 실패했다. 코로나19가 가장 심각하게 확산되고 가장 참혹한 인명과 재산 피해가 발생한 지역이 다름 아닌 이탈리아, 스페인, 프랑스, 독일, 영국, 캐나다, 미국과 같은 서구 선진국에 집중되고 있다는 사실에서 잘 드러난다. 이는 기존의 인식을 완전히 뒤집는 결과이다. 과거 개발도상국들은 서구 민주국가를 유일한 표준으로 삼아 서구의 체제가 최적의 공공거버넌스 능력을 갖추고 국민들에게 최상의 의료와 공공위생을 보장해줄 것이라고 굳게 믿어 의심치 않았다.

스페인 전 외무부장관 아나 팔라시오(Ana Palacio)는 자유민주주의가 과연 코로나 위기 이후에도 살아남을 수 있을지에 대해 우려를 표했다. 2008년의 금융위기와 뒤이은 장기적 경제 불황으로 본국의 체제에 대한 유럽 국민들의 불신이 이미 팽배해진 상황에서, 이번 팬데믹 이후 경제위기가 더욱 악화될 것은 불 보듯 뻔하기 때문에 서구자유주의에 대한 회의감이 한층 심화될 수밖에 없다는 것이다. 그에 따라 전 세계에서 사상적으로 서구 자유민주주의 체제가 갖는 경쟁적 지위 역시 더욱 취약해질 것으로 관측했다.

《블룸버그》 통신의 편집장 존 미클스웨이트(John Micklethwait)와 《이코노미스트》 정치판 에디터인 에이드리언 울드리지(Adrian Wooldridge)는 〈바이러스가 서구를 각성시킨다〉라는 제목의 장문의 글을 발표했다 ("The Virus Should Wake Up the West," *Bloomberg*, 2020. 4. 13—옮긴이). 그들은 이번 팬데믹으로 서구의 핵심 기관들이 국민 보호라는 기본 책무를 제대로 수행하지 못했음이 명백히 드러났다고 지적하면서 서구의 정치지도자들을 비판했다. 그들은 "서구 세계는 의심할 여지없이 제2차 세계대전 이후 최대의 위기에 직면해 있다. 세계는 지금 서구 국가들이 예전처럼 도전에 맞서 새로운 거버넌스의 이론과 실천을 구상할 것인가, 아니면 스스로를 기만하고 남도 속이면서 결국 글로벌 리더십의 지위를 내줄 것인가 하는 중대한 지정학적 문제 상황에 직면해 있다"고 결론을 맺었다.

3) 신자유주의의 역사적 종말에 대한 예측

많은 사회평론가들은 코로나 사태가 지난 40년간 성행한 신자유주의의 관에 마지막 못을 박을 것이라고 전망하고 있다. 좌파학자들은 잇달아 이번 코로나 사태가 신자유주의의 폐해를 적나라하게 폭로하고 있다고 지적한다. 즉, 신자유주의는 자본 소유자들로 하여금 단기이윤의 극대화를 누리게 하기 위해 과거 40년간 시장의 우수한 효율성을 명분삼아 국가의 능력을 바닥냈다. 세계화의 기치 아래 많은 국가들은 산업공동화를 겪고 매우 취약한 금융구조를 형성해 매번 위기가 터질 때마다 국가에 의존하여 응급처치를 해왔다. 신자유주의의 발원지인 미국과 영국의 경우 방역과 공공위생 시스템에 대한 정부의 투자가 턱없이 부족하고 공공재라 할 수 있는 새로운 백신 개발은 제약그룹의 수익 도구로 전락했으며 행정관료 시스템의 전문성 역시 전반적으로 저하되었다. 대다수 기층노동자들은 빈곤의 소외에 빠졌고, 일과 소득이 제대로 보장되지 않아 경제적 위험을 감수할 능력이 없다.

지나치게 시장화된 미국의 의료시스템에서 이윤을 추구하는 의료집단은 MBA 학력의 (경력이 풍부한 의학 전공자가 아닌) 전문경영인의 명령에 따른다. 그들은 환자의 건강이나 의료진에 대한 보호보다는 재무제표를 가장 중시한다. 코로나 사태가 가장 극심할 때 미국의 많은 병원들에서 제일선에 있는 의사와 간호사들의 전문 방호장비가 크게 부족한 탓에 의료진의 감염률이 매우 높았다.

또한 이번 위기로 자본주의 체제가 출현한 이래 사상 최악으로 경제가 위축되고 있고 각종 시장 매커니즘은 제 기능을 상실하고 있다. 미국 연방준비제도이사회는 주식시장의 심각한 공황을 완화시키기 위해 상한 없는 채권 환매 계획을 내놓으면서 자기의 대차대조표를 불과 몇 주 만에 4조여 달러로 부풀렸다. 금융시장의 정상적인 자산 가격결정 기능은 모조리 실패했고, 제로에 가까운 장단기 국공채 금리 역시 지표로서의 의미를 완전히 상실했다. 일찍이 신보수주의 진영의 거두였던 프랜시스 후쿠야마(Francis Fukuyama)는 프랑스 주간지 《르 푸앙(Le Point)》과의 인터뷰에서 신자유주의는 죽었다고 인정했다. 그는 이번 코로나 위기가 서구 사회로 하여금 사회보장과 국가 개입 사이의 균형을 다시금 찾게 할 것이라고 진단했다. 그는 시장경제, 사유재산에 대한 존중, 개입을 통해 사회경제적 불평등을 감소시키는 효율적인 국가의 삼자가 병존한 20세기 1950~60년대의 자유주의〔내장형 자유주의(embedded liberalism)라고도 불리는〕로 돌아갈 것이라고 보았다. 세계적인 팬데믹이 강한 국가가 필요하다는 사실을 재차 환기한다는 것이다.

위에서 말한 '코로나 이후의 세계'에 대한 각종 예측을 어떻게 판단해야 할까? 객관적으로 보면 이번 팬데믹이 각국의 경제, 사회에 초래하고 있는 각종 단기적 충격은 속속 드러나고 있지만, 과연 이것이 국제질서에 영구적인 변화를 가져오거나 인류역사의 발전 방향을 바꿀 수 있을 것인가?

팬데믹의 폭발은 그 어떤 경우에도 단순히 바이러스 자체의 본질(감염경로, 전파속도, 발병률, 치사율 등)을 보여주는 것이 아니라 전염병의 자연적 속성과 특정 사회조건의 상호적 결과로서 나타난다. 이번 코로나19 팬데믹이 과연 인류역사를 새로운 시기로 이끌 것인가의 질문에 답하기 위해서는 반드시 이 '2020년의 대역병'을 우리가 처한 이 시대의 구조,

제도와 문화적 맥락, 그리고 감염증 폭발 이전에 이미 형성된 역사적 흐름 가운데 놓고 분석하고 성찰하고 판단해야 한다.

3. 코로나19 팬데믹의 역사적 맥락

역사적으로 볼 때 코로나19 팬데믹으로 인한 최종 감염 및 사망자 규모(절대수치든 상대적 비율이든)는 '스페인독감'보다 훨씬 적을 것으로 보이지만, 지금의 전 세계적 감염증 사태가 사회경제에 미친 단기적 충격이 100년 전의 그것을 넘어서는 것만은 분명하다. 그 이유는 간단하다.

첫째, 21세기 인류사회의 인적 유동은 규모, 공간 거리, 이동 빈도와 속도, 그리고 수반되는 빈번한 인적 왕래와 대형 집단활동 면에서 20세기 초를 훨씬 넘어선다. 이러한 특성은 바이러스가 단시간 내 빠르게 전파, 확산될 수 있게 할 뿐 아니라 인적 이동에 대한 엄격한 통제조치가 사회 경제에 질식성 충격을 더욱 초래하게 만드는 요인이 되기도 한다.

둘째, 초세계화 시대에 발전한 고도로 세밀한 국제 분업과 정밀한 글로벌 공급사슬, 그리고 빈번하게 국경을 오고가는 금융거래와 복잡하게 얽혀 있는 소유구조는 세계 각지에 있는 집단들의 사회, 경제, 정보, 금융의 연결과 상호의존도를 100년 전보다 훨씬 강화시켰다. 세계 어느 구석진 사회의 운영 과정에서 발생한 단기 쇼크라 할지라도 멀리 떨어져 있는 수많은 사람들의 정상적인 활동을 흐트러트릴 수 있다. 가령, 중국의 우한은 세계 자동차 부품의 중요 생산기지인데 우한이 공장 가동을 전면 중단하면 인근 국가에 있는 자동차기업의 조립라인에 그 영향이 파급된다. 병원에서 사용하는 고무장갑의 60%가 말레이시아에서 생산되는데 만약 국제주문이 폭주하는 상황에서 말레이시아 정부가 인력 이동 통제를 실시한다면 곧바로 공급 부족 사태가 빚어질 것이다. 월스트리트 주식시장이 폭락하면 글로벌 위험자산이 전면 붕괴하고 유동자금이 신흥시장으로 빠르게 유출되면서 라틴아메리카 국가의 채무 위기가 바로 가시화된다.

셋째, 21세기 서구 선진국의 대다수 집단들은 신자유주의적 사유에 기반하여 안전계수를 최소화하고 자원 배분의 단기적 한계효율을 극대화해왔고, 심지어 정부가 성장률을 높이기 위해 각종 경기부양책을 펴는 상황에서 생존하고 있다. 이러한 벼랑 끝에 있는 금융조작, 생산방식, 사회관리, 노동고용과 개인재무 양식은 어떤 갑작스러운 쇼크에도 몇 배 혹은 수십 배의 증폭효과를 낼 수 있다.

넷째, 21세기에 많은 사회가 오래 신봉해온 가치관과 세계관은 사람들로 하여금 코로나19 팬데믹이 자신과 관련된 집단의 생명과 건강을 급속히 파괴하고 있다는 사실을 받아들이기 어렵게 만든다. 더욱이 정보의 유통이 매우 신속한 인터넷 시대에 그들은 이러한 충격적인 소식과 화면에 온통 둘러싸여 숨을 곳이 없다. 서로 다른 사회적 처지에 있는 사람들의 심리적 감내력은 원래 하늘과 땅 차이다. 일찍이 양차 세계대전을 거쳤거나 시리아, 아프가니스탄이나 남수단에 살고 있는 사람들의 경우에는 전란과 자연재해를 겪었던 경험이 있기 때문에 더 높은 감내력을 지닌다.

상대적으로 보면 장기간 편안한 상태에서 생활한 사람들은 과학기술의 신비한 능력과 정부의 보호 능력을 깊이 신뢰하게 된다. 그런데 그런 만큼 병원에 시체가 산더미처럼 쌓여 화장도 할 수 없는 지경이 된 비극적 장면을 선뜻 받아들이기가 힘들다. 게다가 원래는 반려동물의 생명권을 중시했던 문명사회가 어느 날 수많은 노인의 사망과 경제 침체 중에 하나를 선택해야 하는 상황을 맞닥트리게 되고, 의사들이 한정된 호흡기를 어떤 환자에게 우선적으로 사용할 것인가 하는 생사의 판단을 내리지 않을 수 없게 된 현실을 더욱 믿기 힘들다.

무엇보다 서구 선진국의 국민들은 자국의 정치·의료시스템의 감염증 위기 대처 능력이 비서구 국가와 개발도상국에 비해 훨씬 뛰어날 것으로 기대해왔다. 하지만 실제는 매우 달랐는데, 뜻밖에도 서구의 선진국들이 전 세계에서 코로나 바이러스가 집중적으로 확산되는 새로운 진앙이 되었던 것이다. 중국을 포함한 동아시아 국가들이 감염증의 초기 확산 국면에서 보여준 대응, 통제, 협조와 조정 능력 그리고 확진자 수와 사망자 수의 증가곡선을 빠르고 효과적으로 통제한 객관적 기록은 서구사회의 엘리트들에게 엄청난 심리적 충격을 주었다. 그것은 자신의 체제와 문화에 대한 자신감, 자존감과 우월감이 전복되는 정도의 큰 타격이었다. 그렇지 않아도 인종주의와 배외주의 성향이 강한 서구사회의 정치인들에게 더욱 좌절감을 안긴 것은 감염증 대처에 있어 가장 중요한 의료자원인 마스크, 방호복, 호흡기, 제약 원료와 바이러스 감염 테스트에 필요한 진단시약에 이르기까지의 모든 것을 중국으로부터 대량 수입해야 한다는 사실이다.

4. 대봉쇄 이후의 세계화에 대한 전망

'코로나 이후의 세계'에 초래될 가장 큰 변화는 세계화의 전면적 역전이 될 것이고 세계화에 불리한 각종 요소들이 이번 코로나 사태로 인해 더욱 심화될 것이라고 많은 분석가들은 지적하고 있다. 최소한 다음의 네 가지 추세가 세계화의 추진력을 약화시키거나 심지어는 세계화의 분열을 가속화시킬 것이라고 본다.

첫째, 세계화의 사회적 지지기반이 크게 무너지고, 신자유주의적 사고에 입각한 초세계화로 국가의 경제주권이 상실되고 정부의 사회보장 기능이 약화되고 있다. 또한 경제통합의 위험부담이 급증하고 이익분배의 심각한 불균형이 초래되고 있다. 서구 선진국의 수많은 중산층과 노동자들은 만성적인 경제난에 빠지고 사회안전망이 축소되고 있으며 빈부 양극화가 점차 심화되고 세계화에 반대하는 급진우익과 급진좌익 정치세력이 계속해서 부상하고 있다.

둘째, 미중 관계가 '투키디데스 함정'에 빠지고 있다. 미국의 대(對)중국 매파들이 정책의 주도권을 차지해 중국에 대한 지정학적 봉쇄를 더욱 강화하려 하고 있고, 중국에 대한 경제 냉전을 확대하고 세계 양대 경제체를 전면적으로 분리시키려 하고 있다.

셋째, 미국은 트럼프 집권하에 급진적 일방주의로 전면 전향하면서 국제적 리더십의 책임을 저버리고 모든 국제규범과 다자체제의 제약에서 이탈하고 있다. 미국은 자신의 정치적 필요를 뒷받침하지 않는 다자간 국제기구를 보이콧, 타격하거나 아예 탈퇴하는 방식으로 전후의 자유국제질서를 뒤흔들고 있고 이에 개방무역 체제가 붕괴될 위기에 처해 있다.

넷째, 글로벌 경제의 구조적 불균형이 날로 심화되면서 각 주요 경제체의 채무구조가 계속 악화되고 부채비율이 사상 최고치를 경신하고 있다. 각국의 중앙은행은 국제 금융위기 이후 무제한 양적완화 정책을 실시하면서 자산거품 위기가 전면 폭발하지 않도록 하는 데 그치고 있다.

국제 금융시스템의 체계적 리스크가 증가일로에 있고 달러의 화폐가치 신용문제가 갈수록 두드러지고 있다.

코로나19 사태가 발생하기 이전에도 이러한 세계화를 분열시키는 힘은 이미 상당한 작용을 하기 시작했다. 세계무역의 성장 속도는 둔화되었고 다국적 직접투자 규모가 축소되었으며 다국적 기업은 미중 과학기술전쟁과 무역전쟁의 위험에 직면해왔다. 이에 전 세계 산업구조가 재평가되면서 미국 시장을 선도하는 제조업기지가 부분적으로 중국대륙으로 이동하거나 동남아시아, 남아시아와 멕시코로 옮겨갔으며 전면적 자동화 생산에 적합한 경우는 소량 미국으로 이전되기도 했다.

많은 연구기관들은 코로나19 팬데믹이 세계화의 역량을 분열시킬 것이라고 비관적 예측을 하면서 다음 네 가지 추세가 더욱 가속화될 것이라고 전망하고 있다.

첫째, 경제민족주의의 대두

둘째, 미중 간의 전략적 대립 격화

셋째, 국제업무를 수행해나갈 리더가 없고, 다자간 조정 및 협력체제가 빠른 속도로 붕괴되고 있다.

넷째, 세계경제의 성장동력이 사그라지고 채무위기가 심화되고 있다. 구미경제가 일본식 '제로금리함정'에 빠지고 신흥경제체에 채무위기가 발생하고 있다.

또한 이번 팬데믹은 다음의 추세를 강화시킬 가능성이 있다. 첫째, 각국 사회의 엘리트들은 인류사회의 운명이 매우 긴밀히 연계되어 있어 어떤 국가도 외딴 섬이 될 수 없다는 사실을 더욱 심각하게 인식하게 될 것이다. 둘째, 포퓰리즘 정치인들의 천박한 무능, 코로나 사태에 대한 미국정부의 엉터리 대응 및 통제 불능으로 인한 경제적 타격을 더욱 여실히 폭로할 것이다. 셋째, 전지구화 시대에 인류사회는 더욱 효과적인 전지구적 거버넌스 매커니즘을 필요로 하는데, 이에 국제기구를 약화시키는 방식이 아니라 다자체제의 기능을 더 활성화시켜 나가야 할 것이다. 이번 코로나 사태를 통해 어떤 국가도 세계 공공보건 위기와 그에 수반되는 세계 경제위기에 독자적으로 대응할 수 없음이 드러났기 때문이다. 넷째, 5G+사물인터넷, 디지털경제와 인공지능(AI)의 발전을 가속화하여 국제적 범위의 5G 인프라 구축의 수요를 창출하고, 다양한 대체 인력들이 모이고 공간을 이동하며, 클라우드와 가상세계에 의거한 경제, 사회활동이 무수히 출현할 것이다. 그와 함께 바이러스 확산을 효과적으로 추적, 통제하는 사회 거버넌스 혁신모델의 보급이 가속화될 것이다.

《호모사피엔스》의 저자 유발 하라리(Yuval Noah Harari)는 《파이낸셜 타임스(Financial Times)》 칼럼("The World after Coronavirus", 2020. 3. 20—옮긴이)에서 코로나 이후 세계는 인류사회가 이번 위기 상황에서 어떻게 다음의 두 가지 관건적 선택에 직면할 것인가에 달려 있다고 지적했다. 하나는 독재적 감시를 할 것인가 아니면 국민에게 권한을 부여할 것인가, 또 하나는 민족의 고립을 택할 것인가 아니면 전지구적 연대(Global Solidarity)를 택할 것인가의 선택의 문제가 바로 그것이다. 그는 각국이 제각기 자기 생각대로만 하고 화를 남에게 전가시키는 분열의 길로 들어선다면 코로나 위기 상황이 끝나기는커녕 더 큰 지구적 재앙이 야기될 수도 있을 것이라고 강조했다.

5. 세계화를 거스르는 제약 요인

그런데 지금 제기되는 각종 비관적 예측에는 명확한 맹점도 있기 때문에 이하 요소들을 면밀히 살펴볼 필요가 있다. 첫째, 국가가 전지구화와 지역통합에서 이탈한다는 선택의 현실 가능성을 과대평가해서는 안 된다. 둘째, 중국과의 철저한 경제적 분리라는 의제에 대해 미국사회 엘리트들은 통일되고 견고한 공감대를 형성하지 못하고 있다. 셋째, 국제 다자체제가 미국의 부재나 보이콧으로 시련을 겪을 수는 있지만 절대다수의 국가들은 국제 다자체제를 지탱하고자 하는 강력한 의지를 가지고 있고 중국과 신흥 경제체들은 더 많은 책임을 지려고 하고 있다. 넷째, 세계화는 여전히 폭넓은 사회적 지지기반을 가지고 있으며, 신자유주의에 기반한 세계화 모델이 일찍이 어려움에 직면해 있는 것은 사실이나 중국을 비롯한 신흥 시장국가들이 전지구화의 새로운 동력을 발굴하고 새로운 길을 개척해나가고 있다.

경제민족주의적 정서는 반드시 객관적 현실을 고려해야 한다. 절대다수 국가의 정부는 자국의 경제사회의 정상적 운영이 근본적으로 전지구적 상호의존 구조에서 벗어날 수 없으며, 쇄국정책과 경제적 자급자족의 추구가 자기 사회의 생존, 발전 조건을 약화시킬 것이라는 사실을 곧바로 알아채게 될 것이다. 유럽 국가들이 세계화로부터의 이탈을 선택할 가능성은 없으며, 신흥 경제체들은 세계화가 촉발한 기회 요인에 대해 여전히 높은 기대를 걸고 있다.

한편, 전염병 사태가 절정에 치닫자 방역물자를 자체 생산하지 못하는 많은 나라들은 방역의료용품과 장비를 놓고 다투는 고통을 경험하게 되었다. 때문에 전염병이 소강상태가 되면 조건을 갖춘 국가들은 의료자원을 식량과 에너지만큼 중요한 전략적 자원으로 간주하여 이를 전략적으로 비축하고 일정 비율을 자체 생산할 수 있는 능력을 갖추려 노력할 것이다.

그러나 소수의 부유한 국가만이 막대한 의료자원을 비축할 능력이 있다. 또한 첨단 의료기술과 완정한 산업시스템을 갖춘 손꼽히는 대국만이 의료용 마스크, 호흡기, 단층스캐너, 바이러스 검사장비, 약품 원료, 항생제와 백신, 중환자실 설비 등에 이르는 의료제품을 전방위적으로 생산할 능력을 갖추고 있다. 게다가 그 어떤 국가라 할지라도 생산능력과 비상 비축에 일정한 한계가 있을 수밖에 없기 때문에 코로나19와 같이 급속히 확산되는 팬데믹에 효과적으로 대처하기 위해서는 반드시 전 세계적 범위에서 응급자원 공조체제와 의료물자 긴급생산동원 및 다국적 조달체제를 수립하여 어려움이 닥친 지역을 함께 나서 도와야 한다. 중소형국가나 후진국일수록 이와 같은 공조체제가 더욱 긴요하다. 강대국 또한 집단적으로 소국에 대한 구호 역할을 수행하지 않으면 자신도 화를 면할 수 없게 된다. 장기적으로 건강, 공공위생에 대한 완전한 국제 공조체제를 갖추는 것은 피할 수 없는 추세이다.

다국적 기업들이 글로벌 공급사슬을 전면적으로 축소하는 선택을 할 것이란 전망도 경제적 타당성을 따져봐야 한다. 이번 코로나 사태의 충격으로 갑작스런 대형 재난에 대한 다국적 산업 공급사슬의 취약성이 여실히 드러났기 때문에 어떻게 원거리 공급사슬의 단절 위험을 줄일 것인가를 고심할 수밖에 없게 되었다. 주요 산업대국들 역시 추세에 따라 지역을 넘나드는 수평적 분업에서 공간적으로 더욱 촘촘하게 구역을 수직적으로 통합하도록 자국 기업의 재배치를 유도할 것이다. 이에 따라 일부 연구기관들은 글로벌 산업 공급사슬이 3대 수직통합체계—미주시장을 중심지역으로 미국을 핵심으로 하는 공급체계, 유럽시장을 중심지역으로 독일을 핵심으로 하는 공급체계, 아시아시장을 중심지역으로 한중일을 핵심으로 하는 공급체계—로 재편될 것으로 전망하고 있다.

모건스탠리의 분석 보고서에 따르면 코로나 사태가 종식된 후 글로벌 공급사슬의 대폭적인 이전 배치가 반드시 발생하지 않을 가능성도 있다. 대규모 이전에는 새로운 투자가 필요하기 때문에 다국적 기업들은 경기침체 대응 시 소요되는 막대한 자본 지출에 대해 더욱 보수적인 태도를 취할 수 있기 때문이다. 게다가 중국정부가 감염증 사태에 신속하고 효과적으로 대응할 수 있는 능력을 갖추고 매우 단시간에 체계적으로 정상화되는 모습을 보여주면서, 앞으로 코로나19가 반복적으로 발생할 경우 공급사슬의 위험을 줄이는 데 중국이 오히려 비교우위를 점할 수 있다. 따라서 향후 다국적 기업이 공급사슬의 위험을 분산시키고 단일국가에 집중시키는 방식을 피하려 할 것이라는 추측이 보다 합리적이다. 하지만 제조업 경쟁력과 산업 공급체제를 가장 잘 갖추고 있는 중국은 여전히 글로벌 공급사슬에서 가장 큰 비중을 차지할 것이고 그것은 더더욱 고부가가치 제품이 될 것이다. 그 밖에 중국 자체 브랜드의 첨단 제조업 또한 세계시장에서 지속적으로 점유율을 확대해나갈 것이다.

미국의 반중파들이 중국에 전면적인 경제 냉전을 고취하면서 미중경제를 철저히 분리시키려고 하고 있으나, 당초 남에게 손해를 끼치고 자기에게도 이로움이 없는 선택일 뿐 아니라 오히려 자신의 손실이 더 큰 선택이기 때문에 이를 끝까지 관철하기는 어렵다고 할 수 있다. 미국은 오바마 정부 때부터 미국으로의 제조업 환류를 촉구했고 트럼프는 이 목표를 대선공약으로 내세우기까지 했지만 그것을 실천하는 데는 어려움이 따랐다. 미국 산업이 공동화된 지 이미 오래여서 많은 산업 부문의 공급사슬이 일찌감치 소실되었고 각 전문분야의 기술자들을 찾기도 어려워진 상황이기 때문이다. 미국의 글로벌 기업들은 생산라인을 미국으로 이전하면 중국 시장은 물론 해외 시장도 잃게 되는 것은 자명하며, 관세보호를 하거나 달러화 가치가 대폭 떨어져야 겨우 경쟁력을 가질 수 있다는 사실을 잘 알고 있다. 만약 미국정부가 여러 대기업에 생산라인의 미국 이전을 강요할 경우 곧바로 미국 소비자의 구매력이 떨어지고 인플레이션이 발생할 수밖에 없다. 부채 총액이 이미 최고기록을 경신한 경제체의 경우라면 인플레이션으로 인한 금리 상승으로 재앙적 결과가 초래될 수 있다.

중국의 비교우위를 잘 알고 있는 일론 머스크(Elon Musk)는 테슬라의 앞길을 상하이의 기가팩토리에 걸었는데 이 결정적 선택은 코로나 위기라는 첫 시험을 거쳤다. 중국대륙에서 가장 먼저 복구된 기업 중 하나인 테슬라의 상하이 공장은 2월 10일부터 전면 재가동에 들어갔다. 중국 공신부(工信部)의 생산량 데이터에 따르면 공장 재가동 후 생산량이 전염병 발생 이전을 넘어선 것으로 보인다. 미국에서 코로나19가 발생하자 테슬라가 3월 하순에 캘리포니아 주 프리몬트(Fremont)에서의 완성차 공장 가동을 중단하면서 이제 상하이 공장은 완성차를 만들 수 있는 유일한 테슬라 공장이 되었다. 상하이 기가팩토리는 2019년 1월 정식 착공한 지 1년도 채 안 되어 완공되었는데, 고능률의 사업 심의와 건설 속도로 당시 전 세계 업계의 주목을 받으며 테슬라의 주가가 바닥에서 반등했다. 상하이 기가팩토리의 2기 건설도 착공되었는데 1기보다 더 큰 규모로 2020년 말에 완공될 예정이다.

소수의 더 급진적인 반중파들은 중국을 세계 달러 지불시스템에서 축출하기 위한 전면적 금융전을 주장하기까지 한다. 이와 같은 극단적 주장만큼이나 최근 그들이 열광하고 있는 것이 있는데 몇몇 미국의 정치인들이 코로나19 팬데믹으로 인한 자국 내 생명과 재산의 손실을 보전하기 위해 중국에 막대한 금액의 피해 배상을 추진하고 있다는 사실이다. 미국정부가 어떤 이유를 들어 중국정부 및 기업의 미국 내 자산을 동결한다거나 중국과의 금융 거래를 단절하는 것은 바로 준전쟁행위라고 볼 수 있다. 이는 상호 파괴적인 금융핵대전을 발동하는 것과 같은데, 이렇게 되면 달러 패권의 장성(長城)을 스스로 무너뜨리는 결과를 초래할 수도 있다.

이러한 조치들은 중국으로 하여금 큰 것을 위해 작은 것을 과감히 희생하는 선택을 하게 할 뿐이다. 즉, 중국은 막대한 경제적 이익을 희생하고 금융 부진을 감수하면서까지 위안화 통화권과 무역권을 만드는 데 진력할 것이다. 만약 미국이 이런 조치를 취한다면 중국은 자국 통화의 무역대금 결제 추진에 주력하고 인민폐의 디지털화폐 보급을 가속화하며 각국과 양자 간 통화스와프 규모를 확대하는 데 박차를 가할 것이다. 중국인민은행도 더 이상 달러외환보유량을 화폐발행의 지급준비금으로 삼지 않을 것이다. 미국 역시 위안화로만 중국산 제품을 사야 할 경우 장기간의 막대한 무역적자에 의거해 국내 소비 적자와 저축 부족의 문제를 메우기 어려울 것이다. 중국이 달러의 패권적 지위를 지탱하는 중요한 버팀목 역할을 더 이상 맡지 않을 경우 달러 자산을 가치저장의 수단으로 여겨온 세계 재부 소유자들의 믿음은 전면 동요될 수밖에 없을 것이고 달러 패권의 종말은 더욱 가속화될 것이다. 바로 이것이 월스트리트 금융자본이 이러한 재난의 발생을 최선을 다해 저지할 수밖에 없는 이유이다.

트럼프 정부의 급진적 일방주의가 여러 현존하는 다자체제를 약화시킨 것은 분명하다. 그러나 다른 한편으로 지구온난화와 팬데믹, 보호주의 그리고 경제대공황과 같은 매우 긴박한 전지구적 위기는 오히려 국제적 정책 조율과 다자간 협력의 중요성을 부각시킨다. G20의 멤버 가운데 시대조류를 거스르고 있는 트럼프를 따를 국가는 없다. 미국의 오랜 맹우들도 트럼프의 일방주의에 반대하는 것은 물론 기존의 다자체제에 대한 지지를 약화한 적이 없다.

2020년 4월 15일 트럼프가 세계보건기구(WHO)를 공개적으로 비판하면서 지원금 지급 중단을 선언하자 막 병원에서 돌아온 보리스 존슨 영국 총리는 대변인 성명을 통해 영국은 미국의 WHO 보조금 지급 잠정 중단 결정에 따르지 않을 것이며, 전 세계가 코로나 팬데믹에 맞서 싸우는 데 WHO가 중요한 역할을 담당하고 있음을 강조하는 입장을 밝혔다. 연이어 열린 G7 정상회의에서 트럼프는 철저히 고립되었고 6개국 정상들은 WHO에 대한 확고한 지지 의사를 표명했다. WHO에 대한 트럼프의 적대적 입장이 미국의 주류 외교 엘리트들이나 많은 전문가그룹을 대표하는 것도 아니다. 가령 미국의학회(AMA)는 트럼프의 성명 철회를 호소했고, 빌 게이츠 부부는 곧바로 WHO에 기존에 내왔던 1억 달러 기부액에 1억 5000만 달러를 추가하겠다고 선언했다. 미국 팝계의 여왕 레이디 가가(Lady Gaga)가 개최한 글로벌 자선콘서트 '원 월드(One World: Together at Home)'에서는 몇 시간 만에 WHO를 위한 연대 기금이 1억 3000만 달러 가까이 모였다.

사실 지난 3년간 모든 국가들은 트럼프 집권하의 미국에 대해 어떤 기대도 갖지 않았다. 각국은 미국이 탈퇴하거나 저지하는 상황에서 어떻게 계속 '파리협정', 이란 핵협정, 세계무역기구, 유네스코 등을 계속 운영해 나갈지 방법을 강구하고 있다. 코로나19 팬데믹의 위협에 직면하자 절대다수 국가들의 정책 결정권자들은 반드시 한 배에 타 서로 협력하는 것 말고는 다른 선택지는 없다는 점을 분명히 인식했다. 중국, 독일, 프랑스, 일본 등 의약 과학기술 강국들은 긴밀한 국제협력을 통해 코로나 바이러스의 특효약과 백신 개발을 추진하고 그 성과를 전 세계가 공유할 것임을 명확히 했다.

6. 2020년의 결정적 대선

오늘날 미국사회는 극도로 분열된 상태로, 오바마 정권에서 트럼프 집권에 이르기까지 미국의 정치 엘리트들 사이에 균열이 심화되고 있다. 2016년 대선에서 힐러리와 트럼프가 미국 유권자들에게 제시한 노선이 확연히 달랐던 것처럼, 2020년 11월에 열리는 대선 또한 미국의 외교정책의 향방과 세계 정치지형에 심대한 영향을 미칠 수 있는 중요한 결정이 될 것이다. 이번 대선의 결과가 세계정세에 미칠 장기적 영향은 코로나19 팬데믹에 결코 뒤지지 않는다. 트럼프가 코로나 위기에 대처하는 과정에서 보인 터무니없는 언행으로 그가 순조롭게 재선을 할 수 있을지는 여전히 의문이긴 하다(이 글이 발표된 이후인 2021년에 들어서 조 바이든 정부가 출범했다. 그런데 취임 과정에서 심각한 균열양상을 보인 미국에서 새 정부가 실제 얼마나 전과 다른 정책을 펼 수 있을지 미지수이다—엮은이).

이번 팬데믹 이전에도 미국이 주도하던 세계화 모델은 곤경에 처했다. 세계화의 순익과 위험 배분이 매우 불균등해 국제 금융위기가 빈발했다. 선진국에서는 경제개방의 사회적 지지기반이 무너지고 신자유주의 경제정책은 사회의 강력한 반발을 야기했다. 지난 몇 년간 세계화의 경로와 게임규칙을 수정해야 한다는 목소리가 여기저기서 제기되었다. 세계화의 사회적 지지기반을 재건하려면 경제 세계화가 포용적 성장이라는 목표를 가슴에 새겨야 하고, 지속가능한 발전에 대한 사회적 요구에 부합해야 하며, 세계화의 게임규칙이 다국적 기업, 다국적 금융자본이나 디지털 플랫폼을 독점하는 테크놀로지 거수(巨獸)에만 은혜를 베풀어서는 안 된다는 요구가 그것이다. 이번 코로나19로 서구사회에 초래된 심각한 건강 침해와 경제적 재난은 서구인들이 아시아에 대한 인종주의적 오만과 편견으로 인해 감염증 사태의 위험성을 경시한 데 따른 것일 뿐 아니라 지난 30여 년간의 신자유주의 개혁의 폐해가 낱낱이 드러난 것이라고도 볼 수 있다. 코로나 사태가 가장 심각한 미국에서 특히 그러하다.

그런 의미에서 중국이 '일대일로(一帶一路)' 이니셔티브하에서 파트너와의 협력을 통해 발전을 도모하는 경제합작의 새로운 모델과 지역통합의 새로운 경로는 코로나 사태가 종식된 이후 광범위한 발전을 하는 가운데 더욱 높은 평가를 받게 될 것이다. 더 나아가 세계화에 새로운 융합의 동력을 부여할 수 있을 뿐 아니라 코로나 사태로 인해 야기된 세계경제의 심각한 쇠락에서 벗어나는 데도 도움이 될 것이다. '일대일로' 이니셔티브는 본래 역(逆)세계화의 도전과 세계경제의 성장 둔화에 대응하는 유효한 전략으로, 이 전략의 중요한 착수 지점은 다음 네 가지이다. 첫째, 중국은 다국적 정보, 비즈니스와 금융 인프라의 제공에서부터 다자개발융자기구의 창설, 녹색농업, 신에너지, 의료위생, 스마트 거버넌스 등 분야에서의 지식공유, 기술지원과 인재육성에 이르기까지 허용 가능한 범위 내에서 보완적, 대체적인 글로벌 공공서비스 상품을 더 많이 제공한다. 둘째, 정부 주도의 '지역+1' 정책협의플랫폼, 공적 투자

기금 지렛대, 지침성 개발사업, 교육·문화교류 프로그램 등을 통해 남남협력을 심화시킨다. 셋째, 개발도상국을 도와 디지털경제와 인터넷사회 구축을 가속화하여 개인, 영세기업, 중소기업, 사회기업 등이 글로벌 범위의 경제 분업, 생산판매 협력이나 금융 공조에 (다국적 기업을 피하여) 직접 참여하는 기회를 얻도록 하는 것이다.

코로나19 사태가 종식되면 중국은 글로벌 경제 파트너들과 함께 세계화와 지역통합의 새로운 길을 개척하는 적극적인 행보에 나서게 될 것이다. 이것은 서구 국가의 더욱 거친 저항과 악랄한 공격에 맞닥트릴 수밖에 없다. 코로나 위기가 발생하기 이전에도 서구 정치인들과 언론 매체는 '일대일로' 이니셔티브와 중국발전모델을 악마화하는 방식으로 '샤프파워', '채무 함정', '디지털 전체주의' 등과 같은 중상모략적 비난을 쏟아내 왔다. 이번 코로나 국면에서 중국의 통치모델이 보여준 상대적 강점은 서구국가의 정치엘리트들의 우월감을 약화시키고 있다. 특히 중국이 개발도상국에게 인기 있는 신형 국제공공서비스 공급자로서 국제방역을 지원하는 대국으로까지 역할하고 있는 데 대해 서구국가들은 분노를 삼키지 못하고 있다. 이에 미국을 비롯한 서구국가의 정치인들이나 매체는 중국에 대한 비방과 공격을 또 한 차례 벌일 수밖에 없고, 서구 언론과 싱크탱크 역시 세계화의 '탈중국화' 의제를 대대적으로 이슈화하면서 중국의 해외 협력사업과 중국 기업의 '해외진출 프로젝트'에 대해 각종 악마화된 공격을 더욱 격렬하게 전개할 것이다.

하지만 그들은 중국이 이끄는 세계화의 새로운 길을 막을 수 없는데 이 경로가 미국이나 서구가 주도하는 다자기구나 지역무역협정에 의존하지 않기 때문이다. 또한 미국이 과학기술과 인터넷 봉쇄를 이용해 중국을 저지할 염려도 없는데 모든 핵심 분야에서 중국이 기능이 엇비슷한 평행적 체제를 제공할 수 있기 때문이다. 다만, 미국이 '일대일로' 연선국가와 아프리카 대륙에서 동란이나 내전을 일으키거나 친미 정치세력을 양성할 방법을 강구하는 것은 경계해야 한다. 사실상 '일대일로' 이니셔티브의 추진은 경기침체에 빠진 유럽에 각종 상업적 기회를 가져올 수 있고, 유라시아대륙의 경제통합이라는 기회의 문이 구미의 다국적 기업, 금융기관과 전문가들에게 열리게 될 것이다.

남남협력 심화의 모멘텀은 코로나 사태로 흔들리지 않았다. 중국 해관의 통계에 따르면, 2020년 1분기에 중국의 수출입 총액이 하락했는데 EU와 미국에 대한 수출입 감소폭이 가장 컸던 반면 '일대일로' 연선국가에 대한 수출입은 3.2%로 올랐고 아세안에 대한 수출입은 6.1% 증가했다. 게다가 아세안은 EU를 제치고 처음으로 중국의 1위 무역파트너가 되었고 미국은 3위로 밀려났다. 그 밖에 2020년 1분기에 중국-유럽 간 국제화물열차가 1941차례 출발해 전년도 동기 대비 15%가 증가했는데 이는 전염병 사태에도 불구하고 중국의 연선국가에 대한 수출입무역이 활발히 추진되고 있음을 방증한다.

비교적 장기적 관점에서 보면 21세기 들어 인류역사의 전진의 발걸음은 더욱 빨라졌다. 예전에 견고하다고 여겨졌던 구조가 느슨해지기 시작했고 과거에는 결코 되돌릴 수 없다고 생각되었던 역사의 흐름이 명확한 퇴조와 반전을 보이고 있다. 이른바 100년 만의 대변혁의 윤곽이 점차 뚜렷해지고 있고 국제질서는 급격한 재편단계에 접어들고 있다. 다음과 같은 네 가지 역사 추세가 동시다발적으로 전환되기 시작했다.

첫째, 냉전 종식 이후 절정에 달했던 단극 패권체제가 쇠퇴하기 시작하고, 미국의 권력기반이 전면적으로 동요하면서 각종 영역에서의 지배력이 약화되고 국제적 리더십이 크게 쇠락하고 있다.

둘째, 인류 정치문명 발전의 종착지로 불리던 자유민주 체제가 신적 위치에서 내려오고 있다. 서구 대의체제의 거버넌스 효과 문제가 날로 심각해지면서 합법성의 기반이 흔들리고 있고, 인류역사는 정치문명의 다원적 병행 상태로 회귀하고 있다.

셋째, 2008년 국제 금융위기 이후 지난 30여 년간 신자유주의를 이념으로 삼은 '초세계화'가 눈에 띄게 동력을 잃고 국제사회의 분열과 재융합 세력이 번갈아 나타나고 있다. 또한 포용적 성장에 대한 요구에 부응할 수 있는 남남협력을 성장동력으로 하는 신형 세계화모델이 준비를 마치고 대기 중이다.

넷째, 서구 중심의 세계질서가 쇠퇴하기 시작하고 중국을 대표로 한 비서구세계가 부상하고 있다. 인류역사가 포스트 서구 중심 시대로 접어들면서 세계경제의 중심 또한 빠르게 아시아로 이동하고 있고 신흥경제체들이 국제사회의 규칙과 표준을 제정하는 과정에 전면 참여하기 시작했다.

위에서 본 네 가지 역사적 추세는 코로나19 팬데믹으로 인해 바뀌기는커녕 오히려 더욱 가속화될 것이다.

이 100년 만의 팬데믹은 인류 운명공동체 구축의 이니셔티브가 시대조류에 부합한다는 점을 더욱 선명하게 드러내준다. 코로나19 팬데믹이 우리에게 주는 진정한 교훈은 전지구화 시대의 고도의 상호의존성과 대량의 다국적 유동성이 각국에 전에 없던 건강과 사회경제적 위험을 초래했다는 사실이 아니라 오늘날의 글로벌 거버넌스 메커니즘과 공동체의식이 경제세계화보다 심각하게 낙후되어 있다고 하는 점이다. 진정한 해독제는 경제세계화를 역전시키는 것이 아니라 국제적 건강·공공위생 상호부조 메커니즘을 빨리 구축하는 것이고, 인류 전체의 운명과 화복

(禍福)이 상호의존적이라는 사실을 깊이 인식하는 글로벌 마인드가 편협하고 자신만을 보호하려는 국가주의적 사고를 뛰어넘도록 하는 것이다. 아시아 국가들은 우선 자기 지역에 공공위생공동체를 비롯해 더욱 긴밀한 경제공동체를 구축할 수 있고, 다음으로 세계화의 전면적 균열이라는 최악의 가능성에 대비하며, 더 나아가 시세를 잘 살피면서 세계질서의 개조에 참여하는 역사적 기회를 적극적으로 포착할 수 있을 것이다.

〔김하림 옮김〕

11장

초지구화와 인도주의의 위기

정융녠

코로나 바이러스는 이미 전지구적인 인도주의의 위기를 가져왔다. 매일 수많은 사람들이 감염되고 수많은 사람들이 죽어가고 있다. 건강하다가 전염되고 결국 사망에 이르기까지 그렇게 길지 않은 과정이다. 만약 생명이 인류사회의 기초라면 인류 지혜의 의의는 바로 생명을 구하는 것에 있다. 코로나가 폭발한 이후 사람들은 정치제도에 관한 새로운 논쟁을 전개했다. 즉, 어떠한 정치제도가 더욱 생명을 잘 구할 수 있는지, 생명의 가치를 더욱 잘 구현할 수 있는지에 관해서이다.

이제껏 자유주의 가치를 내걸어온 《이코노미스트(The Economist)》는 2020년 2월 18일 〈코로나와 같은 전염병은 비민주국가에서 더욱 치명적이다〉라는 제목의 글을 실었다. 이에 따르면 1960년 이래의 모든 유행병을 통계 분석한 결과, 어떠한 수입 수준의 조건하에서도 민주국가의 유행병 사망률이 비민주국가보다 낮았다. 그 주요한 원인은 전제

(專制)적 정권은 필요한 정보의 처리와 자유로운 유통, 그리고 국민과 통치자 사이에 필요한 공개적인 대화의 업무에 적합하지 않기 때문이다.

《이코노미스트》에 그 글이 발표될 때만 해도 구미의 전염병 상황은 그 후 발생한 것처럼 심각하지는 않았다. 하지만 지금 이 시점이라면 《이코노미스트》는 이 글을 발표할 수 있는지 재고했을 것이다. 왜냐하면 그처럼 거시적인 논단을 뒷받침할 경험적 증거가 없기 때문이다. 코로나 바이러스의 대유행은 국가를 가리지 않는다. 정치제도의 차이는 더욱더 관계가 없다.

사람들은 보통 민주와 비민주국가의 비교를 하지 않지만, 예를 들어 중국과 미국을 비교해보더라도 이러한 논단, 곧 민주국가의 유행병 사망률이 낮다는 주장이 현재 구미의 전염병 상황을 해석해낼 수 없다. 구미 민주국가는 언론의 자유, 정보의 자유로운 유통의 모범이자, 세계에서 가장 발달한 경제 및 선진적 공중보건 체제를 갖고 있다고 여겨져 왔다. 그렇다면 구미가 현재 이처럼 심각한 생명의 위기에 직면한 사실은 어떻게 설명할 것인가?

1. 서방 국가의 문제를 폭로하는 코로나 바이러스

코로나 바이러스가 미국에서 대규모로 유행할 때 트럼프 대통령은 미국은 안전하다고 천명했다. 미국은 세계에서 가장 부유한 경제체로 가장 강한 의료체제와 1, 2등을 다투는 의료기술을 보유하고 있기 때문이다. 그런데 미국의 민중들은 이와 같은 안전을 느낄 수 없었다. 왜냐하면 이 시기 민중들에게 안전을 가져다 줄 수 있는 것은 마스크, 소독제, 방호복, 인공호흡기 등과 같은 것인 까닭이다. 이러한 의료물자가 부족한 상황 속에서는 가장 강대한 경제체 역시 민중들에게 안전을 제공할 수 없었던 것이다.

미국에서 의료물자가 부족하다는 것은 매우 명백했다. 2020년 4월 3일 뉴욕 주 주지사 쿠오모(Andrew Cuomo)는 코로나 상황에 관한 일일 브리핑에서 현재 뉴욕 주의 의료방호용품이 부족하다는 긴급한 사실을 알리고, 현지의 제조업체가 생산시설을 전환하여 생산을 가속화해달라고 호소했다. 그 자리에서 쿠오모는 N95 마스크를 들어 보이며 말했다. "믿기 어렵지만 뉴욕에서, 미합중국에서 우리는 이러한 재료조차 만들어내지 못해 중국에서 구매해야 합니다." 의료병상과 인공호흡기가 부족할 뿐만 아니라 현장의 의료진에게 필요한 방호 설비도 모자랐으며, 저층 민중들은 고액의 의료비를 감당할 길이 없었다. 이러한 모든 것이 코로나 사태로 인해 드러난 미국의 문제이다.

다른 민주국가와 비교해보면, 미국의 인구 대비 의사 및 병상 수는 상대적으로 낮은 축에 속한다. 미국의 보건정책에 관한 비영리조직 카이저가족재단(Kaiser Family Foundation)이 발표한 조사보고서에 따르면, 미국은 인구 1000명당 2.6명의 의사를 보유하고 있어, 이탈리아의 4명, 스페인의 3.9명보다도 낮았다. 미국의 의료 관련 인원 총수는 대부분의 비교 가능한 나라를 상회했지만, 그 가운데 절반에 가까운 인원은 비임상 의료 인력이었다. 인구 대비 병상의 비율은 인구 1000명당 2.8개에 불과했다. 이는 캐나다, 영국과 비슷하지만, 이탈리아의 3.2개, 한국의 12개보다 낮다.

미국이 마주한 더욱 큰 문제는 의료설비와 기자재가 심각할 정도로 부족하다는 점이다. 코로나 발발 전, 전 세계 마스크의 절반은 중국에서 만들어졌는데, 발발 후 중국 국내의 마스크 수요가 대폭 증가한 데다가 세계 여러 나라에서도 앞 다투어 필요한 의료용품을 사재기했다. 게다가 미국은 대유행에 대해 미리 준비하지도 않았다. 그렇기 때문에 코로나 발발 후 얼마 지나지 않아 설비 및 기자재가 부족한 문제에 부딪치게 된 것이다.

엄청난 의료비용은 더욱 치명적이었다. 카이저가족재단에서 2018년 미국 폐렴 및 이와 관련된 합병증 치료비용을 검사해보니, 합병증이 발생하지 않은 상황에서 코로나 바이러스 치료에 약 9700달러의 비용이 들었으며 만약 위중한 합병증이 발생할 경우 치료비용은 2만 달러를 넘어섰다. 이러한 금액은 의료보험이 없는 미국 민중들에게는 부담하기 어려운 비용이며, 비록 감염이 되었다고 하더라도 돈을 낼 수 없어 검사와 치료를 받는 것을 선택하지 않게 되고 때로는 상황이 위중해진 다음에야 비로소 치료를 받게 만들었다. 이러한 상황은 일반 민중의 감염 위험을 높이고, 또한 코로나 중증환자 수를 늘리게 되어 의료기관에 더욱 큰 부담을 가하게 된다. 미국 인구센서스에 따르면 2018년 전체 인구의 8.5%에 달하는 2750만 명이 의료보험을 갖고 있지 않았다.

하지만 모든 민주국가가 미국과 같은 것은 아니다. 예를 들어, 독일의 상황은 전혀 다르다. 독일은 초기에 이미 사태가 심각해져 의료물자가 부족해지자, 다른 나라로 보내야 하는 의료물자를 중간에서 빼돌리기까지 했다. 그렇게 독일은 아주 빨리 국면을 돌려놓았다. 독일의 코로나 사망률은 2%에 불과해, 이탈리아의 13%, 스페인의 10%보다 훨씬 낮았다. 이렇게 된 데에는 다양한 요인이 있었다. 영국 켄트대학의 바이러스학자 제레미 로스만(Jeremy Rossman)은 그 원인을 조기 확진이라고 보았다. 독일은 매일 10만 건에 달하는 바이러스 검사를 함으로써 질병의 전파를 막을 수 있었던 것이다. 충분한 병상 수도 중요한 요인이었다. 독일의 인구당 의료병상 수는 세계에서 가장 많은 축에 속하는데, OECD의 40개 국가 중 4위이다. 독일의 인구 1000명당 병상 수는 8개로, 이탈리아는 겨우 3.2개이다. 독일의 병원 수 역시 유럽 1위로 약 1900개이다. 동시에 중증환자 치료병상도 약 2만 8000개나 된다.

2. 경제와 사회의 분리

같은 선진 민주국가인데 왜 미국과 독일의 상황이 이렇게 다른 것일까? 사람들은 이미 다양한 각도에서 각국의 방역 방법, 지도력, 통치제도 및 능력 등의 차이를 포함한 방역 현황의 차이점을 논의하고 있다. 그러나 이러한 해석들은 모두 하나의 구조적 요소, 즉 전지구화가 경제와 사회의 분리(dis-embedded)를 일으켰다는 사실을 놓치고 있다. 어떠한 나라에서도 경제는 사회의 유기적인 구성 부분으로서 양자는 서로 구조적으로 중첩되어 있어(embedded), 경제는 사회에 들어와 있고, 사회 역시 경제에 들어와 있다. 일단 경제와 사회가 서로 분리되거나 이탈하면 사회의 존재에 위기가 발생하며 생명의 위기를 가져온다.

경제는 원래 사회의 내부를 구성하는 부분이었다. 하지만 근대 자본주의가 흥기하여 1980년대 전지구화가 진행될 때까지 구미사회는 두 차례에 걸쳐 경제와 사회의 분리를 경험했다. 근대 자본주의가 흥기한 이후, 경제는 하나의 독립된 영역으로서 자신의 규율을 갖고 있기 때문에 사회와 정부의 간섭이 필요하지 않다고 여겨졌다. 이것이 바로 경제-사회의 첫 번째 분리로, 한 국가 내부에서 발생한 것이었다. 1980년대 이후 전지구화가 진행되면서 두 번째 분리가 발생했다. 이것은 국제적 층위에서의 분리로, 자본이 전지구적 범위로 유동하면서 각국의 경제주권의 상실을 야기했다. 이 때문에 이 현상을 슈퍼 글로벌라이제이션(초지구화)이라고 부른다.

칼 폴라니(Karl Polanyi)는 《거대한 전환》에서 이 첫 번째 분리를 서술하고 있다. 18세기 말과 19세기 전반기에 두 가지 변화가 발생했는데, 그 첫 번째 변화는 경제영역에서 발생했다. 공업 시스템이 신속하게 확장하면서 상업과 공업 간의 관계를 변화시켰다. 생산은 대규모 자금 투자와 연결되고 생산업자는 정부가 공급과 생산 출하 통로를 제어하는 것을 원하지 않았다. 이러한 변화와 밀접한 관계가 있는 두 번째 변화는 경제적 자유주의의 대두였다. 하나의 사상체계로서 경제적 자유주의는 시장이 자기조정능력을 가지고 있다고 믿었다. 그리고 이에 기초하여 일련의 새로운 공공정책이 변호되며, 토지, 노동, 자본 사이에서 시장의 조정 작용이 촉진되었다. 이것이 바로 영국의 자유방임 경제학의 기원이다.

폴라니의 관점에서 이러한 자유방임 경제철학은, 탄생의 초기에는 단지 비관료주의 방법의 일종의 편향성이었으나 (그 뒤 점차) 명실상부한 신앙으로 변하면서 인류의 세속적 구원이 자기조정적 시장(self-regulating markets)을 통해 실현된다고 믿었다. 애덤 스미스(Adam Smith)는 '보이지 않는 손' 개념을 통해 자유시장을 변호했으나, 토머스 맬서스(Thomas Malthus)에 이르러서는 빈곤을 자연 질서의 일부로 받아들이게 되었다.

사회다윈주의의 '적자생존' 역시 경제적 자유주의 성립에 크나큰 영향을 주었다. 결국 사회로부터 분리된 후 경제는 자율적인 '자연 질서'가 되었다. 왜냐하면 자연 질서는 변화시킬 수 없는 것이고 사회는 오직

이러한 자연 질서에 복종해야만 하기 때문이다. 의문의 여지없이 이러한 관점은 지금까지 실천과 이론을 막론하고 여전히 수많은 신도를 거느리고 있다. 실천 영역에서 미국은 적지 않은 사람들이 경제를 구하는 것이 사람을 구하는 것보다 더 중요하다고 주장한다. 이론 영역에서는 1980년대 이후 소위 신자유주의 경제학은 자유시장을 전대미문의 경지까지 끌어올렸다.

경제적 자유주의는 확실히 경제발전을 가져왔다. 하지만 사회는 이로 인해 막대한 대가를 치러야 했다. 이것은 사람들이 부르는 원시자본주의 단계로 사람이 자본의 노예가 된 것이다. 이러한 사회의 참상에 대해서는 마르크스, 위고, 디킨스의 작품에서 충분히 묘사하고 분석했다. 이 역시 동란의 시기였다. 자본주의의 참혹한 비인도적인 성격은 유럽 사회주의 운동의 흥기를 가져왔다.

사회주의 운동은 원시자본주의에서 복지자본주의로의 대전환을 가져왔는데, 최종적으로 오늘날 유럽의 사회민주주의 또는 민주사회주의를 탄생시켰다. 이러한 전환은 경제와 자본이 발전한 결과가 아니라, 사회투쟁이 낳은 산물이다. 복지사회는 자본의 이익뿐만 아니라 사회의 이익까지 동시에 고려했고, 정부는 세수정책을 통해 사회에 의료와 교육, 공공주택 등의 서비스를 제공했다.

3. 지구화의 이익과 폐단

사회주의가 유럽에서 탄생하고, 유럽 특히 북유럽 국가는 사회민주주의의 대본영이 되었다. 독일은 가장 전형적인 모델로 사회와 경제 간의 평형을 기본적으로 실현했으며 독일의 경제는 사회적 시장경제로 일컬어진다. 반면에 자본주의 대본영인 미국은 지금까지 모든 민주국가 중에서 가장 강렬하게 복지사회에 저항하고 있다. 오바마 대통령 집권 기간에 유럽사회주의적 성격을 지닌 개혁들을 진행하려고 했으나(예를 들어, 사회 저소득 계층의 의료보험 개혁), 트럼프가 부임하자마자 바로 없애버리고 말았다. 비록 미국에서도 유럽의 민주사회주의를 배우자는 목소리가 있고, 실제로도 민주사회주의를 필요로 하지만, 미국은 여전히 자본에 의해 주도되는 사회이며 전체 시스템이 자본의 이익을 중심으로 돌아간다. 미국과 독일이 방역에서 왜 그렇게 큰 차이를 보이는지, 그 답은 바로 여기에 있다.

구미의 복지사회에서 경제와 사회가 구조적으로 단단히 결합되는 것은 실현되지 않았다. 다만 양자의 분리로 인해 발생한 문제를 해결하고, 양자를 일정한 균형 상태에 도달하도록 했다고 말할 수 있다. 그러나 1980년대 이래 수십 년에 걸쳐 진행된 전지구화는 경제와 사회의 분리를 더욱 심화시켰다. 이 시기 전지구화의 주요한 특징은 자본, 기술, 인력이 전지구적 범위에서 빠르고 광범위하게 움직인다는 것이다. 그렇게 사회-경제 분리를 지탱하고 전지구적 차원(초국가적 차원)에서 경제와 사회가 구조적으로 분리된 결과, 각국은 경제주권을 상실했다. 오늘날 그 어떤 국가의 정부도 경제주권을 갖고 있다고 선언할 수 없다. 경제와 사회가 주권국가 내부에서 분리되었던 것과 마찬가지로, 전지구화 역시 생산요소가 전지구적 범위에서 자유롭게 배치되도록 촉진했고, 대규모의 재산과 부를 창조했다.

그 결과는 어떻게 되었나? 오늘날 사람들은 묻는다. 개인이 전지구화에서 무엇을 얻었나, 사회는 무엇을 얻었나, 국가는 무엇을 얻었나? 답은 어쩌면 아주 명확하다. 전지구화는 극소수의 부자들을 만들어낸 것 외에 개인은 얻은 것이 없다는 것이다. 수입과 재산의 분배는 점점 더 불공정해지고 있기 때문이다. 사회 역시 얻은 것이 없다. 왜냐하면 중산 계층은 점점 더 감소하고 사회는 점점 더 분화되었기 때문이다. 더욱이 국가 역시 아무것도 얻지 못했다. 국가는 일자리를 잃었으며 세수를 잃었다.

코로나 바이러스는 이른바 국제 노동 분업에 대해 인류가 목숨으로 그 대가를 치르도록 내몰고 있다. 구미의 선진경제체는 모두 의료물자의 부족 문제를 겪고 있다. 이것은 이러한 국가들이 의료물자를 생산할 능력이 없다는 것이 아니며 단지 생산하고 있지 않다는 것이다. 전지구화에서 선진국은 저부가가치 생산라인 혹은 산업 가치사슬의 많은 부분을 노동력과 지대가 저렴한, 그리고 환경보호에 대한 요구가 까다롭지 않은 개발도상국가로 옮겼다.

평화롭던 시기, 국제 시장은 정상적으로 운영되고 모두가 전지구적 노동 분업으로부터 이익을 얻을 수 있었다. 그러나 일단 코로나와 같은 위기가 닥치자 각국 정부는 모두 내부의 수요에 집중하면서 이른바 전지구적 시장, 심지어 지역 시장도 존재하지 않게 되었다. 이런 상황하에서 많은 선진국이 물자 부족에 직면했으며 국민들의 생명을 지켜낼 수 없었다.

경제와 사회는 분리될 수 있으나 사회와 정치는 서로 분리될 수 없다. 민주사회에서 정치권력은 사회에서 나온다. 1인1표는 정치와 사회가 더욱더 깊이 서로 얽히게 한다. 그러면 정부는 어떻게 경제와 사회의 분리가 가져오는 문제를 해결할 수 있을까? 전지구화의 환경 속에서 정부는 경제주권이 없으며 어떠한 유효한 방법으로도 자본, 기술, 인재의 전지구적 이동을 제한할 수 없다. 일부 경제학자는 전 세계 정부는 연합하라는 제안을 하지만 이것은 단지 유토피아일 뿐이다. 정부는 세계를 통합하는 것이 아니라 세계를 분화시키는 주역이기 때문이다.

유일한 방법은 전지구화의 방식을 바꾸는 것이다. 전지구화를 추진했던 선진국가가 바로 그 전지구화 때문에 자국민의 생명을 보호하지 못하는 지금, 전지구화에 대해 진지하게 검토하고 의문을 제기해야 한다. 이것이야말로 왜 오늘 우리가 그렇게도 열렬히 전지구화의 미래에 대해 논쟁해야 하는지에 대한 이유이다. 이 논쟁이 어떠한 정책을 이끌어내는지에 상관없이, 분명한 것은 한 국가의 경제와 사회가 계속해서 분리된다면 대규모의 생명의 위기가 또 다시 발생하게 될 것이라는 점 때문이다. 〔양태근 옮김〕

〈붙임〉 팬더믹과 중국 거버넌스의 특징

필지는 팬더믹 위기에 중국정부가 신속한 정책 결정과 지휘부 구성, 자원 동원과 집중, 법률 제정 등을 제때에 처리할 수 있는 권위주의 체제의 장점을 발휘하여 통제에 성공했다고 해석한다.• 여기서는 그 특징 중 중앙정부와 지방의 관계, 전문가의 역할 및 민간사회의 역할에 대해 소개한다.••

• 이 책에 실린 3장 조영남의 글 참조—엮은이

•• 이하는 鄭永年, 〈疫情與中國治理制度〉, 《聯合早報》, 2020年 7月 28日의 골자를 엮은이가 덧붙인 것이다.

① 중국의 연방제: 중앙과 지방의 관계 문제는 단일제 체제 아래에서 존재하는 문제인데, 연방제의 방법으로 해결이 가능하다. 실제상 중국은 장기간 '행위연방제'의 방법을 실시해왔다. 이는 서방에서와 같은 헌법이나 법리상의 연방이 아니라, 구체적인 조작 혹은 정책설계와 집행행위상의 연방이다. 즉, 단일제 체제의 집권을 만족시키면서도 많은 방면에서 분권을 이루는 것이다. 그런데 '행위연방'이라는 비제도화된 특징은 단일 체제 아래의 중앙과 지방 관계에 탄력성을 부여하나, 중앙-지방 관계의 제도화에 방해도 된다. 반면 이 특징으로부터 선택성 집권의 추진이 가능해진다. 전국적 의의를 갖는 듯한 권력은 집중시켜 중앙권력 조직 체계를 재구성하고, 이에 비해 지방적 의의를 갖는 듯한 권력은 전부 지방에 보내 지방이 책임을 지게 하는 것이다.

② 전문가의 역할: 전문 인력에 독립성이 부여된다. 제도적으로 그들이 전문 직능에서 출발해 정책을 결정하고 판단하게 보장한다. 그뿐만 아니라 그들이 정책 결정과 집행 과정에서 실질적 권력을 갖도록 보장한다.

③ 민간과 사회 부문: 사회조직, 종교조직, 기업가집단 등의 역할이 중요하다. 비정부기구의 역할은 어떤 정치성을 갖거나 정치 참여의 요구나 의향을 갖는 것인 아니라 사회봉사를 제공하는 데 집중된다.

12장

젠더 관점에서 본 공중보건 위기상황과 제도 최적화

쉬주주

1. 공중보건 위기상황에서 제기되는 젠더 문제

역병, 핵오염, 생태오염 등 외부로부터의 위험은 현대사회의 불확정성을 가중시켜서 인류의 생산 방식과 생활 모델에 근본적인 변혁을 일으킨다. 울리히 백은 이것을 가리켜 '위험사회'[1]라고 칭했다. 공중보건 위기상황은 공공위기의 주요한 유형이다. 2019년 12월 이후로 신형 코로나 바이러스(이하 COVID-19 바이러스)가 창궐하여 중국은 2003년 사스 전염병 이후 최대로 위험한 공중보건 위험상황을 겪으며 정치·경제·문화생산에 거대한 충격을 받았다. 그러나 전염병의 초기 발생, 중기의 폭발, 사태의 완화와 코로나 이후의 시기에 이르기까지 공중보건 위험상황 속에서 젠더생태는 늘 불균형의 상태에 놓였다. 2020년 4월, UN 여성기구는 〈아태지구 코로나 발생 후 100일: 젠더의 시각〉 보고서를 발표하여 COVID-19 바이러스가 현재 아태지구의 젠더불평등 현상을 가속화하고 있다고 지적했다. 경제활동이 갑작스럽게 중단되고, 사회발전이 지체되며, 위생건강 환경이 위협을 받고, 국민들의 생계에서 자원이 결핍되면서 여성들은 남성에 비해 경제조건, 의료 돌봄, 사회보장 등의 방면에서 심각한 위기에 처하게 되었다. '도시 봉쇄', '국경 봉쇄', 재택근무, '물리적 거리두기' 등의 사회적 격리 조치는 효과적으로 바이러스 전파를 막고 전염병이 만연하지 않도록 억제시켜서 다른 나라에도 방역의 좋은 선례가 되었다. 그러나 이것은 개인들이 사회집단과 자원으로부터 동떨어지게 만드는 생존상황을 만들어서, 여성들이 가정폭력 등 위험을 당할 때 행동에 제한을 받는 곤경에 빠지게 하고, 폭력·침해·희롱 등 전형적인 성폭력 행위가 계속 증가하여 '2차 성폭력 바이러스'를 만들어냈다.

객관적인 추세로 보아 위험사회에서 공중보건 위기상황을 통해 전형적인 외인성 위기가 점차 일상화된다는 것이 드러났다. COVID-19 바이러스는 공중보건 위기상황 속에서 젠더생태를 관찰하기에 가장 선명하고 살아있는 사례를 제공한다. 전염병과 같은 공중보건 위기상황은 생명과 건강, 사회관리 등 일상적인 의제에 관련될 뿐 아니라, 정책 결정권자들이 젠더 시각에 충분한 주의를 기울이고 젠더 의제에 기반을 두고 심사숙고하며 법제의 측면에서 통합과 최적화를 하도록 요구하게 되었다.

2. 공중보건 위기상황 가운데 집단생태적 지위의 모습

사례연구는 묘사적이고 해석적이며 탐색적 연구의 중요한 방법으로 현실문제, 실천경험, 이론추상의 3자간의 긴밀한 소통과 교류의 통로이다. COVID-19 사태는 1995년 베이징세계여성대회에서 〈베이징선언〉과 〈행동강령〉이 통과된 이후로 발생한 특수한 위기 가운데 여성 권익보호의 실전의 장이고, 바이러스 저항과 동시에 이루어지는 저지전이다. COVID-19 유행 기간 여성의 젠더생태를 사례로 삼아서 방역 역할, 가정 역할, 사구(社區: 지역주민커뮤니티—옮긴이) 역할, 직업 역할, 개인 역할, 여론 역할의 여섯 개 차원에서 분석을 진행하겠다.

1) 방역 역할: 여성 의사와 간호사의 팽창

일선의 의료인원(healthcare workers, HCWs)은 방역의 핵심인 동시에 감염 위험이 가장 높은 집단이다. COVID-19 전염이 폭발한 뒤 2020년 3월 1일까지 전국 344개 국가 의료진으로 총 4만 2322명의 의무인원이 파견되었다. 그중 의사가 1만 1415명(27%), 간호사가 2만 8679명(67.8%)이었다.[2] 세계보건기구(WHO)가 2020년 4월 11일 공표한 방역보고에 따르면, 2020년 4월 8일까지 52개국에서 2만 2073명의 의료인원이 확진 판정을 받았는데, 예를 들어 이탈리아는 2020년 4월 10일에 이미 1만 5314명의 의료인원 확진(11%)이 나타났다.[3] 이와 동시에 세계보건기구는 현재 공개된 수치는 매우 한계가 있으니 전지구적으로 실제 의료인원의 감염 사례는 훨씬 많을 것이라고 강조했다.

첫째, 여성은 의무집단 내 비율이 비교적 높고, 감염 위험 역시 상대적으로 높다. 2020년 4월 7일 세계보건기구가 발표한 〈2020년 세계의

료상황보고〉에 의하면 여성들이 중국 간호 인원 중에서 차지하는 비율은 98%이며, 전지구적 범위에서도 70%나 차지한다. COVID-19 기간, 2020년 3월 8일 국가위생보건위원회가 국무원 연방연공(聯防聯控) 기자회견에서 후베이성을 돕기 위해 달려갔던 4.26만 명의 의료인원 중 여성의료인이 2.8만 명으로 2/3에 달하는 비율을 점했다고 발표했다. 의료인 감염 성별 비율에 대한 UN 여성기구 〈COVID-19: 새로운 성별 데이터와 그 중요성(Emerging gender data and why it matters)〉 보고서의 조사 수치에 따르면 일부 국가의 일선 방역 의료인원 가운데 여성 의료인원의 감염 비율은 남성의 2배가 넘기도 한다. 예를 들어 스페인 위생부의 데이터에 따르면, 스페인에서는 2020년 4월 6일 12시까지 7329명의 의료인 감염 중 여성 감염 비율이 71.8%이고 남성이 28.2%를 차지했다. 또한 이탈리아 국립보건연구원의 데이터에 의하면, 이탈리아에서는 2020년 4월 2일 16시까지 1만 657명의 의료인 감염 중 여성이 66%, 남성이 34%를 차지했다.

둘째, 여성 의료인은 생리보건 영역에서 충분한 관심과 보호가 부족하다. 일선의 여성 의료인원은 충분한 개인 방호설비로 감염 위험에 대비해야 할 뿐 아니라 생리대, 위생속옷 등이 필요한 특수한 사정이 있지만 이러한 필요는 위기 조치에서 종종 무시된다. 전염이 폭발하던 초기 여성 생리용품은 방역 보장용품의 목록에서 빠져 있어서 여성 의료인원들은 생리적 스트레스가 더욱 컸고 심지어는 생리위생용품의 특수한 필요에 대해 "입 밖에 꺼내기 부끄럽다"고 하는 심리적 스트레스까지 생겨났다.

2) 가정 역할: 언어를 잃어버린 가내 돌봄자

중국의 전통적인 관념에서는 보편적으로 가족 중에서 여성들이 집안에 머무르며 돌보는 사람이라고 인식된다. 돌보는 역할은 전 방위적인 것으로 돌봄의 대상은 노인과 자녀, 기타 돌봄이 필요한 가내 구성원을 포함하고, 그 내용은 가내 노동 및 먹이고 키우고, 학습을 보조하고, 싸움을 중재하는 것 등이 포함된다. 2019년 국가통계국이 발표한 〈2018년 전국시간이용조사 공보〉에 의하면 남성은 가내 무보수노동 시간과 참여율이 모두 여성에 비해 한참 낮았다.

COVID-19 바이러스 상황에서, 여성의 가정 역할의 중요성은 훨씬 두드러진다. 모든 가정 구성원이 집 안에 격리되고, 학교, 가사서비스, 3세 이하 영유아의 돌봄 서비스 등 모든 것이 멈춘 상황에서 여성들은 필연적으로 더욱 많은 책임과 압력을 부담했다. 동시에, 가정경제 수입의 손실 역시 일부 여성들이 일할 기회를 잃게 했고, 그 빈자리를 가정의 돌봄자가 메우게 된 것이다. 여성의 가정 내 돌봄자로서의 역할을 정식화한 것은 관방 정책 문건의 태도에도 일정 정도 반영되었다. 예를 들어 2020년 2월 8일 지난시(濟南市) 신형 코로나 바이러스 감염의 폐렴방역공작 영도소조(지휘부)는 지난에 있는 기업들에게 이렇게 제안했다.[4] "가정 내에 저학년(소학교 3학년 이하, 유아원 포함)의 아이가 있는 맞벌이 가정은 자녀를 돌볼 사람이 확실히 없다. 개학이 연기되고 있는 시기에 여성이 기업에게 집에서 미성년 자녀를 돌볼 것을 신청하여……." 이러한 사회 인식은 점점 강화되어 남성이 가사노동을 공동으로 담당한다는 사고는 사라지게 된 것이다. 다른 한편, 가정의 돌봄자 역할의 연장선상에서, 여성은 방역기간에 가정의 다른 성원들의 건강을 책임져야 하는 더욱 큰 책무와 압력을 받게 되었다. 전염이 폭발하던 기간 동안 사회는 집단건강, 공공위생, 생활방식, 질병위험 등의 의제에 관심을 갖고 걱정했는데, 개인위생과 가정청결에 그 걱정이 집중되었고, 이러한 책임의 집중으로 가정 돌봄자들이 더욱 큰 부담을 가지게 되었다.

3) 사구 역할: 합류점인 사구공작자

공중보건 위험상황에서 지역사회는 감염 위험성이 비교적 높다. 사구는 방역의 주요한 전선이자 관문이고, 도시 관리의 '최후의 1km', 병원 밖의 제2방역전선이다. 2020년 3월 7일까지 후베이성에만 58만여 명의 당원이 사구(혹은 촌)까지 들어갔다.[5] 여성들의 온유하고 참을성 있으며 인간관계를 잘 처리한다는 특성으로 인해 여성이 사구공작에 참여하는 비율이 꽤 높다. 본질적으로는 여성의 사구에서의 역할은 사실 가정의 돌봄자로서의 역할을 사구로 연장한 현상이다.

일상적인 상황하에서 사구위생서비스센터는 기본적인 의료서비스 평준화의 가치를 담지하며 추구한다.[6] 구체적으로는 질병예방과 방역, 기초적인 가정의료서비스, 주민의 건강보건서비스, 건강교육과 선전 등의 활동을 한다. 전염병 상황하에 의료계통에서 대형병원의 자원과 서비스 수요가 방역과 중증질병에 쏠리고 집중되어 일반적인 질병과 일상보건서비스는 사구위생기구로 분산되고 흘러들어 갔다. 따라서 COVID-19 국면에 주민의 건강과 간호의 책임은 사구로 떠넘겨졌다.

그 외에 사구는 아동과 노인과 생육기의 여성 등 특수한 집단에 관심을 쏟아야 한다. 2017년 국무원에서 반포한 〈'135(제13차 5개년 계획—옮긴이)' 국가 노령사업발전과 양로체계건설계획(國發〔2017〕13號)〉에 따르면 2020년, 전국 60세 이상 노인 인구가 2.55억 명 정도까지 증가하여 총 인구에서의 비중이 17.8% 전후까지 상승할 것이다. 고령노인은

2900만 명 정도로 증가하고 독거와 빈둥지 가구(空巢: 자녀들이 모두 독립하고 노인만 남은 가구—옮긴이) 노인이 1.18억 명까지 증가할 것으로 예측된다. 그중 여성노인이 남성보다 비율이 높다.[7] 따라서 방역기간 동안 노인, 특히 여성노인은 객관적으로 감염 위험이 더 높다. 동시에 방역기간 중 일상생활에서는 인터넷을 이용한 물건 구매나 전자 건강코드 등 정보기술 도구에 의존도가 높아져서 사구 관할구역의 독거와 빈둥지 노인의 방역과 일상생활에서는 필연적으로 더욱 무거운 책임이 요구된다. 생육기 여성 집단은 질병 감염의 직접적인 위험 외에도 피임, 산전검사, 산후보건 등 방면에서 보건서비스의 필요가 있고, 사구 건강공작은 방역기간 여성들이 보건서비스를 얻을 수 있는 주요 통로가 되었다.

4) 직업 역할: 위기와 차별 속의 노동자

첫째, 전염병 상황은 여성의 경제조건과 취업에 큰 충격을 가져다주었다. COVID-19 전염병 상황은 경제에 구조적 영향을 미쳤다. 격리 조치와 봉쇄 명령 등의 정책 영향으로 경제활동이 정체되어 수많은 산업에 직접적인 충격이 가해졌다. 일부 산업에서는 공급사슬이 단절되고, 주민의 수입과 소비가 침체되고 단기적인 인구 유동이 제한되었으며, 경제시장에 투자가 줄어들고 제2차 산업과 제3차 산업의 하락이 눈에 띄게 되었다.[8] 2차 산업과 3차 산업 관련 업종의 중소기업과 기타 비정규 경제에서는 필수적인 사회보장이 결핍되는 경우가 많아 여성들이 입는 경제적 타격의 영향이 더욱 클 수 있다.

둘째, 재택근무는 여성들이 일과 가정 관계의 균형을 잡기 어렵게 만들었다. 재택근무와 탄력근로제는 오히려 '무휴(無休)근로'로 변화하고 심지어는 사용자 측에서 "성과가 충분치 않다", "직원이 카드를 찍지 않았다", "업무량을 계산하고 검토할 방법이 없다"는 등의 이유로 임금을 삭감하거나 교묘하게 야근수당을 피하는 등의 정황이 나타났다. 인터넷 기술은 작업장의 물리적인 시공간적 공간을 확장시켰으나 일과 가정이 시간과 공간상 중첩되어 여성들이 재택근무를 하는 기간이면 사무업무와 가정노동, 노인 돌봄, 아동 돌봄, 가정교육 등 다중의 임무를 동시에 맡아야 한다.

셋째, 전염병 상황은 여성들의 평등한 취업권리에 커다란 충격을 가져왔다. 업무와 생산으로 돌아가는 전염병 확산 완화 단계에서나, 완전히 원래의 상태로 돌아가는 포스트 코로나 시대에서나 여성의 취업환경은 한 단계 악화되었다. 가정의 책임과 결혼과 육아 상황 등의 요인의 영향을 받으면서 여성들은 구직 과정에서 빈번히 취업시장의 차별과 제한에 부닥쳤다. 2020년 3월 8일 UN 여성기구가 발표한 〈베이징회의 25주년 부녀권리평가〉 보고의 데이터는, 여성노동력과 남성노동력의 임금에서 성차별이 계속 개선되지 않아서, 여성의 평균 임금이 남성보다 16% 낮음을 보여주었다. 중국에서 '두 자녀' 정책 이후 여성들이 취업시장에서 균형을 잃은 생태가 더욱 가속화되었고,[9] 여성과 남성의 취업기회와 취업의 질에 커다란 격차가 존재한다.[10] COVID-19 바이러스 유행의 영향으로 실업률이 상승하고, 실업인구도 급격히 증가했다. 중국의 2020년 1사분기 전국 도시조사에서 실업률은 전년 같은 기간 수준에 비해 눈에 띄게 상승했다. 국가통계국이 2020년 4월 17에 발표한 통계 데이터에 의하면, 2020년 3월 전국 도시조사에서 실업률은 5.9%로 전년도 같은 기간에 비해 확실히 높다. 여성의 평등한 취업의 권리와 기업 채용의 자주적 권리 사이의 간극이 더욱 심화될 것이라는 예측이 가능하다. 다른 한편, 경제수입의 감소로 많은 가정들이 전염병 기간에 곤경에 처할 수밖에 없다. 전통적 성별분업 공식의 뿌리 깊은 사고방식 아래 여성들은 빈번히 경제적 압력 속에서 일을 포기하고 가정을 선택하는 주체가 된다. 이러한 현상이 나타나는 데는 주로 두 가지 이유가 있다. 첫째는 통상적인 상황에서 가정에서 남성의 수입이 보통 여성의 수입보다 높고, 여성이 임금노동을 포기하고 가정의 무보수 노동으로 그것을 대신하는 것이 가정 전체의 경제의 이익에 부합한다는 것이다. 둘째로 여성이 가정의 돌봄자라는 전통적 역할의 각인은 여성이 일하는 역할을 한다는 것보다 훨씬 깊다. 그래서 이렇게 성별에 기반을 둔, "가정이 먼저, 일은 뒤에"라고 하는 희생과 선택이 흔히 가족 공동의 결정이라고 하는 형식상 공평한 방식으로 내려지고, 가족 전원이 따르게 되는 것이다.

5) 개인 역할: 권리를 상실한 집단적 취약 상태

첫째, 여성은 폭력 앞에서 열세에 처해 있다. 가정폭력은 여성 권익의 보호에서 중요한 의제이다. 가정환경은 건강·안전·경제 등의 조건과 외적 압력의 영향을 받는데, 가정환경의 악화는 폭력 지수를 크게 상승시킨다. 2020년 3월 20일 UN 사무부총장이자 UN 여성기구 총재인 품질레 믈람보 응쿠카(Phumzile Mlambo-Ngcuka)는 〈COVID-19: 여성을 가장 중요한 위치로〉라는 보고서에서 하루 평균 137명의 여성이 가족구성원에게 살해당한다고 밝혔다. 또한 난민캠프에 대한 관찰을 기초로 안전, 건강, 경제적 측면에서 긴장이 증가할 때 가정폭력의 발생이 심화된다는 사실을 밝혔다. UN 여성기구의 보고서 〈COVID-19, 그리고 여성과 여아에 대한 폭력을 끝내기〉에 따르면 코로나 팬데믹은 부녀와 아동의 폭력에 직접적인 영향을 미쳤다. 일례로 프랑스에서는 2020년 3월 17일 봉쇄 이래 가정폭력 보고량이 30% 증가했고, 아르헨티나는 3월

20일 봉쇄 이래 가정폭력으로 인한 긴급구조전화가 25% 증가했다. 키프로스와 싱가포르의 구조전화는 각각 30%, 33% 증가했다. 오스트레일리아 뉴사우스웨일스 주의 한 여성안전 관련 조사에서 일선 종사자의 약 40%가 전염병 발발 이후 구조 요청자가 증가했다고 응답했고, 70%는 사건의 복잡성이 상승했다고 보고했다. 마찬가지로 캐나다·독일·스페인·영국·미국 등지에서도 가정폭력 사건의 발생량과 긴급보호 요청에 대한 보도가 증가했다.

공중보건 위기상황 속에서 가정폭력은 여성의 몸과 마음의 건강과 사회복지, 직업 등에 더욱 심각한 영향을 미칠 수 있다. 한편으로 봉쇄와 격리를 주로 하는 방역 조치는 많은 가정을 사회적 격리 상태에 놓이게 했고, 피해자가 도움을 받을 기회, 구조를 요청할 능력 모두에 부정적인 영향을 미쳤다. 다른 한편으로 여성 건강과 안전의 보장에서도 지체가 발생했다. COVID-19 바이러스의 대확산과 환자의 급증은 공공체계의 운영에 과부하를 가져왔다. 이 점은 의료체계를 비롯하여 사구의 공공서비스, 마음건강지원, 피난처, 법집행기관 등의 모든 일선 기관에서 나타났다. 대부분의 병원과 사구의 위생서비스센터는 가정폭력을 당한 다수의 여성을 구할 여유가 없다. 법집행기관과 사회부조 부문 역시 대부분의 시간과 정력을 코로나 방역에 쏟고 있어서, 가정폭력 피해자의 구조에 대해서는 약간의 기본 서비스를 제공하고 있을 뿐이다. 따라서 전염병 기간 동안 급증한 구조 신호에 즉각 대응할 수 없다.

둘째, 여성은 기술적 열세에 놓여 있다. 지난 몇 년간 디지털 성별 격차 현상이 주목을 받아왔다. 부녀자와 여아는 자원이 부족한 환경 속에서 스마트폰과 컴퓨터, 인터넷 사용방법을 알지 못해 온라인상의 의료나 구매, 학습 등의 자원 및 서비스를 획득할 유효한 수단이 부족한 상태이다. 이로써 정보 기술 조건을 획득할 때 역시 차별이 발생할 우려가 있다. 학교 교육이 중단되는 상황 속에서 빈곤 가정은 종종 여아의 학습 기회를 희생하여 더 많은 가사노동의 부담을 지우는 경향을 보인다.

6) 여론 역할: 전능하고도 완벽한 인물로 규정 당하기

첫째, 전염병 국면 속에서 여성과 관련해 형성된 화제는 많지 않다. 2020년 1월 20일 코로나 사태의 시작부터 2020년 3월 20일까지 웨이보 상의 코로나 관련 여성에 대한 화제 가운데 조회수 천만 회 이상, 토론 수 천 회 이상이면서 이슈의 진행자가 있는 경우를 자동 선별하여 다음과 같은 13개 항목의 인기 화제를 정리했다.

- "공군의료팀의 생활보장용품 세트, 남녀용을 구분함"
- "방역 최전선의 여성 역량"
- "그녀의 파워"
- "대단한 그녀에게 경의를!"
- "샤스스 등 4명, 후베이성으로부터 '삼팔홍기수(三八紅旗手: 세계여성의 날인 3월 8일에 국가건설에 기여한 우수 여성노동자에게 주는 영예—옮긴이)' 칭호를 추서받다"
- "코로나에 맞서는 중국 여성, 얼마나 위대한가"
- "사랑스러운 당신께"
- "여전사 출정 비포앤애프터 사진"
- "가장 아름다운 그녀를 공개합니다"
- "(우한으로—옮긴이) 역행하는 그녀들"
- "여성의 날, 최전선에서 코로나와 맞서 싸우는 여성들의 마음의 소리"

-“최전선에서 코로나와 맞서 싸우는 여성 의료영웅의 계보”
-“여성위생용품도 코로나 생활보장용품 목록에 포함된다”

내용의 측면에서 볼 때, 방역 관련 이슈(53.8%)와 종합적인 이슈(30.8%)가 주를 이루었다. 시간상으로는 주로 여성의 날 전후에 집중되어 있어, 3월 8일 여성의 날과 관련한 이슈가 9개 항목(69.2%)이었다. 반면 법정 휴일이 아닌 기간의 코로나 관련 여성에 대한 이슈는 4개 항목(30.8%)에 그쳤다. 종합하자면, 코로나 사태 동안 여성 관련 화제는 다음과 같은 특징을 보였다. 일상적으로 여성 관련 화제가 형성되는 비율은 비교적 적어서, 대부분 여성의 날 전후로 전개된 집중 선전이었다. 여성과 관련한 종합성 화제의 인기도가 비교적 높았고 방역 관련 화제의 수도 많은 편이었지만 두드러질 정도로 화제성 있는 여성 이미지가 형성되지는 않았다. 여론에서 여성의 역할은 여전히 단조로웠다고 할 수 있다.

둘째, ‘신화화’된 슈퍼우먼 이미지가 형성되었다. 코로나 사태 동안 미디어의 여성(특히 일선의 여성 의사 및 간호사)에 대한 보도는 젠더적 차이와 개성적 특징을 없애는 경향을 보이며, 일종의 성별이 없는 데다가 무아적(無我的)인 ‘초인’ 역할을 만들어냈다. “여간호사, 후베이성을 지원하기 위해 식물인간 남편을 놔두고 의연히 일선으로 달려갔다”, “우한의 ‘90년대생’ 여간호사, 유산 10일 만에 일선으로 복귀했다”, “간쑤성 여성아동보건원, 후베이성 지원팀을 위해 집단 삭발했다” 등의 편향적 보도는 광범위한 논쟁을 가져왔다. 이 같은 미디어의 보도는 코로나 사태 동안 죽음과 피로를 두려워하지 않으며 공헌하고 희생하는 여성, 심지어 ‘비여성’적인 영웅주의적 이미지를 만듦으로써 방역 일선의 여성에 대해 ‘희생과 봉헌’의 완벽한 이미지를 고정한다.

대중은 이러한 여론의 이미지의 영향을 받아 일선의 방역 여성에게 '희생을 감수하는' 이미지를 기대하게 되고, 여성이 코로나와의 싸움에서 무거운 정신적 압력과 심리적 부담을 지게 한다. 정책 결정자와 대중, 여론 매체는 모두 이러한 '주류적 관점'과 '보편적 기대'에 대해 경각심을 가져서 그러한 기대와 구상을 당연시하지 않도록 해야 한다.

3. 공중보건 위기상황에서 젠더생태 의제에 대한 고찰과 제도 최적화

중국에서 코로나 사태가 발발하고 전환점을 거쳐 완화되기까지, 공중보건 위기상황에 대한 대응책은 사스 때와 비교할 때 이미 크게 진보했다. 하지만 젠더 관점은 위기 대응 및 일상화 관리에서 아직 충분히 도입되거나 고찰되고 있지 아니하며, 제도 차원에서의 호응과 최적화를 필요로 하는 상태이다. 공중보건 위기상황에서 젠더생태의 관점을 도입하여 고찰하는 것은 여성을 피해자나 약자의 역할에 고정하는 것이 아니며 여성의 권익만을 주장하는 것도 아니다. 정책에서 남성과 여성을 일률적으로 구분하는 것은 더더욱 아니다. 그것은 가치 측면에서 서로 다른 젠더생태들이 조화롭게 공존하는, 동태적이면서도 균형 잡힌 상태이다. 이러한 '우호적 생태'가 융합적으로 존재할 때,[11] 공중보건 위기상황과 관련한 현행 법규 및 정책을 새로운 시각에서 검토하고 세분화하여, 문제 및 관련 대책을 비판적으로 사고할 수 있다.

1) 거시적 측면: 젠더생태의 균형 회복과 발전의 필요

공중보건 위기상황에서 젠더생태의 제도 최적화를 이룬다는 것은 젠더

생태의 균형을 실현 및 증진하고, 양성의 합법적 권익을 보호하기 위함을 목적으로, 공중보건 위기상황과 관련한 정책·법률·법규·규범에서 양성의 이익 균형에 대한 고려를 포함시켜 규제의 의도와 거버넌스의 기대를 갖고 있고, 권리와 의무의 규정 및 상호작용을 핵심으로 하는 규칙성 활동을 구현하는 것이다. 그리고 그 제도적 차원에서의 구체적인 관계 형식은 의존, 제약, 상호작용, 협조의 상태 내지 과정이다. 강조할 점은 양성 간의 평등한 기회를 이분법적이고 절대화된 방식으로 설계해서는 안 된다는 것이다. 그것은 양성 주체 간의 관계를 평등하게 하고 구체적인 상황에 따라 젠더생태를 합리적으로 세분하여 바로잡음으로써 이질적인 이익들이 서로 조화된 동태적인 평형 관계를 실현하는 것이다. 문제는 이러한 이익들 사이의 균형을 잡을 때 비교와 평가의 기준이 부족하다는 점이다.[12] 하지만 상이한 가치들 간의 경쟁과 지향 속에서 점차 공통의 합의로 수렴되어갈 것이다. 요컨대 균형 잡힌 젠더생태는 사회의 건강한 발전을 촉진하는 요소이기 때문에, 이러한 기본적 가치의 틀 속에서 부단히 제도를 개선하여 젠더생태의 최적화를 추구해 나가야 한다.[13]

코로나 사태에 대한 사례연구 결과가 알려주듯이, 공중보건 위기상황에서 여성은 젠더생태의 균형이 심각하게 상실된 상태에 처해 있다. 위험사회의 위기가 이미 일상화되어가는 추세 속에서, 젠더생태 또한 정태적이고 고립된 맥락 속에 있지 아니하다. 젠더생태에는 공중·정부·기업·남성·여성·아동 등 여러 집단이 함께 참여하고 탐색하며 영향을 미치는 담론의 경쟁 과정들이 뒤섞여 있다. 그렇기 때문에 가치의 측면에서 적절한 젠더생태를 확립하여 여성 집단이 전체 사회체계 속에서 지속적으로 발전할 수 있도록 할 때 효과적으로 공중보건 위기에 대응하고 또한 일상 속에서 전염병의 과학적인 방역을 수행할 수 있다. 한편으로 사회체계의 여러 하위체계들, 즉 경제 조건, 자원 안배, 정책 법규 등 사이의 상호 협력과 적응을 도모하고, 다양한 거버넌스 도구가 결합한 '연쇄공격'이 전체 젠더생태의 균형에 작용하도록 해야 한다. 다른 한편으로 젠더생태의 균형은 단순히 플러스와 마이너스의 상쇄가 아니라, 사회의 여러 하위체계의 활동에서 젠더 관점을 도입하는 것이다. 이를 통해 사회 관리에서 여성의 생존 환경과 필요에 부응하지 못해 젠더생태가 더욱더 불균형 상태에 빠지는 결과를 피할 수 있다.

2) 중간 규모의 측면: 법규 정책과 제도 평가에 젠더 관점을 포함하기

공중보건 위기상황은 인신매매, 폭력, 성적 학대와 착취 등 성과 관계되는 범죄를 한층 더 악화시킬 수 있다. 아프리카의 에볼라 바이러스 유행 사태나 필리핀, 인도의 코로나 사태의 발전 추세를 보면 이 사실이 명백히 드러난다. 따라서 젠더 관점으로 제도를 검토하는 것은 공중보건 위기상황 관련 정책의 과학성·유효성·민주성·합리성에 도움이 될 것이다. 공공위생보건과 관련된 법률, 법규 및 정책은 반드시 전 과정에서 젠더 문제의 전문적 지식을 충분히 고려해야 하며, 젠더 관점을 제도의 제정과 시행, 평가 및 피드백의 과정, 그리고 거버넌스 도구의 선택에 포함시켜야 한다.

제도의 제정 과정과 관련해서 젠더 관점을 정책 결정의 절차에 포함해야 한다. 2019년 국무원이 공포한 〈중요 행정정책 결정의 절차에 관한 임시 조례〉에 따르면, 공중보건 위기상황의 중요 행정정책의 결정은 제3조 '중요 행정정책 결정사항' 가운데 "공공 서비스, 시장 감독 관리, 사회 관리, 환경 보호 등 방면의 중대한 공공 정책과 조치"에 속한다. 젠더 관점은 과학적이고 민주적이며 법에 따르는 정책 결정을 구성하는 중요 내용이기 때문에 공중보건 위기상황의 긴급 대응, 방역의 일상화 방안, 사회경제 회복의 제정 및 정책 결정 과정에서 젠더 관점이 구현되어야 한다. 구체적인 내용은 다음과 같다. 여성에게 담론 및 영도의 권리를 충분히 부여하고, 공중보건 위기상황에서 여성이 지니는 취약성을 고려한다. 또한 여성이 사구(社區)와 같은 기층조직의 정책 결정 과정에 참여하도록 장려한다. 기층조직을 통해 특수집단의 필요와 관심 사항을 수렴하고 그에 대해 피드백을 제공한다. 기층의 부녀보호조직에 도움과 지원을 제공하고, 공중보건사업에서 여성의 목소리를 확대하며 요구사항을 제기할 수 있는 통로를 늘린다.

제도의 시행 과정과 관련해서 젠더 정책에 다각도의 지원을 제공해야 한다. 제도를 시행하는 집단과 인원이 제도의 내용을 충분히 이해하고 기본적인 젠더 보호 의식을 기르도록 돕는다. 기층에서 일하는 인력에 대해 기본적인 방호물자와 건강, 안전을 보장한다. 공중보건 위기상황과 관련한 각종 방안의 예산에서 전문적으로 양성평등과 여성권익 보호를 목적으로 하는 부분을 마련하고 기부, 육성 기금 등의 투입을 늘린다. 양성평등 촉진 정책과 관련한 국제적 협력을 강화한다.

정책의 피드백 및 평가의 과정과 관련, 젠더 관점을 적용하여 제도 정책을 부단히 최적화해야 한다. 이를 위해 젠더와 관련한 범주형 자료를 추적하고 수집하는 것이 중요하다. 공중보건 위기상황에서 여성의 필요와 어려움을 포함해, 서류상의 제도가 현실화될 때의 어려움과 실천 과정에서 나타내는 문제점을 관찰하고, 적시에 제도 및 관련 조치의 시행 상황을 조정해야 한다.

3) 미시적 측면: 다원적 거버넌스 도구를 통해 젠더생태 균형을 풍부하게 하기

첫째, 방역에서 충분한 보호를 제공하고, 관련 수요를 세분해서 처리해야 한다. 먼저 의료방호설비를 충분히 공급하고, 보장물자 가운데 여성용품 등의 특수물자의 제공을 확대해야 한다. 즉, 각종 위생·생리·보건 관련 용품을 보장물자의 일반 목록에 추가해야 한다. 또한 한 걸음 더 나아가 그 제공 대상을 의료진뿐만 아니라 다른 여성 방역인력 및 환자로까지 확대한다. 이로써 젠더 관점을 방역 인원부터 공중보건 위기상황의 영향을 받는 자들 일반으로까지 폭넓게 확대할 수 있다. 다른 한편으로 일선의 방역 인력의 정신건강상의 필요에 부응하기 위해 상담전화, 온라인 및 정기방문 등의 방법을 강구해야 한다. 이로써 일선의 방역 인력(의료진·사구·법집행기관 등), 폭력의 피해자, 감염자를 포함해 전염병 국면의 영향을 받은 주체들에게 정신건강의 보건 서비스를 충분히 제공해야 한다.

둘째, 사구의 건강 서비스를 지원해야 한다. 먼저 사구의 위생 환경 개선사업과 건강 서비스 업무를 확대한다. 사구의 위생 사각지대 제거 업무를 강화하여 감염의 위험성을 낮춘다. 노인·아동·임산부 등 특수집단의 건강보건 업무의 통계수치를 수집하여, 일상화된 대비 업무를 수행한다. 사구 노인집단의 거주 및 생활 상황을 파악하고, 독거노인 등이 필요로 하는 구매, 왕진 등에 대해 지원한다. 여성(부녀자와 여아를 포함)의 일상적인 성(性), 생식과 관련한 기본적인 보건 서비스를 확보한다. 다음으로 사구 경제활동의 회복을 장려한다. 사구의 건강 조건은 경제수준과 밀접하게 연결되어 있다, 사구의 경제회복을 촉진함으로써 기층의 취업 기회를 창출하고, 사구의 건강 조건에 대해 경제적 지원을 제공할 수 있다. 특히 청소·가사·요식업 등 비공식 경제의 여성 종사자에게 우대적 기회와 지원을 제공한다. 다음으로 사구의 사회보호 조치를 개선한다. 관할구역 내의 구조전화를 증설하고, 가정폭력과 성폭력 전담 구조인력 혹은 팀을 만들어 피해자의 구조 창구를 늘린다. 마지막으로 사구의 교육과 선전을 강화한다. 방역의 일상화 단계에서 방호 지식의 보급을 강화하고, 포스트 코로나 시대의 위생건강보건 관련 지식을 교육하는 일상 업무기제를 구축한다. 동시에 사구 업무에서 여성조직이 중요한 보충 역량이 될 수 있는데, 종횡 면으로 구획되어 있는 사구의 지리적 제한을 넘어서, 교육 및 선전의 전파와 사교의 범위를 확대할 수 있다.

셋째, 가정생활에 대한 건강한 계도와 사회적인 분담이다. 한편으로 여성과 돌봄자의 역할을 분리해야 한다. 돌봄자의 개념 정의는 반드시 '노동' 행위 자체에 근거해야 한다. 즉, 가사의 노동 가치를 인정하고, 전통적으로 고정된 가정 내 성역할의 변화를 장려하여 남녀의 가사 공동 분담을 유도하고, 가사노동, 자녀 보육, 노인 돌봄 등의 일을 평등하고도 합리적으로 분배함으로써 무보수 노동에서 여성이 지고 있는 과중한 부담을 경감해야 한다. 다른 한편으로 돌봄자 역할을 사회적으로 분담해야 한다. 가정의 안정과 존속은 사회의 발전, 질서와 규칙이 유지되는 데 있어 기초가 된다.[14] 이 같은 가정이 지니는 사회적 의미에 기초할 때 가정 내 돌봄의 책임을 단순히 개인적 담론으로 귀결해서는 안 된다. 즉, 정부가 정책을 통해 계도 작용을 발휘해야 할 뿐만 아니라, 가정을 지원하는 가정정책의 체계를 구축하여 발전형 가정의 지향과 추세를 이끌어내고, 사구를 중심으로 하는 가정 지원 네트워크를 건설하여 사회자본을 투입하며, 방역에서 가정이 지닌 책임을 사회가 분담하도록 모색해야 한다.

넷째, 취업 평등을 통해 이익의 균형을 도모하고, 관련 지원을 보장해야 한다. 먼저 재택근무의 업무량과 업무시간을 합리적으로 확정해야 한다. 공중보건 위기상황 속에서 탄력근무제, 직무순환은 합리적인 근무량과 시간의 기획에 기초해야 한다. 즉, 〈노동법〉 규정에 부합하는 과학적인 근무시간 제도를 만들어 노동자의 노동성과가 객관적으로 인정받아 그에 상응하는 보수를 받을 수 있도록 하고, 합리적 범위를 넘어서는 업무량 및 시간에 대해서는 역시 법률에 근거하여 초과급여를 제공해야 한다. 다음으로 포스트 코로나 시기 여성의 평등한 취업 권리를 보장하기 위한 경제적 지원을 마련해야 한다. 경제회복제도에서 젠더 관점은 필수불가결한 것으로, 전염병 사태의 충격으로 인한 여성의 실업률을 낮추고, 여성의 위기 및 리스크 대응 능력을 강화하며, 경력 발전의 능력 배양과 향상을 합리적으로 기획해야 한다. 마지막으로 가사, 아이돌봄 등 가정생활의 수요와 밀접하게 관련된 업종을 중점적으로 회복시킨다. 가사, 탁아 등의 서비스 업종은 시장구매를 통해 가정의 책임을 사회적으로 분담하게 하는 중요한 방식이다. 공중보건 위기상황 동안 관련 업종을 어떻게 점진적으로 회복시키며 또한 어떠한 범위 내에서 질서 있게 회복시킬 것인지의 문제는 업무 및 생산의 재개와의 조응 정도나 언제가 최적기인지를 충분히 고려해 정해야지 일률적으로 운영을 정지하거나 연기해서는 안 된다. 정부, 기층의 사구 및 민간조직이 관련 서비스의 기본적인 수요를 집중적으로 관리하고 유지하여 여성 개인이 가정 및 직업의 과중한 부담을 지는 것을 방지해야 한다.

다섯째, 격리 기간 동안 안전 보호와 사법적인 지원을 보장해야 한다. 먼저 공중보건 위기상황이 발생할 때의 안전보호 방안을 제정해야 한다. 즉, 공중보건 위기상황 대응방안에서 폭력 예방과 피해자 구제를 주요 내용으로 하는 안전보호 방안을 필수적인 구성 부분으로 포함시킨다. 피해자에 대한 기본 서비스로서 인력·물자·금전 등의 방면에서 지원하고, 성폭력을 막고 구조를 모색하는 선전을 강화해야 한다. 일례로 프랑스·호주·영국 등은 가정폭력 피해자의 보호조직에 대해 전용 자금을 제공하고 있고, 또한 안전보호를 법집행 부문, 위생 부문, 기층 사구, 여성조직, 교육기구 심지어 사기업 부문 등을 포함한 사회의 모든 주체가 공동으로 노력해야 한다고 주창하고 있다. 다음은 피해자에 대한 기본 서비스 보장을 개방하는 것이다. 방역을 위한 제한 명령이 폭력을 가중시키고 구제의 어려움을 초래할 수 있는 상황에서, 반드시 봉쇄 기간 동안 가정폭력 피해자에 대한 기본 서비스를 유지하고 개방해야 한다. 기본 서비스는 피난처, 구조 전화, 정신 상담 및 치료와 간호를 포함한다. 기본적인 범위를 넘어서는 공급에 대해서는 적시의 준비 방안을 마련한다. 일례로 프랑스는 일부 호텔을 대체 숙소로 개조하여 전염병 기간 동안 피난처에서 수용하지 못한 피해자를 돕고 있다. 마지막으로 피해자가 구제받을 수 있는 사법적 경로를 확보한다. 법률 자문 및 지원 등의 방법을 통해 사법 구제의 경로를 원활히 하고, 가정폭력사건의 구제의 질적 측면에 주의하며, 피해자가 각종 정보 플랫폼과 온라인 도구를 통해 구조와 지원을 얻도록 도와야 한다.

여섯째, 여론 환경에서 성역할을 바로 잡고 뉴스의 윤리를 강화해야 한다. 한편으로는 다양한 여성 주체에 대한 선전을 진행한다. 미디어는 젠더 차이를 바르게 인식하고 젠더 지식을 올바르게 보급해야 한다. '수치심'으로 인해 생겨난 편견과 차별, 오해를 불식하고 여론 생태에서 여성의 역할을 재정립하여, 사회와 일반 시민들에 대해 젠더 관점의 분위기를 보편적으로 형성해야 한다. 다른 한편으로는 플랫폼이 거버넌스의 지도 아래 젠더 관점을 흡수하여 기술 거버넌스의 우위를 발휘해야 한다. 데이터와 알고리즘을 핵심으로 하는 기술 거버넌스는 젠더생태의 균형을 촉진하는 데 정보를 '공급'하는 작용을 하기 때문에 일정한 방향으로 젠더 관련 내용을 '공급'하게 해야 한다. 즉, 안전 선전, 젠더 평등, 여성 권익의 보호 등과 관련한 내용의 노출 정도를 증가시키도록 하는 것이다. 〔장수지·송가배 옮김〕

미주

1 烏爾裏希·貝克,《風險社會》, 上海: 譯林出版社, 2004, 15頁.

2 姚常房·徐秉,〈白衣執甲出征〉,《健康報》, 2020. 3. 12(02).

3 Integrated surveillance of COVID-19 in Italy, Apr. 10, 2020[EB/OL], https://www.epicentro.iss.it/en/coronavirus/bollettino/Infografica_10aprile%20ENG.pdf.

4 李雪梅,〈濟南向駐濟企業發出倡議書 雙職工家庭可申請一方在家照看子女〉,《濟南日報》, 2020. 2. 9(7).

5 湖北,〈58萬餘名黨員幹部下沉 築牢疫情防控第一道防線〉, 2020. 3. 7[EB/OL], http://www.xinhuanet.com/2020-03/07/c_1125678149.html.

6 河江·陳國營,〈推進基本醫療衛生服務均等化的路徑選擇—基於社區衛生服務中心的研究〉,《江西社會科學》, 2009(12), 159-162頁.

7 田珊檑,〈女性老年人口占比超五成〉,《中國婦女報》, 2016. 10. 10(A1).

8 〈2020年一季度國內生產總值(GDP)初步核算結果〉, 2020. 4. 18[EB/OL], http://www.stats.gov.cn/tjsj/zxfb/202004/t20200417_1739602.html.

9 李洪祥,〈'二孩政策'下保護女性就業權立法完善研究〉,《社會科學戰線》, 2017(10), 197-204頁.

10 李春玲,〈'男孩危機''剩女現象'與'女大學生就業難'〉,《婦女研究論叢》, 2016(02), 33-39頁.

11 吳隆文·傅慧芳,〈性別僭越: 融媒體時代女性形象的多維解構與建構〉,《當代青年研究》, 2019(06), 72-77頁.

12 梁上上,《利益衡量論》(第二版), 北京: 法律出版社, 2016, 74-77, 97頁.

13 위의 책, 74-77, 97頁.

14 聶飛,〈家庭政策中的家國責任分擔研究〉,《中州學刊》, 2018(08), 75-79頁.

원문 출처

1장 하남석, 〈코로나19와 중국 사회의 반응〉, 《EAI 특별논평 시리즈: 코로나19 쇼크와 중국》, 2020년 4월 23일에 실린 일부 내용을 기초로 재구성.

2장 박우, 〈코로나19 4개월과 중국 사회: (불)투명성과 (불)확실성 사이에서 파동하는, 사회적이고 정치적인 것으로서 역병〉, 웹진 《다양성+아시아(DiverseAsia)》, 서울대학교 아시아연구소, 2020년 6월에 실린 일부 내용을 기초로 재구성.

3장 조영남, 〈중국의 코로나19 대응 분석: 중앙의 지도체계와 선전 활동을 중심으로〉, 《중소연구》 44권 2호, 2020 여름에 실린 글을 축약·보완.

4장 Andrew Liu, "'Chinese Virus', World Market," *n+1*, Apr. 1 2020.

5장 謝茂松, 〈中正以觀: 擧國體制抗疫的政治學分析〉, 《東方學刊》, 2020年 第2期.

6장 姚洋, 〈去中國化和中國的應對〉, 《二十一世紀》, 180期, 2020年 8月.

7장 許紀霖, 〈不同抗疫模式中的文化要素〉, *Financial Times*, 中文新聞網, 2020年 4月 13日.

8장 秦暉, 〈瘟疫後的全球化: 新冠疫情引發的反思〉, 미간행 강연원고의 발췌 번역.

9장 溫鐵軍, 《성균차이나브리프》, 제8권 제3호, 2020년에 수록된 것을 원문 대조해 수정.

10장 朱雲漢, 〈新冠肺炎疫情危機後的世界〉, 《經濟導刊》, 2020年 5月.

11장 鄭永年, 〈'超級全球化'與人道主義危機〉, 《聯合早報》, 2020年 7月 14日.

12장 徐玖玖, 〈公共衛衛事件的性別反思和製度優優:基於新冠疫情性別生態的觀察〉, 《當代青年研究》, 2020年 第6期.

팬데믹 이후 중국의 길을 묻다

대안적 문명과 거버넌스

1판 1쇄 2021년 4월 23일

엮은이 | 백영서

펴낸이 | 류종필
책임편집 | 김현대
편집 | 이정우, 이은진
마케팅 | 이건호
경영지원 | 김유리
표지 디자인 | 석운디자인
본문 디자인 | 박애영

펴낸곳 | (주) 도서출판 책과함께
주소 (04022) 서울시 마포구 동교로 70 소와소빌딩 2층
전화 (02) 335-1982
팩스 (02) 335-1316
전자우편 prpub@hanmail.net
블로그 blog.naver.com/prpub
등록 2003년 4월 3일 제2003-000392호

ISBN 979-11-91432-05-3 93300

* 이 책은 아모레퍼시픽재단의 지원을 받아 저술·번역·출판되었습니다.